小売&サービス業のフォーマットデザイン

編著 原田 保
三浦俊彦

著 石川和男
今井利絵
小木紀親
木村 剛
丸谷雄一郎

同文舘出版

はしがき

　近年，グローバル化，ソーシャル化，サービス化への対応が，多様な産業領域で期待されている。これに伴い，産業構造や企業戦略のパラダイム転換も不可避になった。つまり，産業や企業のイノベーション手法の大転換が不可欠になったわけである。そこで本書では，主に小売業やサービス業に関わる新時代対応の理論と，その実践事例の分析が試みられる。つまり，これは小売業とサービス業に関するイノベーションの新機軸を捉えた著作である。

　さて，サービス業のウエイトが高まるにつれて，これは物販とは異なる特殊な産業であり，それゆえこれへの特別な対応が不可欠であるという，まさにサービス業特殊論に依拠した議論が高まってきた。このような考え方から，サービス産業論やサービスマーケティングが誕生してきた。これらに共通している考え方は，分析の対象領域が異なるのだから，これを踏まえて独自の考え方が必要であるという主張である。

　このような考え方に依拠して研究分野は細分化していき，特殊化を指向してきた。そこでここでは，このようなアプローチからではなく，事例の流れに対して，個別の産業ごとの対応ではなく，すべての産業を対象にした新たなイノベーションのパラダイムを探ることにした。つまり，新たな産業分野を設定することによって理論構築を行うという研究姿勢の脱構築が試みられる。言い換えれば，よりインテグラルな議論を重視すべきであるという視点からの分派指向への批判的な立場からの議論が展開される。

　近年の産業構造の特徴は，あらゆる局面における「境界融合」の現出である。例えば，インターネットによるネットビジネスの登場によるリアルビジネスとバーチャルビジネスとの競争と共創関係の現出，小売製造業（例えばデル）や製造小売業（例えばユニクロ）の登場による小売業と製造業の競争と共創関係の現出，またレンタルビジネスや中食ビジネスなどに代表されるような

小売業とサービス業との競争や共創関係の現出である。

　このように，従来では異なる産業領域としての立場から戦略構築が行われていたものが，現在ではそれぞれが相互に密接不可分な関係であるとして捉えなければならない時代が到来した。つまり，戦略構築の場が，多次元なレベルで多様に境界融合してきたのである。そこで，まさにこの境界融合時代に対応するためのビジネスモデルやブランドの構築が求められることになる。これこそが，今後の戦略を考察する際に必要な視点であり，また戦略を構築するための起点にもなるという，いわば新たなデザイン思想になる。

　そこで本書では，このような境界融合の視点から分析対象になる企業を取り上げることにした。そこで，まず触れなければならないことは，本著の表題にもある「小売＆サービス業」という表記は，読者が何に関する本であるかよくわかるようにという出版社からの指摘に対する，いわば妥協的な対応である。本来は，小売業もサービス業も同じ論理で説明できる同じ産業であるのだから，これらは共に産業分類に関係なくフォーマットに依拠したかってのビジスとしてのイノベーションとして捉えるべきであるというのが，そもそもの我々のもともとの考え方である。

　それは，ここで取り上げたフォーマットという概念は，前述した3つの境界融合を前提にした戦略概念として提唱されているからである。つまり本書では，リアルとバーチャル，小売と製造，小売とサービスというような分類を超えてイノベーションを模索することが大事であることを捉えた理論展開と事例の読み取りが行われる。こうして，フォーマットデザインは新たな統合戦略のためのツールとして提言された戦略的思考のための大事なツールになる。

　それでは，続いて，このフォーマットという概念のイノベーション戦略からのポジショニングを明確にしていきたい。世に存在する多様な活動主体は，その組織形態にかかわらず，イノベーションを継続することが前提になる。つまり，イノベーションなき主体は，時代の変化のなかで消滅していく。そうなると，何らかのサステナビリティ指向の行為が不可欠になり，これらの多くがイノベーション戦略として構想されることになる。

　このイノベーションは，周知のように，まずはプロダクトイノベーションと

して登場してきた。これに続いて，しばらくプロセスイノベーションの時代が続いてきた。これはまた，イノベーションの対象がコンテンツからコンテクストへ転換したことを意味している。そして近年，ハイブリット型のイノベーションモデルが登場して，エコシステムがその中心的な位置を占めるようになった。これについては，いわばコンテンツ・コンテクスト統合型のイノベーションモデルであると考えられる。

　実は，我々はこのようなイノベーションモデルの1つとしてフォーマットイノベーションを考えている。それゆえ，イノベーション発現のためのフォーマットのデザイン戦略が大事になる。これはすなわち，前述のようなコンテンツ・コンテクスト融合型のイノベーションであるとも考えられる。これは，また4つ目の境界融合であると考えられるし，そうなるとまさにエコシステムという全体像を捉えた変幻自在なネットワーキング指向のアクターたちの多様な関係性に依拠したフォーマットの確立が期待されてくる。

　続いて，あまり聞きなれないフォーマットの意味について簡単な説明をしておきたい。これは，アメリカで生まれた大手小売業の戦略概念として誕生したものである。しかし，わが国では，小売業がもっぱら地場産業として存在した期間が長かったために，これが正確な形態で導入されてはこなかった。このフォーマットとは，小売業が規模の経済を指向して構築した独自の店型であると考えられる。だから，他社から模倣されたことのないものが望ましいと考えられ，それゆえ独自性が尊重されてきた。

　その意味では，フォーマットとは，まずは個別企業の他社に対する差別化のためのビジネスモデルであったと考えられる。しかし当然，成功すれば追随者が登場することになる。こうして，多くの企業が類似的なフォーマットを採用することになってしまう。その結果として，フォーマットの魅力は喪失してしまう段階になり，次第にフォーマットは業態になってしまう。このことは，実はフォーマットの多義性を生みだし，結果として業態との混乱が現出する。

　例えば日本で構築された日本型スーパーストアは，最初はアメリカのGMS（ジェネラル・マーチャンダイズ・ストア）とは異なる1つのフォーマットであった。しかし，多くの競合資本が追随することによって，日本独自の業態へ

と転換していった。かつてユニクロは，ユニクロしかないフォーマットであったが，今はグローバルな業態を構成する1つのブランドであると考えられる。しかし他方，無印良品やロフトは未だにフォーマットであり，それゆえ業態は形成されていないと考えられる。

　こう考えると，業態が構築されないフォーマットがよいのか。業態が構築されているフォーマットがよいのかという問題が生じる。しかし，持続的競争力という視点から見れば，フォーマットのままで残るフォーマットの方が，よりクリエイティビティが高いと思われる。今回の事例のなかにも，業態になったフォーマットと業態になっていないフォーマットが混ざっている。それゆえ，読者がそれぞれの可能性について検討していただければ，我々としては幸いである。

　さて，本書においては，フォーマットイノベーションはプロダクトイノベーションやプロセスイノベーションを超える第3のイノベーションを可能にするものとして提言されている。しかし，イノベーションの捉え方については，原田と三浦との間で見解の相違があるため，両者の混乱を避けるため簡単に解説をしておきたい。なお，差異の詳細については，冒頭のプロローグにおいて論述されている。

　原田のイノベーション論は，第1世代がプロダクトイノベーション，第2世代がプロセスイノベーション，第3世代がプロダクト・プロセス統合イノベーションとしてのフォーマットイノベーションというものである。フォーマットイノベーションは第3段階の進化型イノベーションとして位置付けられている。それゆえ，この発展段階論は，プロダクトイノベーションを起点として新たなイノベーション段階を構想するという目的から展開されている。

　他方の三浦は，原田のいう第3世代のプロダクト・プロセス統合イノベーションは革新型イノベーションであり，プロセスイノベーションは改善型イノベーションであるという考え方に立脚して，第3のイノベーションとしてのフォーマットイノベーションが提示されている。その背景には，プロセスイノベーションではイノベーションとしての限界があるため，これを乗り越える新た

革新的なイノベーションが必要であるという革新指向性が見て取れる。そのためか，第3のフォーマットイノベーションは革新を可能にするための新たな形態のプロダクトイノベーションであるというような立場に立つことになる。

このような差異は，二人のマーケティングに対する考え方の差異から現出している。原田は，マーケティングはそもそもコンテクストであると考えているため，マーケティングの理論構築はプロダクトから離れても展開できるという立場に立っている。それは，新たな学を指向するには，プロダクトの存在を前提にしていては限界があると感じているからである。

他方の三浦は，マーケティングはプロダクトとは切り離せないという伝統的マーケティング論の立場に立っているために，革新型イノベーションをプロダクトに結び付けることが必須になってくる。これは，マーケティングの独立性とこれを踏まえた理論の発展を構想する考え方に依拠したものである。しかし，筆者においては，これではマーケティングはいつまでも論の域を脱出することはできないと考える。

また，本書の書名が『小売＆サービス業のフォーマットデザイン』となっているように，ここでは物とサービスは財（グッズ）として同一のものであるという，まさに経済学的な一般的見解を踏まえた論理展開がなされている。そこで，物とサービスをコンテクストとしての同じ財にという捉え方が提示されている。

しかし，三浦は，多くのマーケティング論者が主張するように，物とサービスとは本質的に異なるものであると考えており，それゆえ物のマーケティングとサービスのマーケティングは異なると考えている。これについては，本書では第3のイノベーションとして提示されたフォーマットイノベーションが物とサービスを融合する場としてオファーサイトを提言したのだから，その限りでは本書の趣旨とはいささか異なる認識がなされていることを示している。

以上のような見解の相違は，そもそも現在のマーケティングの脱構築を指向する原田と，伝統的マーケティングの枠内に留まろうとする三浦との，それぞれの研究姿勢における差異に起因している。換言すれば，異端を指向する研究者と正統を指向する研究者の差異が現出しているとも言えよう。しかし，それ

にもかかわらず,フォーマットイノベーションが革新的なイノベーションモデルであることについては,両者の見解は完全に一致している。また,本書が,このような根本的に異なる立場にある両者の共同作業によって刊行されることはたいへん意義深い。そのような前提で本書を通読いただければ,読者諸賢は多くの知見を得られるものと思われる。

　最後に,出版状況の厳しい中,今回の出版を快く引き受けていただいた,同文舘出版取締役編集局長の市川良之氏に感謝する次第である。

2016年3月1日

執筆者を代表して

原田　保

目　　次

はしがき

プロローグ　小売＆サービス業のフォーマットデザインに関わる基本思想 ——— 3

第1節　はじめに ……………………………………………………………… 3
　　　　—価値発現装置としてのコンテクストデザイン—
第2節　サービスの両義性 …………………………………………………… 5
　　　　—「コンテンツのサービス」と「コンテクストのサービス」—
第3節　統合概念としてのオファーサイト ………………………………… 7
　　　　—小売業とサービス業の境界融合—
第4節　バリューチェーン …………………………………………………… 9
　　　　—「自社と他社」や「商品とサービス」の連携—
第5節　総合モデルとしてのフォーマット ………………………………… 11
　　　　—オファーサイトとバリューチェーンからのフォーマット開発—
第6節　おわりに ……………………………………………………………… 13
　　　　—フォーマットのイノベーションから捉えた考察—

第Ⅰ部　理　論　編

第1章　業態・フォーマット研究の先行研究レビュー ——— 21
　　　　—フォーマットとは何か—

第1節　はじめに ……………………………………………………………… 21
　　　　—業態からフォーマットへ—
第2節　第2次世界大戦後の小売研究の開始 ……………………………… 22
　　　　—米国小売業の紹介からの開始—

1　小売業種研究の開始と展開……………………………………22
　　　　　　―終戦直後の小売研究―
　　　2　「業態」という用語の登場……………………………………23
　　　　　　―複数店舗の小売店舗展開の視座―
　第3節　小売サービスと小売業態研究の深化………………………24
　　　　　　―豊富な商品の提供業態―
　　　1　小売サービス概念の登場と小売業態の把握………………24
　　　　　　―変化する小売業態―
　　　2　小売業態研究の展開…………………………………………26
　　　　　　―小売業態変化の法則性―
　　　3　小売業態の革新………………………………………………27
　　　　　　―複数企業の集団的行動の反映としての業態―
　第4節　フォーマット概念と企業戦略…………………………………28
　　　　　　―戦略としてのフォーマット―
　　　1　フォーマット概念の形成………………………………………28
　　　　　　―個別企業戦略としてのフォーマットの位置づけ―
　　　2　フォーマット研究の基本要素と企業戦略……………………30
　　　　　　―小売ミックスの組み合わせの独自パターン―
　　　3　フォーマット研究の焦点………………………………………32
　　　　　　―小売業とサービス業を一緒に考える―
　第5節　おわりに……………………………………………………………33
　　　　　　―リテール・マネジメント研究の展開へ―

第2章　フォーマットデザインの分析枠組み ───── 37
　　　　　―小売業とサービス業を統合する枠組み―

　第1節　はじめに……………………………………………………………37
　　　　　　―進化の必然としてのフォーマットデザイン―
　第2節　フォーマットデザインの体系……………………………………38
　　　　　　―オファーサイトとバリューチェーンによる革新―
　第3節　オファーサイトの革新……………………………………………40
　　　　　　―いかに消費者に接する価値を創り上げるか―
　　　1　コンテンツからコンテクストへ…………………………………40
　　　　　　―単品からコンテクストを創る―
　　　2　共時的コンテクスト創造戦略…………………………………41
　　　　　　―すべての業界に援用可能の戦略―

3　通時的コンテクスト創造戦略 ……………………………………………… 45
　　　　　―サービス業＆小売業で重要な戦略―
　　第4節　バリューチェーンの革新 …………………………………………………… 48
　　　　　―いかに消費者につながる価値を創り上げるか―
　　　1　小売業・サービス業のバリューチェーン ……………………………… 48
　　　　　―消費者価値を生み出す要素を探る―
　　　2　バリューチェーン革新の諸戦略 ………………………………………… 50
　　　　　―構成要素の強化とチェーン全体の組み替え―
　　第5節　おわりに ……………………………………………………………………… 52
　　　　　―6領域への「フォーマットデザイン」の適用―

第Ⅱ部　事　例　編

第3章　カフェ業界のフォーマットデザイン ——————— 59
　　　　　―日本の喫茶店文化の高度化に向けた内外からの革新―

　　第1節　はじめに ……………………………………………………………………… 59
　　　　　―2度目の黒船来襲とさらなるこだわりを求める国内からの革新―
　　第2節　カフェ業界先進フォーマットのポジショニング ………………………… 60
　　第3節　第Ⅰ象限　スターバックスコーヒーのフォーマットデザイン …… 61
　　　　　―サード・プレイス構築を目指して―
　　　1　企業概略 …………………………………………………………………… 61
　　　　　―元祖黒船の概要―
　　　2　発展の経緯 ………………………………………………………………… 62
　　　　　―全県出店までの試行錯誤―
　　　3　分析：オファーサイトとバリューチェーンの革新 ………………… 63
　　　　　―サード・プレイスの実現とサプライチェーンの拡大―
　　　4　今後の展望 ………………………………………………………………… 66
　　　　　―2度目の黒船来襲とさらなるこだわりを求める国内からの革新への対応―
　　第4節　第Ⅱ象限　ブルーボトルコーヒーのフォーマットデザイン …… 67
　　　　　―コーヒーの各工程のこだわりを理解し楽しませることを目指して―
　　　1　企業概略 …………………………………………………………………… 67
　　　　　―第2の黒船概要―

2　発展の経緯 ··· 68
　　　　　　―第2の黒船出港までの米国国内での展開―
　　　3　分析：オファーサイトの革新 ··· 68
　　　　　　―サード・ウェーブ・コーヒーの伝道―
　　　4　今後の展望 ··· 70
　　　　　　―第2の黒船による立地への柔軟な対応に向けた取り組み―
　　第5節　第Ⅳ象限　丸山珈琲のフォーマットデザイン ················ 71
　　　　　　―スペシャリティコーヒーの普及を目指して―
　　　1　企業概要 ··· 71
　　　　　　―国内からの革新者の概要―
　　　2　発展の経緯 ··· 72
　　　　　　―元コーヒー職人出身の企業家の誕生―
　　　3　分析：バリューチェーンの革新 ··· 73
　　　　　　―スペシャリティコーヒーの伝道―
　　　4　今後の展望 ··· 74
　　　　　　―規模拡大の前提となる豆の確保と人材確保育成―
　　第6節　おわりに ··· 75
　　　　　　―外からの日本喫茶店文化の翻訳と内からの批判的検討を通じた革新―

第4章　食品小売業界のフォーマット ─────── 81
　　　　　―新しい食の提案と継続的提供―

　　第1節　はじめに ··· 81
　　　　　　―食をめぐる環境の変化―
　　第2節　食品小売業界先進フォーマットのポジショニング ················ 82
　　　　　　―オファーサイトとバリューチェーンによる分類―
　　第3節　第Ⅰ象限　イオンモール岡山のフォーマットデザイン ········· 84
　　　　　　―新しい「食」提供の場の革新―
　　　1　企業概要 ··· 84
　　　　　　―総合小売業が展開する新たなショッピングセンター―
　　　2　発展の経緯 ··· 85
　　　　　　―多様なフォーマットの試行の連続―
　　　3　分　　析 ··· 86
　　　　　　―オファーサイトとバリューチェーンの革新―
　　　4　今後の展望 ··· 92
　　　　　　―オファーの継続と地域への浸透―

第4節　第Ⅱ象限　エースのフォーマットデザイン………………… 93
　　　　　―食卓をより豊かにする提案―
　　1　企業概要……………………………………………………………… 93
　　　　　―グロサリーストアへの道―
　　2　発展の経緯………………………………………………………… 94
　　　　　―企業規模に適合するフォーマットへの挑戦―
　　3　分析：オファーサイトの革新……………………………………… 95
　　　　　―地方のグロサリーを全国の顧客に提案―
　　4　今後の展望………………………………………………………… 100
　　　　　―value for money を提供し続けるフォーマット―
　第5節　第Ⅳ象限　アークスグループのフォーマットデザイン………… 101
　　　　　―地域の食を守るグループの取り組み―
　　1　企業概要…………………………………………………………… 101
　　　　　―北海道・北東北での食の守り神―
　　2　発展の経緯………………………………………………………… 102
　　　　　―M＆Aによる企業連合の拡大―
　　3　分析：バリューチェーンの革新…………………………………… 103
　　　　　―志を同じくする食品スーパーとの事業運営―
　　4　今後の展望………………………………………………………… 110
　　　　　―「ヒト」を超えるシステムの形成―
　第6節　おわりに………………………………………………………… 112
　　　　　―豊かな食を提供するフォーマットの革新―

第5章　ヘアサロン業界のフォーマットデザイン ─── 114

　第1節　はじめに………………………………………………………… 114
　　　　　―縮小する美容市場―
　第2節　美容サロンの先進フォーマット・ポジショニング…………… 115
　　　　　―好調な日常使いサロンフォーマット―
　第3節　第Ⅰ象限　11cut のフォーマットデザイン…………………… 117
　　　　　―日常使いサロン―
　　1　企業概要…………………………………………………………… 117
　　　　　―驚異の成長を遂げる 11cut―
　　2　発展の経緯………………………………………………………… 118
　　　　　―異業種からの参入―
　　3　分析：オファーサイトの革新とバリューチェーンの革新……… 119

4　今後の展望 …………………………………………………………… 122
            ―サービスプロフィットチェーンモデルの拡大に向けて―
    第4節　第Ⅱ象限　ukaのフォーマットデザイン ………………………… 123
            ―ブランドサロン―
        1　企業概要 ……………………………………………………………… 123
            ―都心の先端サロンブランド「uka」―
        2　発展の経緯 …………………………………………………………… 124
            ―ブランドサロンへ進化した老舗サロン―
        3　分析：バリューチェーンの革新 …………………………………… 125
            ―「uka」の世界観の確立と拡散―
        4　今後の展望 …………………………………………………………… 127
            ―国内外でのブランディング強化―
    第5節　第Ⅳ象限　Ashのフォーマットデザイン ………………………… 128
            ―暖簾分けフランチャイズ―
        1　企業概要 ……………………………………………………………… 128
            ―安定した財務と横ばいの売上高―
        2　発展の経緯 …………………………………………………………… 129
            ―上場の契機となった暖簾分けフランチャイズ方式―
        3　分析：バリューチェーンの革新 …………………………………… 130
            ―日本における暖簾分けフランチャイズ方式の確立―
        4　今後の展望 …………………………………………………………… 132
            ―100年ブランドの創出に向けて―
    第6節　おわりに ……………………………………………………………… 134
            ―オファーサイトの革新からバリューチェーンの革新へ―

第6章　アパレル業界のフォーマットデザイン ──────── 139
        ―ワクワク感を生み出すフォーマット―

    第1節　はじめに ……………………………………………………………… 139
            ―群雄割拠のアパレル業界―
    第2節　アパレル業界先進フォーマットのポジショニング …………… 140
            ―オファーサイトとバリューチェーンによる分類―
    第3節　第Ⅰ象限：ユニクロのフォーマットデザイン ………………… 142
            ―独特のポジショニングから導かれる戦略―
        1　企業概要 ……………………………………………………………… 142
            ―山口から世界有数のSPA企業へ―

2　発展の経緯 …………………………………………………………… 143
　　　　　―フリースをきっかけに大ブレーク―
　　3　分　　析 ……………………………………………………………… 144
　　　　　―オファーサイトの革新とバリューチェーンの革新―
　　4　今後の展望 …………………………………………………………… 148
　　　　　―日本市場の維持と海外市場の拡大の中で―
　第4節　第Ⅱ象限：OJICO のフォーマットデザイン ……………………… 149
　　　　　―地方発のビジネス展開モデル―
　　1　企業概要 ……………………………………………………………… 149
　　　　　―楽しくない T シャツは欲しくない―
　　2　発展の経緯 …………………………………………………………… 150
　　　　　―地方発の新たなフォーマット―
　　3　分析：オファーサイトの革新 ……………………………………… 150
　　　　　―ここでしか買えない価値の提供―
　　4　今後の展望 …………………………………………………………… 152
　　　　　―希少性と露出度のバランス―
　第5節　第Ⅳ象限：ZOZO タウンのフォーマットデザイン …………… 153
　　　　　―ネットの進化に合わせた価値の提供―
　　1　企業概要 ……………………………………………………………… 153
　　　　　―日本最大のアパレルオンラインショッピングサイト―
　　2　発展の経緯 …………………………………………………………… 154
　　　　　―創造と想像が出会う街としての ZOZOTOWN―
　　3　分析：バリューチェーンの革新 …………………………………… 155
　　　　　―オンラインショップを使った儲けの仕組みづくり―
　　4　今後の展望 …………………………………………………………… 156
　　　　　―試される E コマース市場拡大への対応―
　第6節　おわりに ……………………………………………………………… 158
　　　　　―アパレル業界を生き残る処方箋とは―

第7章　ミュージアム業界のフォーマットデザイン ── 162
　　　　　―感動を生み出すフォーマット―

　第1節　はじめに ……………………………………………………………… 162
　　　　　―定型化された展示形態もいま革新の時―
　第2節　ミュージアム業界先進フォーマットのポジショニング ……… 163
　　　　　―オファーサイトとバリューチェーンによる分類―

第3節　第Ⅰ象限　ジャパン・エキスポのフォーマットデザイン……165
　　　　―日本（ジャパン）文化を体験・共創―
　　1　ミュージアム概要……………………………………………165
　　　　―パリから日本を発信―
　　2　発展の経緯……………………………………………………166
　　　　―オタクの集まりから欧州最大の日本文化イベントへ―
　　3　分　析…………………………………………………………167
　　　　―オファーサイトとバリューチェーンの革新―
　　4　今後の展望……………………………………………………170
　　　　―自身の価値拡大と横（世界各国）への展開―

第4節　第Ⅱ象限　ニフレルのフォーマットデザイン……………171
　　　　―感性にふれるミュージアム―
　　1　ミュージアム概要……………………………………………171
　　　　―海遊館が提案する新しい水族館―
　　2　発展の経緯……………………………………………………172
　　　　―世界最大級から世界初へ―
　　3　分析：オファーサイトの革新………………………………173
　　　　―アートとしての水族館＆動物園―
　　4　今後の展望……………………………………………………175

第5節　第Ⅳ象限　横浜トリエンナーレのフォーマットデザイン……176
　　　　―地域と生きる大規模国際展―
　　1　ミュージアム概要……………………………………………176
　　　　―3年に一度の現代アートの国際展―
　　2　発展の経緯……………………………………………………177
　　　　―日本の横浜を発信する形で発展―
　　3　分析：バリューチェーンの革新……………………………178
　　　　―フランス型から米国型へ―
　　4　今後の展望……………………………………………………180
　　　　―地域との経済・人の循環―

第6節　おわりに……………………………………………………181
　　　　―共創・感性・地域―

第8章　病院業界のフォーマットデザイン　186
　　　　―病院業界の革新に向けて―

第1節　はじめに……………………………………………………186
　　　　―病院業界を取り巻く状況―

第 2 節　病院業界先進フォーマットのポジショニング ……………… 187
　　　　　―トヨタ記念病院，青梅慶友病院，武田病院グループのポジショニング―
第 3 節　第Ⅰ象限　トヨタ記念病院のフォーマットデザイン ………… 189
　　　　　―オファーサイトの革新とバリューチェーンの革新―
　　1　組織概要 ……………………………………………………………… 189
　　　　―トヨタ記念病院の組織概要―
　　2　発展の経緯 …………………………………………………………… 189
　　　　―福利厚生施設から地域中核病院への発展―
　　3　分　析：オファーサイトの革新とバリューチェーンの革新 ……… 191
　　　　―革新的な医療サービスの提供と独自の流通システムの構築―
　　4　今後の展望 …………………………………………………………… 193
　　　　―トヨタ記念病院の挑戦―
第 4 節　第Ⅱ象限　青梅慶友病院のフォーマットデザイン …………… 194
　　　　　―オファーサイトの革新―
　　1　組織概要 ……………………………………………………………… 194
　　　　―青梅慶友病院の組織概要―
　　2　発展の経緯 …………………………………………………………… 195
　　　　―老後の安心と輝きを創造する病院―
　　3　分析：オファーサイトの革新 ……………………………………… 196
　　　　―究極の高付加価値型の医療サービスの提供―
　　4　今後の展望 …………………………………………………………… 198
　　　　―青梅慶友病院の挑戦―
第 5 節　第Ⅳ象限　武田病院グループのフォーマットデザイン ……… 199
　　　　　―バリューチェーンの革新―
　　1　組織概要 ……………………………………………………………… 199
　　　　―武田病院グループの組織概要―
　　2　発展の経緯 …………………………………………………………… 200
　　　　―京都市一円を医療・保健・福祉全てにおいてカバーする病院―
　　3　分析：バリューチェーンの革新 …………………………………… 201
　　　　―京都一円を包含する医療・保健・福祉サービスの提供と医療品・医療資材の大
　　　　　量購入によるコストダウンの達成など―
　　4　今後の展望 …………………………………………………………… 202
　　　　―武田病院グループの挑戦―
第 6 節　おわりに ………………………………………………………… 203
　　　　　―病院業界先進フォーマットの可能性―

エピローグ　小売＆サービス業のフォーマット・イノベーション ── 207
──新たな革新に向けて──

- 第1節　はじめに ……………………………………………………… 207
  ──いまこそフォーマット革新の時──
- 第2節　6つの業界のフォーマット革新の方法論 ………………… 208
  ──オファーサイトとバリューチェーンの革新──
- 第3節　小売業＆サービス業の特徴とフォーマット革新 ……… 210
  ──サービスの4つの特徴が生み出すイノベーション──
- 第4節　小売業＆サービス業のイノベーションの未来 ………… 212
  ──改善型イノベーションから革新型イノベーションへ──
- 第5節　おわりに ……………………………………………………… 215
  ──多様な知が融合する場（組織）の重要性──

執筆者紹介 ──────────────────────── 219

小売&サービス業のフォーマットデザイン

プロローグ

小売&サービス業のフォーマットデザインに関わる基本思想

第1節　はじめに
―価値発現装置としてのコンテクストデザイン―

　さて，革新とは何であるのか。事実の変化なのか。それだけではない。それは，むしろ認識の変化である。これが，コンテクスト（context）論者である筆者の基本的な考え方である。それゆえ，すべての財（グッズ：goods）はコンテンツ（提供内容としての財）とコンテクスト（提供方法としての文脈）の関係形態から現出する。それゆえ，財の価値は仮にコンテンツが変わらなくともコンテクストいかんによって大きく転換する。

　これが，筆者が主張するコンテクストドリブン価値発現理論の基本原則である（原田 [2007]）。なお，この際のコンテンツ（contents）としての財には有形財（tangible goods）と無形財（intangible goods）が含まれる。すなわち，財にはいわゆる商品やサービスの双方が含まれる。なお，これに対して有形財のみを財として捉えて無形財をサービスとして捉える考え方もある。しかし筆者は，経済学における原則的な定義に依拠すべく双方が財であると考える。

　そして，これらのコンテンツとしての財が市場という場で何らかの価値を発

現させるものが筆者のいうコンテクストである。そのためコンテクストを断じてコンテンツなどに転換させてはならない。それは，筆者がコンテクストをあくまでも財としてのコンテンツのための価値発現装置として捉えるからである。それゆえ，決してコンテンツそのものに特別な意味や価値を見出さない。それは，たとえコンテンツが有形財であっても無形財であっても，それらは市場に受容されるまでは単に潜在的な価値を内在するコンテンツにすぎない，と捉えるからである。

　その意味では，コンテクストはコンテンツの保有する潜在価値を多様な形態で発現させる役割を保持する。それゆえ，コンテンツの価値はコンテクストを創造するコンテクストデザイナーのパワーに依存する。そのため，コンテクストいかんによってコンテンツの価値は異なってしまう。このことは，価値をコンテンツに求める物造り神話から脱却すべきであることを意味する。

　こう考えると，コンテクストデザイナーにとってコンテンツがそれこそ有形財でも無形財であっても，それらは共に単なる同じコンテンツにすぎない。つまり，有形財と無形財の，例えば商品とサービスの差異を強調することには意味を見出さないことになる。これはすなわち，コンテクストデザイナーにとっては，コンテンツの形態上の差異はそれらの価値発現には大した影響を与えないことを意味する。それゆえ筆者は，現在では一定の注目を浴びているサービスドミナントロジック（S-D ロジック）[1]を持ち出す必要性を感じない。

　ここで大事なのは，小売業とサービス業のイノベーションは共通の理論から議論されるべきであり，これはコンテクストとしてのサービスという考え方を採用すれば可能になることである。また，プロセスのイノベーションを超えた新たなイノベーション概念としてのフォーマットデザインによるイノベーションが，小売・サービス統合型のイノベーションを可能にすることである。

　それゆえここでは，以下のような時代の変化を踏まえたコンテクストベースの提言を行う。それらは，第一がサービスの"両義性"=「コンテンツのサービス」と「コンテクストのサービス」，第二が統合概念としての「オファーサイト」=小売業とサービス業の"境界融合"，第三が「バリューチェーン」="自社と他社"や"商品とサービス"の連携についてとなる。

第2節　サービスの両義性
― 「コンテンツのサービス」と「コンテクストのサービス」―

　今や，時代の流れはサービス化とグローバル化，そしてソーシャル化であろう。これらのすべては成熟社会に必然的に現出する方向である。しかし，サービス化はグローバル化やソーシャル化とは異なる側面を保持する。それはすなわち，グローバル化とソーシャル化が共に空間的な広がりを捉えた戦略的な方向性を示すのに対して，サービス化は一般的には財の構成比の変化を捉えた方向性を示す。その意味では，サービス化が他の2つとは異なりコンテンツと強い結びつきがあると考えられる。

　そのため，サービス化の議論は産業構造の転換と関連させて考察することが多いようである。これはすなわち，第1次産業から第2次産業へ，そして第2次産業から第3次産業へという転換として表される。この考え方に依拠すれば，一般的には産業構造の大部分をサービスが占めていることがサービス化であるという理解になる。それゆえ，サービス化はコンテンツのサービス全体に占める量の問題として議論されてしまう。

　前述のかのS-Dロジックにおいては，確かにその初期のものではサービスをプロセスとして捉えていた。そして，このプロセスであることによってコンテンツとしての財もサービスも，それらの価値が変化するという理解を示していた。その意味では，彼らも筆者と同様に，サービスをコンテンツではなく，むしろある種のコンテクストとして捉えていた。それにもかかわらず，近年提言された新たなロジックにはサービスのコンテンツ回帰が見られる。

　そのことは，サービスがある種の資源（リソース）であるという主張に見出せる。彼らはおそらく資源をプロセスの延長戦上にポジショニングしており，その主張する内容自体には問題はないが，しかし筆者には資源という概念の持ち込みは初期のサービスはプロセスであるというロジックを後退させているように感じられる。それは，筆者には資源はどう考えても何らかのコンテンツで

あり，それゆえ資源というコンテンツはコンテクストによって価値が発現されるべき対象であると考えるからである。

　もちろん，コンテンツはコンテクストが融合しているというならば，ある種のコンテンツの拡張ということで容認することができる。しかしこれでは，新たにS-Dロジックが必要であるという主張は矛盾してしまう。それゆえ筆者には，この主張がせっかくの新ロジックの後退であると思わざるをえない（田代[2009]）。

　彼らの主張では，コンテクストであるべきサービスが，なぜかいつのまにコンテクストであるプロセスからコンテンツに見える資源に転換されている。もちろん筆者は，彼らは資源もコンテクスト的要素を組み込んだ財と同様に1つのコンテクストとしての財であると捉えているのだろうとは考えている。

　しかし，資源というコンテンツに対してコンテクスト的性格を付与すれば，従来のひたすら物を重視する考え方と大同小異になってしまう。その意味で，S-Dロジックの進化版としてプロセスに替えて資源を持ち出したことに対して，筆者は賛成できない。それは，サービス化の本質は物質的価値から意味的，かつ精神的価値への転換を示すと考えるため，それこそコンテクストのコンテンツ化を感じさせる主張はあまり望ましくないと感じるからだ。

　そこで，筆者はサービスに関して以下のように考えたい。それは，サービスには「コンテンツとしてのサービス」と「コンテクストとしてのサービス」があり，この差異を明白に分けるべきだということである。つまり，「コンテンツとしてのサービス」は有形財であるが，「コンテクストしてのサービス」は単なる無形の財ではないという解釈である。

　それは，サービスとはコンテンツとしての財ではなく，コンテクストとしての価値発現のためのトリガー，またはレバレッジのようなものだからである。こう考えると，サービス化とはコンテクストとしての可能性を強めるべきということになる。その意味では，サービス化のグローバル化やソーシャル化と類似する機能も保持していることが理解できよう（図表P-1）。

図表 P-1　サービスの両義性

```
   ◇コンテンツ◇              ◇コンテキスト◇
        │                          │
   ┌─────────┐              ┌─────────┐
   │  提供－  │              │  提供－  │
   │ コンテンツ│              │コンテキスト│
   └─────────┘              └─────────┘
   ┌─────────┐              ┌─────────┐           ╭─────╮
   │  サービス │    ＋        │  サービス │    ＝    │サービスの│
   └─────────┘              └─────────┘           │ 両義性 │
        │                          │              ╰─────╯
    ○提供内容○                ○提供方法○
```

第3節　統合概念としてのオファーサイト
―小売業とサービス業の境界融合―

　さて，公式な産業分類によってざっくりと現在の産業を分類すれば，前述のように第1次産業と第2次産業，そして第3次産業になる。また，第3次産業のなかでは，消費者が容易に想起できるものは，小売業とサービス業であろう。そこで，なぜこの2つが一緒に想起すべきなのかを考えたい。これはすなわち，消費者視点で見れば，この2つの産業は共に生活の根幹を支える消費財（サービスも含む）だからである。

　我々は，商品（有形消費財）を購入する場合に，一部のコレクション自体を目的にする場合を除けば，コンテンツである商品がそれぞれのコンテクストによって購入される。その意味では，例えばウエディングドレスを着たいという欲求に対しては，それこそコンテンツとしてのウエディングドレスの選択問題と同時に，それからどのような方法で満足を獲得するのかという選択問題が存在する。これはすなわち消費者サイドから見ると，サービス業と小売業は同じ

1つのニーズに対する選択肢であるということでは，同じ性格を持った存在になる。

また，周知のように，サービス業である物流業と小売業である通信販売業は，元来それぞれ異なる産業分類に含まれる。そして，物流業の場合には，もしも消費者が自ら購入した商品を小売業に対して配達を依頼すれば，その商品は小売業者の責任でそこが連携する物流業者を通じて自宅まで届けられる。また，通信販売で商品を購入する場合には，その商品はそこが連携する物流業社を通じて，消費者が注文した商品は自宅などに届けられる。これらから理解できることは，小売業や通信販売業と物流業は一体化したシステムやネットワークによって相互に結び付いている，ということである。また，小売業も通信販売業においても，物流は業者自身の責任において実施されるから，これは実際には物流まで含めて自社が消費者対応を行っていることを意味する。

さらに，日常的な暮らしにおける消費者サイドの消費行動においては，例えばスーパーマーケットで食材を購入して自身で料理するのと飲食店で外食をするのは，いわば財とサービスとのトレードオフの関係にある。また，製造業においても，例えば電気製品を製造業が自社工場で生産するのか，それともOEM（original equipment manufacturer）やEMS（electronics manufacturing service）を活用するのかも，ある種の財とサービスとのトレードオフ関係として捉えられる（原田［2001］）。

このように，個人においても企業においても，今や財とサービスは何らかのトレードオフ関係にあることが理解できる。このように，財とサービスは一体として，そして流動的な関係として捉えるべき状態が現出している。こうなると，小売業であるとかサービス業であるとかいう分類はあまり有効ではなくなる。そもそも，産業分類そのものは過去の実態をベースにして構築されたものだから，時間の経過とともに適切ではなくなるのは当然である。

そうなると，小売業やサービス業というような産業の区別を超えて新たな統合概念としてのオファーサイト（offer site）[2]という顧客接点に関する統合的概念化が必要になる。また，それは，既存概念を使用するならば，例えばアウトレット（outlet）とかリテイル（retail）という概念で表すこともできる。

図表 P-2　統合概念としてのオファーサイト

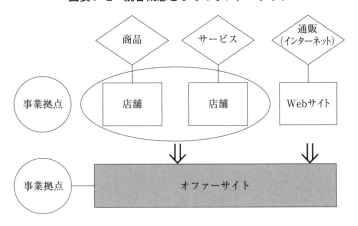

　前者のアウトレットは，現在ではアウトレットモールのイメージが強く影響しているが，実は元来は排水溝の"出口"を意味している。それゆえこれは，現在のようなバリューチェーンで価値を創造しようという考え方に依拠すれば，まさに市場という海への出口として捉えられる。また，後者のリテイルは元来は小分けして販売するという意味なのだから，消費者対応を表す概念になる。これも，消費者起点でも財やサービスの提供拠点を表す概念としては適合的である。こう考えると，今後は小売業とサービス業を統合的に表せる顧客接点における新たな概念構築が急務の課題になる（図表 P-2）。

第4節　バリューチェーン
―「自社と他社」や「商品とサービス」の連携―

　さて，商品をエンドユーザーである消費者にまで到達させるまでの流通プロセスの呼称は商品のためのサプライシステムまたはデリバリーシステムであり，これに対してサービスを消費者に到達させるまでの提供システムの呼称はオファリングシステムである。このようなシステム概念は，共に実は商品とサービスを扱うビジネス主体や方法が異なるために構想されるに至った。しかし

前述のように, 今や小売業とサービス業の境界は融合したために, 双方のシステムを統合的に捉え直したシステム概念の構想が期待される。

また, 近年では, ユニクロ (ファーストリテイリングのコアビジネス) のように生産から販売までを垂直統合することによって流通プロセスのすべてを自社の責任と権限が一元化して統合的にマネジメントする"製造する小売業"に, すなわち「製造小売業」が数多く誕生する[3]。また製造業などでも, デルのダイレクトモデルのように"小売する製造業", すなわち「小売製造業」も数多く登場している。

このような動向は, 製造業は他の製造業との競争, 小売業は他の小売業との競争が課題である従来型の競争概念からの転換が必要になったことを意味する。また, これはすなわち, サプライプロセスのすべての段階を戦略的に統合したシステムどうしの競争戦略が不可欠であることを意味する。こうして, "バリューチェーン"への期待が高まり, ある種の資本の壁を越えた統合マネジメントが模索される。また, このような対応はそれこそ小売業にとっても製造業にとっても要請され始めている。その意味では, 効果的に価値発現を可能にする"バリューチェーン"の構築は全産業的課題である。

このような"バリューチェーン"は取引システムや物流システム, そして情報システムなどの製造・流通プロセスを資本の壁を越えて統合される多重的かつ多元的システムとして現出する。これこそがあたかもチェーンとして捉えられることから, その名称が"バリューチェーン"になった。これは供給プロセスの各段階で, 多様な企業とのネットワーキングを模索する組織運営が望ましいことを示している。

こうして, 小売業はサービス業と融合するとともに, 併せて製造業とも融合することになった。そうなると, 新たな産業構造やビジネス体系の確立が必要になる。筆者は, それは前述した「オファーサイト」と「バリューチェーン」から構想される概念であると考える。こうして, いくつかの新たなビジネスが新たな枠組みの中から現出する。また, この新たなビジネスを構想する枠組みは既存事業に対しても新たな価値を与える。

そうなると, 競争をめぐるプレイヤーは, 例えば小売業においては小売業の

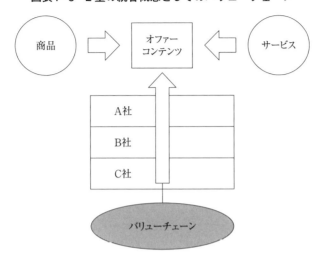

図表 P-3　2重の統合概念としてのバリューチェーン

みならず，同時に製造業なども含まれる。またサービス業にも同様の対応が要請される。例えば，我が国のイオングループのような大手流通資本はそれこそ製造業やサービス業はライバルであってかつパートナーにもなるという，両義的な戦略が展開されている。これはすなわち，複数の部分最適をバリューの最大化を指向すべく統合することを意味する。これこそが，産業分類を超えて企業が対応すべきグループ戦の中心におかれるべきである（原田［1998］）（図表 p-3）。

第5節　総合モデルとしてのフォーマット
―オファーサイトとバリューチェーンからのフォーマット開発―

　以上，ここではコンテクストによる産業構造や企業戦略の再構築の必要性を論述してきた。それは，特に小売業とサービス業のコンテクスト転換の理論的枠組みとして，フォーマットデザインを提言するためである。なお，フォーマットデザインの詳細な議論は後章で紹介するが，あえてこれを一言でいえば，

小売業の業態や製造業から発展したビジネスモデルを超える概念になる。それは，フォーマットは小売業とサービス業の双方に対するパラダイムスイッチャーになるからである。

第一の提言は小売業とサービス業の融合である。これはすなわち，両者のビジネスは，消費者の生活文化に寄与するためのリアルまたはバーチャルなサイトから顧客対応を行うことでは，まったく同様である。第二の提言は，インターネット通販などによって実現したバックシステムとフロントシステムの統合であり，またこれに伴う小売業と製造業のシステム統合である。

これらの提言は，すべてのコンテンツの価値はコンテクストによって発現するというコンテクストベースの価値発現に向けてなされる。それゆえ筆者は，今やサービスをコンテクストからコンテンツ論に引き戻してしまったサービスドミナントロジックとは一線を画す。そして，このような観点から既存の業態論を超えるフォーマット論が提言される。こうして，後章では新たな産業として期待できる生活文化産業や生活デザイン産業を牽引できるフォーマットの紹介を行う。

ここで提言するフロントシステムとバックシステムの統合モデルであるフロントは概ね「オファーサイト」であり，またバックシステムは概ね「バリューチェーン」であった。これらを通じてフォーマットのほかのモデルに対する競争優位性が確立できる。それゆえ，今後，小売業とサービス業における議論はそれこそフォーマット論に収斂することになる。

今後に行われるべきことは産業革新でも流通革新でもなく，必要なのは，実は生活革新である。それも生活理念や生活様式から捉えるより，個々の精神的な側面からのアプローチである。そのためには，生活文化や生活理念から捉えた精神的な軸からのアプローチが求められる。これが，まさに成熟社会における今後の産業において指向すべき方向といえる。このようなパラダイムシフトが今こそ期待されており，こうした期待にそうべき構築された理論が，本書の『小売＆サービス革新理論』のコアに位置するフォーマットデザインである。

その意味では，本書は産業革新に関するイノベーション理論とこれを活用した実践の書である。時代は今や新たなイノベーション理論の登場を大いに待し

ている。それも従来の産業分類にこだわることのない，そしてプロダクトやプロセスに関わるイノベーションを超えた，まさにインテグレート指向の理論が求められている。そこで，これに応えるために提言されたのが，「イノベーション理論としてのフォーマットデザイン」である。

第6節　おわりに
―フォーマットのイノベーションから捉えた考察―

　さて，本書では，筆者の長い小売業界での実務経験や研究者としての理論構築の積み重ねを踏まえて，まさに新たな小売＆サービス業のイノベーションモデルとしてのフォーマットイノベーションの提示が行われた。これは，第1章における詳細なレビューを踏まえた，これまでには見い出せない新たな理論フレームである。また，これは同時に，小売業とサービス業における新たなイノベーション論に関する理解である。

　「はしがき」で書いたことの繰り返しになるが，ここでの議論の前提の第1は，財（グッズ）は物とサービスを含んでいるということであり，それゆえ前者は単に有形財であり後者は単に無形財といわれる同じ財であることにはまったく差異はない，という認識である。これは，たとえ物であろうとサービスであろうと，これらは共に財という1つの概念に含まれる，まさにコンテンツであることにおいては全く同様であるという経済学的認識に立脚するものであることを意味する。だからこそ，小売業とサービス業が同一の理論的枠組みで分析できるし，また戦略の構築ができるわけである。

　また，第2の前提は，インターネットのビジネスの隆盛によって，リアルビジネスとバーチャルビジネスがともに同一の競合場面に晒されることになったことである。つまり，企業に対して要請されるのは，リアルな市場とバーチャルな市場を統合的に捉えて，競争戦略や共創戦略を構築することが不可欠になった，ということである。

　さらに，第3の前提は，小売業の製造小売業化と製造業の小売製造業化の進

展によって，小売業と製造業が同一市場において，競争戦略と共創戦略を展開するようになったことである。これは，すなわち，バリューチェーン全体を戦略展開の対象にせざるをえない状況が現出したことを意味する。つまり，オファーサイト間の戦略対応に加えて，バリューチェーン間の戦略対応も必要になったことを意味する。

　このように，本書においては，フォーマットイノベーションとはまさに3つの境界融合を踏まえた小売業と製造業を統合的に捉えた新たなイノベーションとして提示されている。その意味では，エピローグにおける三浦の考え方において，通奏低音的に流れる物とサービスの区別は本書の考え方とはいささか異なっている，と考えられる。

　そこで，このような前提に立脚しながら，フォーマットイノベーションを小売業やサービス業のみならず，小売業サイドから捉えた製造機能までを視野に入れたイノベーションを実現するものとして捉えるならば，フォーマットイノベーションはまさに3つ（小売など，製造など，サービスなど）の異なる機能の境界融合状態を前提にしたイノベーションになる。それゆえ，最後に，フォーマットイノベーションの，イノベーションから捉えた考察を行ってみる（図表P-4）。

図表P-4　イノベーションの進化プロセスとフォーマットイノベーション

```
コンテンツ・        コンテンツ・
コンテクスト ──── プロセス統合 ──── フォーマット
   統合              イノベーション      イノベーション
                     ─第3段階─
                          ↑ ↑
                       革  革
                       新  新
                       ↑    ↑
  コンテンツ ──  プロダクト ── プロセス ── コンテクスト
                  イノベーション  革新  イノベーション
                  ─第1段階─        ─第2段階─
```

図表P-4から理解できるように，イノベーションの議論はプロダクトイノベーションからスタートするのが一般的であることは，イノベーションの研究者には周知の事実であろう。そして，第2段階のイノベーションとしては通常ではプロセスイノベーションが位置付けられることにも，また異論はないであろう。しかし，問題は第3段階のイノベーションに関する認識である。前述したように，これには現在いくつかの考え方が提示されているが，それでも未だに確固たる位置を確立するまでのものは見い出せない。

　そこで，筆者は，本書で提言するフォーマットイノベーションを第3段階のイノベーションとして捉えることにしたわけである。つまり，第1段階のイノベーションがプロダクトイノベーション，第2段階のイノベーションがプロセスイノベーション，そして第3段階のイノベーションがプロダクト・プロセス統合イノベーションとしてのフォーマットイノベーションである，という発展段階説を採用することにした。

　しかし，ここで大事なのはこのプロダクト・プロセス統合の主体はあくまでも第2段階のプロセスであり，断じて第1段階のプロダクトにプロセスを統合するというような統合ではない，という認識である。これは，すなわち，第3段階のイノベーションには，プロダクト主導ではなく，あくまでもプロセス主導での統合が行われるべきである，ということを意味する。つまり，この統合がプロダクトイノベーションに回帰するものではない，という認識が不可欠になる。これこそが，筆者が考える第3段階のイノベーションの考え方であり，それゆえこれがまさに三浦がエピローグにおいて統合をプロダクト主体で考えていると推察できる統合との相違点である。このことから，換言すれば，原田が統合をプロセスサイドから捉えているのに対して，三浦がプロダクトサイドから捉えていることが理解できる。後者には，第2段階が不十分であるから，これに変える形態でもイノベーションが，すなわち新たなイノベーションとして，第3段階のイノベーションが提示されているようにも理解できる。

　このような差異の背景には，両者の間にはイノベーションの進化に関する認識の差異が存在することが理解できるであろう。つまりこの差異は，三浦が革新的なイノベーションはプロダクトに関わるイノベーションに見い出されるべ

きであり，これに対してプロセスに関わるイノベーションは改善型イノベーションにすぎない，と考えていることから生じているわけである。そこで，もしも，統合イノベーションが革新的なものであろうとするならば，三浦の場合にはプロダクト主導のイノベーションでなければならない，という見解になってしまう。これに対して，原田は3つのイノベーションは進化次元の転換であると捉えており，それゆえ3つのイノベーションには，それぞれに革新型イノベーションと改善型イノベーションがある，ということになるわけである。

なお，原田のイノベーション進化論に対しては疑問がある者がいるかとも思われたため，原田の捉え方について本書の主要執筆者である石川和男（専修大学）と筆者の畏友である古賀広志（関西大学）に確認をしたところ，彼らからは，原田の主張はそれなりに間違いではないという見解をもらうことができた。

原田と三浦のフォーマットイノベーションを捉えたイノベーションをめぐる差異については，実は二人のマーケティングに対する考え方の差異に起因している，と感じられる。それは，三浦は伝統的で正統的な捉え方を行おうとするためにプロダクトがマーケティングの前提になっているのに対して，原田はマーケティングはプロダクトとの関係を離れて独立しても成立するという立場に立っている，ということに起因している。つまり，原田はマーケティングはプロダクトを含めたすべてのコンテンツから価値を引き出す，あるいは価値を発現させる，まさにある種のコンテクストであると考えているから，コンテンツの形態にはまったく関係なく，どれに対してでもいわば価値発現装置として機能する，と考えていることから差異が現出することになる。なお，原田の考え方に依拠すれば，価値発現装置であるマーケティングは，例えば無価値な「ごみ」を前にしても，例えば「リバース」というコンテクストを導入すれば，ごみさえも価値ある希少資源にコンテクスト転換できる，ということになる。すなわちごみというそもそも無価値なある種のプロダクトの変わり果てたものからさえも，新たな価値を発現させる機能としてマーケティングを捉えている。

〈注〉
1) サービス化の進展に伴い,サービスを起点にしたロジックが大事であるということから評価されている考え方である。VargoとLuschが提唱者であるが,我が国では井上崇通や村松潤一などがこれを支持している。
2) 筆者の造語である。なお,サイトは敷地のことである。これは元来ディベロッパーが住宅やショッピングセンターなどを開発する際の地域利用に関する基本計画をサイトプランということで使用していた概念である。しかし近年では,Webサイトにおける多様な情報集積単位をも指し示している。
3) この代表的な業態がSPA企業である。なお,SPAとはspeciality store retailer of private label apparelの略称である。

〈参考文献〉
田代尚史[2009]「S-Dロジックの基礎概念」,井上崇通・村松潤一編著『サービス・ドミナント・ロジック―マーケティング研究への新たな視座―』同文舘出版,29-43頁。
原田 保[1998]「次世代流通システム構築に向けた段階的発展論」,原田保『コーディネートパワー プロデュース企業の経営戦略』白桃書房,39-69頁。
原田 保[2007]「コンテクストドリブンビジネスモデルの基本概念 グローバル時代の持続的競争優位の源泉として」,小松陽一・遠山暁・原田保編著『組織コンテクストの再構築(日本経営情報学会叢書3)』中央経済社,73-90頁。
原田保・古賀広志[2001]「EMS革命の衝撃的登場」,原田保編著『EMSビジネス革命グローバル製造企業への戦略シナリオ』日科技連,1-19頁。

(原田 保)

第 I 部
理 論 編

第1章

業態・フォーマット研究の先行研究レビュー
―フォーマットとは何か―

第1節　はじめに
―業態からフォーマットへ―

　消費者に財を提供する活動を取扱商品で認識し，小売研究を進めた時代が長く続いた。日本では1950年代後半から各地でスーパーマーケット（スーパー）が誕生し，百貨店との比較から小売業態研究が開始された。その後，ディスカウントストア，コンビニエンスストア（CVS），ホームセンター，ドラッグストアなどの誕生によって異業態間競争が激化し，消費者に財を提供する態様を小売業態として認識することが主流となった。最近では，以前から小売現場で使用されていた「フォーマット」という用語が，研究面でも頻繁に使用され始めた。他方，消費者に財を提供する小売業は，販売機能（所有権移転）だけなのか，他に何かを付加しているのかという議論も増えてきた。そこで様々なフォーマットを検討する前段階として，小売業種・業態・フォーマットに関する研究について概観する必要がある。また，財を提供するだけでなく，用役（サービス）を提供する態様も，フォーマットとして同様に考察できるのではないかという視座に立つことも見据えていきたい。

第2節　第2次世界大戦後の小売研究の開始
　　　　―米国小売業の紹介からの開始―

1. 小売業種研究の開始と展開
　　―終戦直後の小売研究―

　日本では，1949年に通商産業省が公表した「日本標準産業分類」，1952年に調査を開始した「商業統計調査」では，取扱商品を基準として，小売業種が分類・調査された。第2次世界大戦以前に経済発展した国や地域においては，その態様が確立していた小売店は百貨店以外にはほとんどなく，中小零細規模小売業が展開する小売業種店が中心であった。しかし，1950年代後半になると，日本でもスーパーが次々と誕生し，1960年代には「流通革命」に関する議論が起こり，小売現場だけでなく，研究面でも取扱商品を基準とした小売業分析では不十分となった。

　この時期の研究面では，深見 [1949] が，米国での小売業分類を小売業者の「形態」で説明した。また，原田 [1954] は，小売業の多様性要因を地理と取扱商品に求めた。さらに福田 [1957] は，小売業者を取扱商品の種類，機能，組織，規模，所在地等で分類し，米国の「業態小分類別販売高比率」を提示し，「業態」という用語を紹介した。増地・古川 [1958] は，「小売業の経営形態」を提示したが，中小零細規模小売店とスーパーなど，大規模小売店との区分を提示したのみであった。

　このように戦後から高度経済成長期以前の小売研究は，小売業の分類軸や米国小売業の紹介が中心であった。

2.「業態」という用語の登場
　―複数店舗の小売店舗展開の視座―

　松田 [1965] は，スーパーのセルフサービスと低価格訴求を取り上げ，「小売形態」とした。平野 [1965] では，「業態別マーケティング」の章を設定したが，ここでの業態はその後の「小売業態研究」へとつながる業態を意味していたものではなく，メーカー，卸売業者，小売業者による市場対応を扱っただけであった。鈴木 [1966] は，Duddy & Revzan [1947] により，百貨店やチェーンストアなど大規模小売業の発展が，流通業の発展に大きな影響を与えることに言及した。久保村 [1967] は，小売業を店舗形態と営業形態に分類したが，各々は詳しく説明せず，セルフサービス店，スーパーをあげた程度であった。そして，尾崎 [1967] は，消費者の環境変化が小売形態誕生の梃子であることを明確にした。

　このように 1960 年代には「業態」という用語が使用されたが，現在の大方の意味における使用ではなかった。他方，米国での研究や実態を紹介を日本の研究者や実務家に行うという方向性は 1950 年代と同様であった。しかし，「セルフサービス」の用語が使用され始め，小売業が提供するサービスへの意識が少し芽生え始めた時期であったともいえる。

　1970 年代になると，小売研究の進化も見られはじめた。青山 [1970] は，「商業経営形態論」に 1 章を割いた。しかし，経営学において議論されている企業形態論と同様のものであった。上坂 [1971] は，主な営業をする商業形態の総称として「業態」を使用したが，1 単位の専門商品取扱店舗と多種類の一般商品取扱店舗の相違を指摘するのみであった。また荒川 [1974] は，小売の多角的分類，構造分析，社会的機能について，福田 [1957] を踏襲して整理した。鈴木 [1974] は，小売に多様な形態が生じた要因を，Fisk [1961-62] による消費者の店舗選択基準とその規定要因から，商品提供だけではなく，提供サービスにも求めた。柏尾 [1975] は，大規模小売業によって展開される多くの態様と中小零細規模小売業との比較を行った。そして，川崎 [1979] は，米国の「小売革命」を

紹介し，大規模小売店による既存小売業の駆逐を動態的に分析した。

このように1970年代の小売研究は，米国の状況を前時代よりもさらに反映したものとなっており，単独店舗だけでなく，複数店舗展開を取り上げる傾向が強まる中で，小売業を消費者視点で観察する試みも見られ始めた。

第3節　小売サービスと小売業態研究の深化
―豊富な商品の提供業態―

1.　小売サービス概念の登場と小売業態の把握
―変化する小売業態―

1980年代になると，小売業を取扱商品だけではなく，顧客に商品を提供する多様な態様を中心として，研究が展開されるようになった。白石[1987]は，米国の革新的小売業を観察し，取扱商品，提供サービス，経営者の個人特性などによる店舗属性や立地による組合せを小売経営上の組織形態として位置づけた。また，池尾ら[1989]は，消費者に提供する「流通サービス」の組合せを「小売ミックス」とした。そして，徳永[1992]は，経営者の店舗への思いと商品取扱技術に焦点を当て，「小売ストア・フォーマット」の用語を使用した。さらに鈴木[1993]は，小売店舗，企業，企業間の3次元で小売形態を捉え，取扱商品による小売業種と営業戦略による小売業態を区分した。

顧客に商品を提供するサービスの源泉は，矢作の一連の研究で確認できる。矢作[1981]は，店舗形態や販売技術の革新を重視し，小売業全体の発展をチェーン・オペレーションと業態革新に求めた。また，矢作[1996]では，小売業者の提供サービスを「小売サービス」とし，品揃え，店舗立地，営業日数・時間便宜性，付帯情報・サービスをあげた。そして，業態を経営管理や経営組織という企業の舞台裏ではなく，店舗という表舞台で認識し，企業レベルではなく，店舗レベルに焦点をおいた。そして，矢作[2007]では，環境変化で販売戦

略が変化すると，業態概念も変化し，普遍的な業態概念は確立できないことを示唆した。

　小売業態の定義については，和田[1989]は，消費者に小売サービスを提供するフォーマットとそれを支えるシステムの組合せが，消費者の価格ニーズを含めた多様なニーズに対応し，競争差別化可能な程度とした。また池尾[1997]は，各小売店が数パターンに分類可能な各小売ミックスと捉えた。石原[1999]は，小売業種が小売業の様態を示す重要概念であり，小売業者の取扱商品の集合によるパターンと捉えた。ただ，1980年代には「業態」が一般に使用されるようになっていたため，業種と業態の区分には理解を示しつつも，明確に区分する難しさも吐露した。そのうえで，商品の取扱技術や小売業の革新的な経営技術を有するものを小売業態とした。ここで，「技術」の視点が導入されたのは，その後の研究の拡がりを豊かにさせるものであった。

　髙嶋[2002]は，小売業の革新を考察し，その販売や経営スタイルを小売業態とした。また原田[2002]は，取扱商品の種類による分類を業種，販売方法など，営業形態による分類を業態とし，業態視点から小売業態の発展を説明した。そして，日本の小売業が欧米の模倣から独自の発展方向として，百貨店，総合スーパーを位置づけた。さらに齋藤[2003]では，小売業者が消費者に提供する「流通サービスの束」が，小売マーケティングでの「製品」に相当するとした。そのうえで小売業態は，品揃え，提供サービス，売場面積，価格，商圏，営業時間などで分類され，抽象的・一般的レベルの店舗から具体的レベルの店舗まで抽象度の階層レベルで検討されるとした。

　近年になると，「戦略的」視点からの定義づけがみられるようになった。例えば，青木[2008]は，一般に認識された小売ミックスの特定パターンを採用した店舗水準の戦略グループとした。田村[2008]は，店舗が小売流通機能を遂行する基本的様式かつ流通業のビジネスモデルの基本的枠組みであり，戦略コンセプトとした。ただ，業態の伝統的概念には限界があり，企業戦略が市場環境で長期的に変化し，基本的活動様式が変化することにより，様態は不変の同一性で言及可能な存在でなくなるとした。つまり小売業態は，企業あるいは消費者を取り巻く環境変化によって変化するものであり，普遍的な小売業態は存在

しないという認識が浸透しているといえる。

2. 小売業態研究の展開
　　―小売業態変化の法則性―

　斎藤 [2003] は，小売業態論の研究視点として，①企業経営的視点（流通システム，革新論的研究），②小売・マーケティング論的視点（業態認識論である業態革新プロセス研究），③社会経済的視点（商業経済論，流通の社会性からの業態研究）を指摘した。小売業態研究は，「小売業態論」「小売商業形態論」として取り上げられ，前者は小売業態の発展原理という課題意識に基づいており，後者は小売イノベーション論として検討される。これは髙嶋 [2007] による小売業態研究と小売流通革新研究を 2 領域に区分したこととも相似している。つまり，前者は業態を差異や運動とし，伝統的商業論との関係で検討してきた。後者は企業を分析対象とし，新業態の形成には技術革新が必要であり，漸進的革新を含めた技術革新による差別化や漸進的なプロセス革新を通し，業態を小売ミックス要素の束と把握してきた。

　小売業態研究では，矢作 [1981] は，林 [1962] や佐藤 [1974] を批判的に検討し，新たに「業態」概念を提唱した事情を確認した。また石原 [2000] は，業態研究の理論的意味を明確化するために，商業経済論の視座から小売業態を認識しようとした。そこでは，①矢作 [1981] や石原 [1999] を踏まえ，業態を旧来の業種からの差異，業態生成を偶有的過程と位置づけ，②企業家の実践の中に，消費者の購買習慣や商品取扱技術の臨界を越えるところに業態生成の契機があり，③業態とビジネスモデルを区別して考察しようとした（石井 [2012]）。

　また，小売業態理論には，①環境理論，②循環理論，③衝突理論の 3 方向がある。①環境理論は，小売形態の動態は環境適合したものが生き残る適者生存説である。②循環理論は，小売形態変化の繰り返しを扱う。革新者が低価格参入し，しだいにサービス・価格を上昇させ（小売の輪：McNair [1958]），品揃えの総合化と専門化の繰り返し（小売アコーディオン），消費者選好分布の両端で真空地帯の出現（真空地帯：Nielsen [1966]）などの主張がある。③衝突理

論は衝突から危機が発生し，危機対応から新小売業が誕生するとし，Galbraithは「対抗力」で説明し，日本での「流通革命論」の展開にも影響を与えた。ただ多くの研究は企業視点での小売業態革新研究であり，消費者視点のそれは僅少である（近藤[1998]）。

3. 小売業態の革新
―複数企業の集団的行動の反映としての業態―

一般に新業態発生には，環境的要因と主体的要因がある。前者は消費者の所得，自由時間，移動性，価値観，生活文化，小売活動に関連する情報，交通・輸送技術，流通活動の法規制の変化が影響する。そして，業態革新では，多極化原理が働き，例外はあるが，低価格訴求で新規参入した業態が多い。業態革新の展開は，単に価格や店舗サービス水準だけでなく，小売ミックスの各領域とそれを支える管理様式に拡大する（田村[2002]）。また，新業態出現に伴う技術革新研究について，矢作[1994]はCVSを取り上げ，セブンイレブンに焦点を当て，ビジネス・システムでの革新性を説明した。石原[1997]は，食品スーパーを取り上げ，生鮮品の鮮度管理技術での革新性を説明した。さらに小川[2000]はCVSを取り上げ，情報システム技術での革新性，金[2001]もCVSを取り上げ，フランチャイズ・システムでの革新性を明確にした。

また石原[2000]は，業態を商品取扱技術の視点から認識しているため，①商品の物理的属性に関する技術，②商品を媒介とした流通業者と消費者の対面に関する技術，③商品を取り扱う経営上の知識と技術，をあげた。つまり，小売流通革新研究は，技術革新者である企業が分析対象であり，革新者は何らかの業態への帰属が分析の前提となる。それはこの研究が，業態内での革新的技術の普及を想定するためである。ここでの業態は，革新的技術について革新者と模倣者の関係にある企業のグループであり，そのためこのような企業の集団的な行動は，複数小売企業による革新的技術の模倣である（坂川[2011]）。ただ，商品取扱技術というと，すぐにtechnologyを想像するが，むしろknowledge要素の方が重視される。

小売業態研究と小売流通革新研究における業態概念は，前者では業態はマーケティングについて集団的な行動をとる企業グループの集合名詞とされる。小売業態研究において，これら集合名詞による業態は，企業グループを1つで表現している。後者では新業態成立には技術革新が必要となる。ここでは技術革新を行う企業行動に焦点を当て，業態成立と技術革新の関係を明確にするため，革新的技術における革新者と模倣者の存在が前提となる。特に革新的技術の利用については，革新者である企業だけでなく，追随して市場に参入する新規企業や既存企業もそれを模倣することがある。したがって，小売流通革新研究も企業が研究対象であり，その前提では業態を企業グループとして決定することになる。両研究は，同業態と見なされる複数企業の集団的な行動については異なる範囲を想定している。前者はマーケティングを軸とした複数企業の集団的な行動が業態を決定する。後者はマーケティングだけでなく，物流システム，情報システム，フランチャイズ・システムの構築など，複数企業の集団的な行動も業態を決定する（坂川[2011]）。特に後者は，店舗（事業所）を中心として，前後の様々なシステムを考慮することに注目すべきである。つまり，財を提供する小売業だけではなく，コトを提供するいわゆるサービス業にも，これらの研究を適用することが可能となろう。

第4節　フォーマット概念と企業戦略
―戦略としてのフォーマット―

1．フォーマット概念の形成
―個別企業戦略としてのフォーマットの位置づけ―

　小売業の態様は，次第に拡大するが，ある時期や社会での小売業の態様は，代表的ないくつかのグループ（業態）に集約される。他方，昨今しばしば使用されるフォーマットについて，研究者間で共有される定義はない。古くは，南

[1978] では,営業や企業の状態を指し,その内容は消費者に対する営業システム,企業システムとし,一個の小売店舗化している姿とした。和田 [1986] は,標的とする消費者に小売サービスを提供する部分,Lewson [1997] は,細分化市場の特定的なニーズに対しての調整部分とした。Goldman [2001] は,品揃え,買物環境,サービス,立地,価格などの店舗属性とノウハウである提供物を産出する技術や文化など店舗属性を決定する過程とし,Arrondo et al. [2002] は,買物ニーズの同じ消費者グループを標的として開発し,小売業の意思決定で開発する部分とした。

田村 [2008] では,小売ミックスによる店舗の特徴,当該企業独自の経営資源を反映し,活動レベルでの業態の姿,業態の多様な変種を生みだす源泉であり,業態の原型とした。また坂川 [2011] は,マクロ的意味での業態概念との混同を回避するため,企業が開発する業態とした。つまり,フォーマットは各小売業だけでなく,いわゆるサービス業によって各企業の新戦術・戦略を顧客に提供する様々な意味でのサービス要素の決定である。図表 1-1 は,オファーサイトとバリューチェーンに関わるサービス要素の決定をオファーサイトとバリューチェーンに分けて考えることを示している。

図表 1-1　フォーマットの基本要素

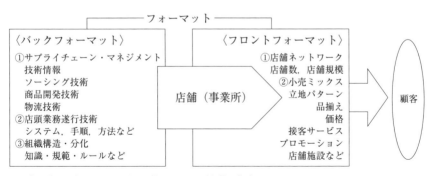

（出所）　田村 [2008] 26 頁。田村 [2014] 24 頁を基に作成。

2. フォーマット研究の基本要素と企業戦略
―小売ミックスの組み合わせの独自パターン―

フォーマットは，企業によって業態を形成する店舗属性が決定されるため，店舗属性は戦略と関連している（田村 [2008]）。また業態の進化は，業態盛衰と関連するため，業態概念の基礎である店舗の活動基盤属性だけでは把握できない。そのためにフォーマット概念が導入された。競争過程では同一業態でも，小売活動様式の適応による戦略展開では様々に変化し，業態分化として新フォーマットが生まれる。つまり，Goldman [2001] が主張するように，フォーマットは業態の戦略的側面に焦点を当て，当該業務展開のパターンを概念化するものである。

フォーマットの基本要素には，特定企業の戦略要素が含まれるため，フォーマットは当該企業の競争優位を決定することになる。またフォーマットは，フロントフォーマットとバックフォーマットの2部分からなる。前者は立地，品揃え，価格，提供サービス，販売促進，店舗雰囲気など，小売ミックス構成パターンであり，長期間，維持される店舗属性から構成され，顧客の目に触れる。フォーマットはそのミックス要素の組合せである。後者はフロントフォーマットを背後で支持する業務遂行の仕組みであり，サプライ・チェーンなど当該企業の業務遂行技術と組織文化から構成され，顧客には見えない。バックフォーマットは業務遂行の知識，ノウハウだけでなく，組織が新しい知識を学習していく能力を規定する（田村 [2008][2014]）。したがって，バックフォーマットがきちんと整備されていなければ，フロントフォーマットが有効に稼働することができない。

フォーマットの構成は，具体的には当該企業の小売ミックスの組合せである。また，活動レベルでの業態の姿であり，業態の多様な変種となる。フォーマットには，個別企業の独自戦略とグループ（業態）の両面がある。企業が同業態の競争相手に対し，特異化を行う主要な領域でもある。小売ミックスの多様な組合せパターンに企業の独自性が加わり，他方でフォーマットが企業間競

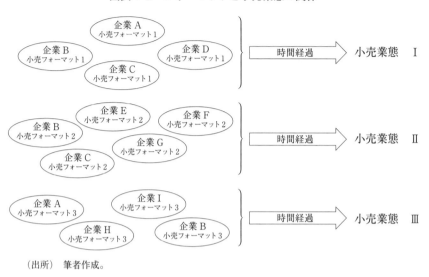

図表 1-2　フォーマットと小売業態の関係

(出所)　筆者作成。

争での模倣を通し，ある業態内で同質化する場合もある。そのため，現実のフォーマットは，企業の独自戦略と業態標準フォーマットの両極間を揺れ動くことになる（田村 [2008]）。つまり，これまで我々が小売業態と呼んできたものの多くは，フォーマットを意味しており，これら各企業の市場（顧客）対応が結果として，時間経過によりグルーピングされたものが小売業態である（図表1-2）。

　フォーマットの展開は，多様ではあるが有限である。多様性は品揃え，セルフサービス，店舗規模など，当該業態に特徴的な構造属性で短期的には規定される。長期的には，フォーマットの変化が業態の構造的制約を破り，新業態の促進につながる。そして，業態はフォーマットが長期的に収斂し，フォーマットは同じ業態内での企業間の差異や時間的な変化を含む概念となる（田村 [2008]）。また小売イノベーションは，特許や著作権では法的に保護されない。新フォーマットを導入してもすぐに競争業者に模倣の機会を与える (Brenda [2007])。

3. フォーマット研究の焦点
―小売業とサービス業を一緒に考える―

　Arrondo et al. [2002] や髙嶋 [2002] によると，小売業による差別化と市場細分化は，フォーマット形成においては消費者の購買行動が前提であり，サービスと小売価格の組合せを実現する戦略的行動とされる。また，Lal and Rao [1997], Bell and Lattin [1998], Bell, et al. [1998], Berne, et al. [2005] では，フォーマット概念には消費者視点と小売企業視点のアプローチがあることを指摘している（坂川 [2009]）。前者は店舗属性に着目し，フォーマットを研究している。店舗属性は，消費者の店舗選択において，意思決定に使用される比較評価軸であり，品揃え，価格，営業時間，立地，駐車場規模，店舗雰囲気などがある。消費者は小売業の提供サービス，価格，消費者費用を評価する。この選択においては，同グループに属する消費者は，同じ店舗属性を同じルールで評価，あるいは価格という店舗属性でフォーマットを認識する。後者は店舗属性よりも，店舗属性を決定するプロセスを研究対象とする。特に Davis [1998], Goldman [2001], Dawson and Mukoyama [2006] で指摘されたように，小売店舗を運営するノウハウや技術，小売店舗に商品を供給する体制などに着目することとなる。これらは店舗を中心として，店舗以前のプロセスをバックフォーマット，店舗（事業所）から消費者へのデリバリーまでのプロセスをフロントフォーマットとする研究の視座と位置づけられよう（図表1-3）。

　またフォーマット研究では，Solgaard and Hanson [2003] は，フォーマットを店舗属性であるアウトプット，それを決定するプロセスに焦点を当てているが，アウトプットとプロセスのどちらかを中心に，関連する小売業の行動を研究するのが一般的である。そして消費者行動と企業行動は，同じコンテクストでフォーマットを概念化するが，研究目的の相違によってフォーマットの分析が相違することになる。したがって，同じコンテクストはフォーマットの差別化や市場細分化に基づく小売業の行動パターンである（坂川 [2009]）。このように考えると，小売業とサービス業を同じコンテクストで考察することは，また

図表 1-3 フォーマット概念とフォーカスの関係

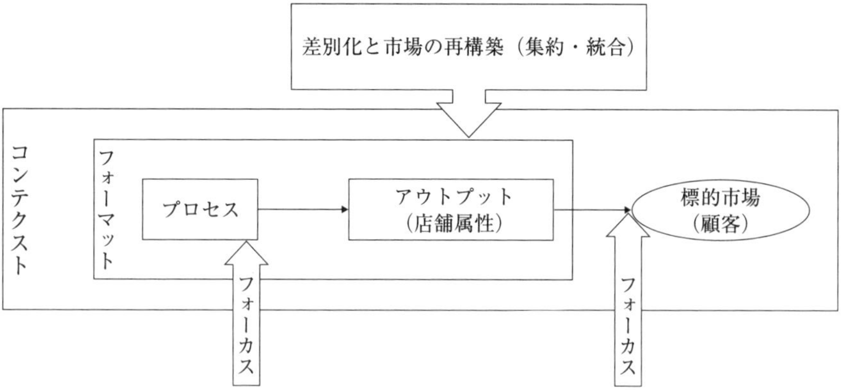

```
         ┌─────────────────────────────┐
         │ 差別化と市場の再構築（集約・統合） │
         └──────────────┬──────────────┘
                        ▽
┌──────┬──────┬─────────────────────────────────────┬──────┐
│コ    │フ    │                                      │      │
│ン    │ォ    │ ┌──────┐    ┌──────────┐    ┌──────┐ │      │
│テ    │ー    │ │プロセス│──▶│アウトプット│    │標的市場│ │      │
│ク    │マ    │ │      │    │(店舗属性) │    │(顧客) │ │      │
│ス    │ッ    │ └───△──┘    └──────────┘    └──△───┘ │      │
│ト    │ト    │     │                           │     │      │
│      │      │    フォ                         フォ   │      │
│      │      │    ー                           ー     │      │
│      │      │    カ                           カ     │      │
│      │      │    ス                           ス     │      │
└──────┴──────┴─────────────────────────────────────┴──────┘
```

（出所）　坂川 [2009] 273 頁（一部改）。

別の研究成果が生まれる土壌ともなりそうである。

第5節　おわりに
—リテール・マネジメント研究の展開へ—

　本章では，第2次世界大戦以降における日本での小売研究を，業態とフォーマットを中心にたどってきた。当初の小売業が扱う商品を中心とした視座から，取扱商品だけではなく，独自に個別企業が決定する顧客への様々なサービスを提供する態様（フォーマット），さらにはそのある程度の集合である小売業態について概観した。そこでは，各企業がバックフォーマットとフロントフォーマットを独自に設定するフォーマットが，ある程度の時間経過により，企業側や買い手である消費者側双方にとってイメージ可能なある程度の集合概念である小売業態であることを明確にした。

　これまで小売業とサービス業は，多くの国や地域でも截然と区別され，実務だけではなく，特に研究面では両者の分断が発生していた。しかし，顧客に価値（バリュー）を提供することは，現象面では同様であるという視座に立つ

と，特に区別する必要はなくなる。このような考えに立脚すると，フォーマットという概念により，これまで小売といわゆるサービスにより区別されてきた「商品」を同時に扱う（考える）retail management 研究や実践が展開する可能性があるだろう。

〈参考文献〉

青木均 [2008]『小売業態の国際移転の研究―国際移転に伴う小売業態の変容を中心に―』成文堂。
青山楚一 [1970]『増補商業通論』税務経理協会。
荒川祐吉 [1974]『流通研究の新展開』千倉書房。
池尾恭一・石原武政・佐藤善信 [1989]『商業学』有斐閣。
池尾恭一 [1997]「小売業態の発展」田島義博・原田英生編『ゼミナール流通入門』日本経済新聞社，123-171 頁。
石井淳蔵 [2012]『マーケティング思考の可能性』岩波書店。
石原武政 [1999]「小売業における業種と業態」『流通研究』2 (2) 1-14 頁。
石原武政 [2000]『商業組織の内部編成』千倉書房。
小川進 [2000]『デマンド・チェーン経営』日本経済新聞社。
尾崎朔 [1967]『体系商学総論』中央経済社。
柏尾昌哉 [1975]『商業学総論（改訂版）』実教出版。
川崎進一 [1979]『現代商学の基本問題』同文舘出版。
金顕哲 [2001]『コンビニエンス・ストア業態の革新』有斐閣。
久保村隆祐 [1967]『商事』中央経済社。
上坂西三 [1971]『商学概論（改訂版）』前野書店。
近藤公彦 [1998]「小売商業形態論の課題―業態変動のミクロ基礎―」『流通研究』1 (2) 44-56 頁。
斉藤雅通 [2003]「小売業における「製品」概念と小売業態論」『立命館大学立命館経営学』41 (5), 33-49 頁。
坂川裕司 [2009]「小売フォーマット概念の再検討」『経済学研究』北海道大学大学院経済学研究科，58 (4), 271-287 頁。
坂川裕司 [2011]「小売フォーマット開発の分析枠組」『経済学研究』北海道大学大学院経済学研究科，60 (4), 61-76 頁。
佐藤肇 [1974]『日本の流通機構―流通問題分析の基礎』有斐閣。
白石善章 [1987]『流通構造と小売行動』千倉書房。
鈴木保良 [1966]『現代の流通機構』中央経済社。
鈴木安昭 [1974]「第6章現代小売流通Ⅱ小売業の諸形態」，久保村隆祐・荒川祐吉編 [1974]『商業学』有斐閣大学双書。
鈴木安昭 [1993]『新 流通と商業』有斐閣。
髙嶋克義 [2002]『現代商業学』有斐閣アルマ。
髙嶋克義 [2007]「小売業革新に関する再検討」『流通研究』第9巻第3号，33-51 頁。
田村正紀 [2002]『流通原理』千倉書房。
田村正紀 [2008]『業態の盛衰』千倉書房。

田村正紀 [2014]『セブンイレブンの足跡』千倉書房。
徳永豊 [1992]『アメリカの流通業の歴史に学ぶ』中央経済社。
林周二 [1962]『流通革命―製品・経路および消費者』中公新書。
原田俊夫 [1954]『商業の形態と経営』前野書店。
原田英生 [2002]『ベーシック流通と商業』有斐閣。
平野常治 [1965]『商業経営論』法政大学出版局。
深見義一 [1949]『商業学』春秋社。
福田敬太郎 [1957]『市場論』春秋社。
増地庸治郎・古川栄一 [1958]『新版商業通論（第9版）』千倉書房。
南 義人 [1978]「新しい小売形態」『小売流通入門』有斐閣双書。
矢作敏行 [1981]『現代小売商業の革新』日本経済新聞社。
矢作敏行 [1994]『コンビニエンスストアの革新性』日本経済新聞社。
矢作敏行 [1996]『現代流通―理論とケースで学ぶ』有斐閣。
矢作敏行 [2007]『小売国際化プロセス―理論とケースで考える』有斐閣。
和田充夫 [1986]「小売業態の喪失と小売競争の新地図」『季刊消費と流通』第10巻第4号, 40-45頁。
和田充夫 [1989]『小売企業の経営革新』誠文堂新光社。

Arrondo, E., B. Carmen, J.M. Mugica and P. Rivera [2002], "Modelling of customer retention in multi-format retailing," *International Review of Retail, Distribution and Consumer Research*, 12 (3), July, pp.281-296
Bell, D. R., I. H. Teck-I and C. S. Tang [1998], "Determining where to shop: fixed and variable costs of shopping," *Journal of Marketing Research*, 35 (3), pp.352-369.
Bell, D. R. and J. M. Lattin [1998], "Shopping behavior and consumer preference for store price format: why "Large Basket" shoppers prefer EDLP," *Marketing Science* 17 (1), pp.66-88
Brenda, S. [2007], *International Retailing 2nd edition*, Fairchild Books.（若林靖永・崔容熏 [2009]『変わる世界の小売業―ローカルからグローバルへ―』新評論。）
Davies, K. [1998], "Applying evolutionary models to the retail sector, "*The International Review of Retail, Distribution and Consumer Research*, 8 (2), pp.165-179.
Dawson, J. A. and M. Mukoyama, [2006], "The increase in international activity by retailers," in J.Dawson, R. Larke and M. Mukoyama（Eds.）, *Strategic issues in international retailing*, pp.1-30, Abingdon: Rutledge.
Edward D. E. and D. Revzan, [1947], *Marketing An Institutional Approach 1st edition*, McGraw-Hill Book Co.,
Goldman, A. [2001], "The Transfer of retail Formats into Developing Economies : The Example of China," *Journal of Retailing*, Vol.77, pp.221-242.
Fisk, G. [1961-62], "A Conceptual Model for Studying Customer Image," *Journal of Retailing*, Winter, pp.9-16.
Lal, R. and R. C. Rao, [1997], "Supermarket competition : the case of every day low pricing," *Marketing Science*, 16 (1), pp.60-80.
Lewison, D. M. [1997], *Retailing* (6th international ed.), London : Prentice Hall International (UK) Lomited.

McNair, M. P. and E. G. May, [1976], *The Evolution of Retail Institutions in the United States*, The Marketing Science Institute.（清水猛訳 [1982]『"小売の輪は回る"』有斐閣。）

Nielsen, O. [1966], "Developments in retailing," M. Kajae-Hansen, ed., *readings in Danish Theory of Marketing*, North-Holland, pp.101-115.

Solgaard, H. S. and T. Hansen [2003], "A hierarchical Bayes model of choice between supermarket formats," *Journal of Retailing and Consumer Searvices*, Vol.10 (3), pp.169-180.

Zentes, J., D. Morschett and H. Schramm-Klein [2007], *Strategic Retail Management* : Text and International Cases, Gabler.

(石川和男)

第2章

フォーマットデザインの分析枠組み
―小売業とサービス業を統合する枠組み―

第1節　はじめに
―進化の必然としてのフォーマットデザイン―

　アメリカでは，retail management の名の下に，小売業（流通業）だけでなく，サービス業も共に分析されているように（第1章参照），最終消費者に直接接する小売業とサービス業は，同じ分析枠組みの下に検討を進める大きな意味がある。

　本章では，このような立場から，小売業態論で用いられるフォーマット（format；個別企業独自の業態）という用語を，サービス業にも援用し，フォーマットデザインの名の下に，小売業とサービス業のイノベーションの方向性を探る。

　メーカーにとってのイノベーションの代表格がその独自の製品であるのに対し，小売業にとってのイノベーションの代表格はその独自のフォーマット（業態；品揃え・店舗設計・接客方針・調達戦略・人材教育など）であった。一方，サービス業のイノベーションの代表格はその独自のサービスと考えられてきたが，その「独自のサービス」をより深く読み解いてみると，実は単なる提

供物としてのサービス自体だけでなく，店舗設計や接客方針，調達戦略など，小売業のフォーマットと同じ枠組みで考えられることがわかる（例えば，スターバックスを考えた場合，ソファを含めた店舗設計や「（いらっしゃいませ，ではなく）こんにちは」と言う接客方針，持続的で倫理的な調達網などが，全体として競争力となっている）。

したがって，小売業にとっても，サービス業にとっても，このようなフォーマットデザインを革新していくのが，これからの進化の方向性なのであり，この考え方によって小売業態研究も大きく革新されると考える。

第2節　フォーマットデザインの体系
―オファーサイトとバリューチェーンによる革新―

小売業とサービス業のフォーマットデザイン戦略の体系は，図表2-1のよう

図表2-1　フォーマットデザイン戦略の体系

〈オファーサイトの革新度〉

	高	
Ⅱ		Ⅰ
低		高
Ⅲ		Ⅳ
	低	

〈バリューチェーンの革新度〉

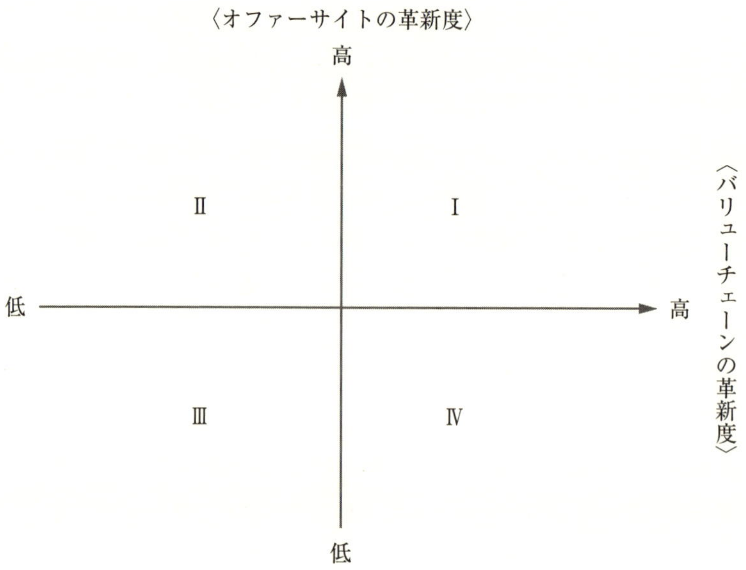

に表せる。

　縦軸は，（顧客に接する）オファーサイトの革新度である。オファーサイトとは，オファー（offer；提供物）とサイト（site；敷地・場所）を組み合わせた原田保の造語であるが（プロローグ参照），意味するところは，消費者が商品を購買したり，サービスを受ける店舗全体のことである（ネットで，ネット上の店舗を web サイトと言うのと同型である）[1]。内容的には，小売業やサービス業で提供される商品やサービスに加え，立地や店舗設計，接客など，消費者が店舗で接するすべてが含まれる。小売業態論の用語を用いるなら，フロントシステム（front system）と言える。

　一方，横軸は，（背後で支える）バリューチェーンの革新度である。バリューチェーン（value chain；価値連鎖）とは，経営戦略論のポーター（Porter, Michael E.）が提起した概念で（Porter [1985]），メーカーなら，部品の調達から最終消費者への販売までの経営諸活動を，（顧客への）付加価値を生み出す活動の連鎖として捉えるものである。バリューチェーンは，主活動（購買物流・製造・出荷物流・販売マーケティング・サービス）と支援活動（全般管理・人事労務管理・技術開発・調達活動）からなる（メーカーの分析から生まれた概念であるが，小売業・サービス業にも援用可能である）。小売業態論の用語を用いるなら，バックシステム（back system）に近い。

　このように革新の方向性は2つあるので，図表に示したように，オファーサイト，バリューチェーン共に革新する第Ⅰ象限，オファーサイトのみ革新する第Ⅱ象限，（共に革新しない）従来型の第Ⅲ象限，バリューチェーンのみ革新する第Ⅳ象限，という4つの類型ができる。

　小売業態研究では，フォーマット（業態）は，フロントシステムとバックシステムから成ると言われるが（田村 [2008]），本書の小売業およびサービス業のフォーマットデザインにおいても基本的考え方は同じである。すなわち，フロントシステムをオファーサイトに置き換え，バックシステムをバリューチェーンに置き換えている。ただ，若干違うのは，前者はほぼ同様だが，後者について，本書のバリューチェーンの考え方では，業態研究のバックシステムに加え，業務の最終形としてのフロントシステムの一部も含む点にある。両者の関

図表 2-2　オファーサイトとバリューチェーン

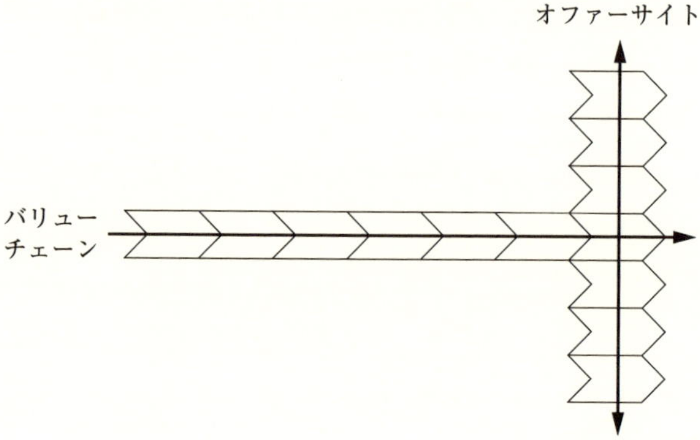

係を図示すると，図表 2-2 のように表せる。

　本書は，このオファーサイトとバリューチェーンの 2 軸により小売業・サービス業のフォーマットが形成されると考える。

　以下，それぞれの軸ごとに，いかに革新していくのかという，イノベーションの戦略について分析する。

第 3 節　オファーサイトの革新
―いかに消費者に接する価値を創り上げるか―

1.　コンテンツからコンテクストへ
　　―単品からコンテクストを創る―

　オファーサイト（店舗で消費者が接する全て）の革新は，キーワードで表すなら，「コンテンツからコンテクストへ」である（原田・古賀 [2002]）。すなわち，モノ（物財）やサービスを単品（コンテンツ）で売らない，ということである。

ここで，コンテクスト（context；文脈）とは，もともとは言語学の用語で（三浦・原田 [2012]），ある 1 つの語も，その前後にどのような語がくるかという文脈の違いによって，意味が変わってくる（例えば，jam という単語は，前に strawberry がくると「（おいしい）イチゴジャム」になる一方，前に traffic がくると「（嫌な）渋滞」という意味になる）。
　同様に，商品やサービスの場合も，周りにどのような製品が来るか（サンドイッチの場合，緑茶と出されるより，紅茶と出される方が，一般的に満足度は高い），どのような生活シーンがくるか（アルカリイオン飲料の場合，昼食時より，スポーツ後の方が，一般的に満足度は高い）によって，商品やサービス自体の価値が変わってくるのである。
　古くからある，一番代表的な例が，ファッションのコーディネートである。仮に白のカットソーがあったとして，単品でももちろんある程度の価値はあるが，どんなデザインのパンツやスカート，どんな色柄のジャケットやセーターと組み合わせるかで（コンテクストのつくり方しだいで），当該カットソーの価値はいくらでも拡大するのである。
　同様に，これも古くからある食品スーパーのプロモーション戦略に，クロス MD（マーチャンダイジング）がある。すなわち，醬油やドレッシングを調味料コーナーに置くだけでなく，刺身売場や野菜売場に置くことによって（刺身を食べる，サラダを食べるという生活シーンという文脈を連想させることによって），醬油やドレッシングの価値が向上し，消費者に買ってもらえるのである。

2. 共時的コンテクスト創造戦略
　―すべての業界に援用可能の戦略―

　上記のようにオファーサイトの革新のためには，オファーサイトにコンテクストを創造していかねばならないが，これには，a. メーカーでも，小売業・サービス業でも広く援用できる「共時的コンテクスト創造戦略」と，b. 特にサービス業（および小売業）で重要な「通時的コンテクスト創造戦略」がある。

共時的（synchronique），通時的（diachronique）とは，これも言語学の用語であるが（三浦・原田 [2012]），ある1時点におけるコンテクストを創造するのが共時的コンテクスト創造戦略，時間の流れの中でコンテクストを創造するのが通時的コンテクスト創造戦略である。まず前者から分析する。

(1) 共時的にコンテクストを創る2つの基本戦略：ライフスタイルと新たな世界観

共時的コンテクスト創造戦略には，a.ライフスタイル提案と，b.新たな世界観の提示，という2つの基本戦略がある。

ライフスタイル提案とは，当該製品・サービスを中心とした，新たなライフスタイル（コンテクスト）を提案するものである。例えば，2009年に始まったサントリーの「角ハイボール」戦略では，従来，①アルコールが強くて飲みにくい，②食事に合わない，③ダサくてオヤジくさい，と言われていたウイスキーの飲み方を一から考え直し，亀甲ジョッキや専用ソーダやレモンスライス，また，小雪の CM や「ハイボール，はじめました。」のポスターなどで新たなコンテクストを創り上げ，「カジュアルな店で一軒目から，食事と一緒に，気の合う仲間と楽しんでもらえるウイスキー」というようにウイスキーの飲み方の新たな提案（ライフスタイル提案）を行って成功した（三浦 [2012]）。

新たな世界観の提示とは，消費者のライフスタイルとは離れて，当該製品・サービスを中心に新たな世界観（コンテクスト）を創造するものである。例えば，東ハトが2003年に発売したポテトスナックの「暴君ハバネロ」では，当時世界一辛い唐辛子と言われたハバネロ種による味付けを，単にその辛さ（機能的価値）で売るのではなく，ハバネロ＝オレンジ三世という，辛さを求める国民の上に君臨し，暴言で挑発するというキャラクターを創造し，幼少時代は暴君ベビネロと呼ばれていたというストーリーや回答不能な暴大入試などによってハバネロワールド（世界観；コンテクスト）を創り上げ，成功した。単品で考えたなら，単なる辛いポテトスナックに過ぎないが，それを大きく超えた世界観を創り上げることによって，消費者の大いなる支持を得たのである（三浦 [2013b]）。

これらは共に，1つの時点（ハイボールやポテトスナックを消費する時点）で，当該製品（ハイボール・ポテトスナック）の周りに，様々なコンテンツをちりばめて（亀甲ジョッキやレモンスライス・暴君のキャラクターや暴大入試），1つのコンテクスト（一軒目から気の合う仲間と食事と楽しむウイスキー・ハバネロワールド）を創り上げたのであり，共時的コンテクスト創造戦略と言える。

(2) サービス業＆小売業でこれら戦略がさらに重要な理由：物財より構成要素の多いサービス財

　共時的コンテクスト創造戦略について，近年の消費財の例をあげたが，これら戦略は，サービス業（＆小売業）の場合，さらに増して不可欠な戦略である。なぜなら，サービスは，物財と違い，最初から複数のコンテンツから構成されて提供されることが多いからである（物財の場合は，物財単品だけで売る，ということもよく行われていた）。

　例えば，車を考えた場合，トヨタなど自動車メーカーが車という物財を売る場合は，車自体の価値（機能的価値・情緒的価値）を高めるのが基礎となる。それに対して，ニッポンレンタカーなどレンタカー会社が車の機能（速い移動）というサービス（レンタカーサービス）を売る場合は，車自体の価値に加え，乗り捨てなどのサービス，店舗立地，社員の接客など様々なものが加わってくる。同様に，コーヒーを考えた場合，ネスレなどのメーカーが物財としてのコーヒーを売る場合はコーヒー自体の価値（機能的価値・情緒的価値）向上が基本となるが，スターバックスをはじめとするカフェがコーヒーのドリンクサービスを売る場合，コーヒー自体に加え，店舗立地，ソファなどの内装・什器，店員の接客など多くのものが加わってくるのである。

　このように，サービス（小売サービスを含む）の場合は，最初からコンテクストとしての提供が不可欠なのであり，コンテクスト創造戦略はさらに重要なのである。そしてその創造の際に参考になるのが，ブルー・オーシャン戦略のアクション・マトリクスである。

(3) アクション・マトリクスによる共時的コンテクスト創造：引くか，足すか

キムとモボルニュ（Kim, W. Chan and Renée Moborgne）によるブルー・オーシャン戦略のアクション・マトリクスでは，現在の提供物（メーカーなら製品，サービス業ならサービス全体）からの革新の方向性について，a. 取り除く，b. 減らす，c. 増やす，d. 付け加える，という4つの戦略代替案をあげている（Kim and Moborgne [2005]）。a と b がマイナスの引く戦略，c と d がプラスの足す戦略である。

同書の QB ハウスの事例では，予約・洗髪・髭剃りなどを「取り除き」，ヘアトリートメントや雑誌を「減らし」，一方で，ヘアカットのスピード・清潔さ・値ごろ感を「増やし」，エアーウォッシャーシステムを「付け加えて」，従来型理髪店サービスと大きく異なる競争優位（サービス・フォーマット）を創造したことが示されている。

すなわち，QB ハウスは，理髪サービスを構成する多くのサービス要素（カット・洗髪・髭剃り・整髪料・雑誌・飲み物・予約・支払方法，等々）から，アクション・マトリクス手法で提供すべきサービス要素（コンテンツ）を取捨選択し，さらに各要素への力の入れ方（増減など）を変えることによって，1つのコンテクスト（10分1000円のサービス・フォーマット）を創り上げたわけであり，この手法は，共時的コンテクスト創造の方法と捉えられる。

したがって，例えば，カフェサービスにおける共時的コンテクスト創造なら，構成サービス要素（カフェ提供・内装・ソファ／椅子・雑誌・支払方法，等々）をまず明らかにした上で，どこを取り除き，減らし，増やし，付け加えるかを決定することによって，新たなコンテクスト（サービス・フォーマット）が生まれるのである。同様に，例えば，食品小売業なら，構成サービス要素（品揃えの幅と深さ・商品加工の個別対応・購買商品アドバイス・店による包装の有無・支払方法，等々）を明らかにした上で，どこを取り除き，減らし，増やし，付け加えるかを決定することによって，新たなコンテクスト（小売フォーマット）が生まれるのである。

3. 通時的コンテクスト創造戦略
―サービス業＆小売業で重要な戦略―

　サービス業＆小売業の場合は，消費財など物財とは異なるその特性から，上で見た共時的コンテクスト創造戦略に加えて，もう1つの重要な戦略次元がある。それが，（時間的なコンテクストを考える）通時的コンテクスト創造戦略である（三浦 [2011]）。

　すなわち，サービスの場合，7Pと言われたり（物財の4P戦略に加え，プロセス Process なども重要である），特性の1つに「生産と消費の同時性」があげられたりするように（三浦 [2006]），サービス提供に時間的長さ（プロセス）があるのであり，そのサービスの全体をスクリプト（script）として管理することが必要なのである（Lovelock and Wright [1999]）。ここでスクリプトとは，ルーチン化された行動に関する構造化された知識であり（Schank and Abelson [1977]），例えば，「レストラン・スクリプト」は，入店→注文→食事→退店という段階から構成される（三浦・原田 [2012]）。

　実際，サービス研究のラブロック（Lovelock, Christopher H.）らの上記著書では，レストラン・エクスペリエンス（経験）をスクリプトとして管理する例が出てくるが[2]，そこでは，第1幕（予約・来店・着席），第2幕（ディナー），第3幕（帰り支度）ごとに，レストラン経験（レストランが提供するサービス全体）の価値向上の戦略が示されている（例えば第2幕の場合，さらにメニュー，料理，ワイン，デザートなどの段階に分けられる[3]）。レストランにおいては，予約・来店から退店までのプロセス全体で価値を提供する必要があるのであり，通時的なコンテクスト（おいしく会話のある豊かな時間，など）を創造しなければならないのである。

　小売業においても，サービス業ほど長い時間でないにしても，入店→探索→購買→支払→退店というプロセスを経るので，サービス業と同様に，通時的コンテクスト創造戦略は重要である。例えば，スーパーマーケット（1930年の米ニューヨーク州におけるキング・カレン・ストアが始まりとされる；石川

[2007]）を考えた場合，（消費者が）注文→（店員が）商品を出す，という従来型スクリプトを，（消費者が）商品を取る→（最後にまとめて）支払，という新しい「セルフサービス」のスクリプトに創り変えて大成功したわけであり，通時的コンテクスト創造戦略によって新たな小売フォーマット（コンテクスト）を確立したと捉えられる。

〈通時的コンテクスト創造の方法：引いて，足して，入れ替える〉

　上記のように，サービスを受ける際に，また商品を購買する際に，時間的長さのあるサービス業および小売業においては，通時的コンテクスト創造が不可欠なのであるが，その方法については，サービス・スクリプト，小売購買スクリプトを構成する要素の，a. 省略，b. 追加，c. 入れ替え，が基本となる[4]。
　サービス業で考えた場合，a. 省略としては，ANAが2006年9月に導入したスキップサービスでは，それまでの航空機サービスのスクリプトでは当然であった「発券（チェックイン）」を省略し，Edy付きANAカードを荷物検査・乗機時にかざすだけでOKという便利なスクリプトを提供した。b. 追加としては，子ども専門写真館のスタジオアリスは，キャラクターや芸能人デザインのものも含め，ドレスや着物など約500着の衣装が用意されており，それらを無料で何着でも着て撮影できるのだが，これは一般的な写真館のサービス・スクリプトにはあまりなかった「衣装提供」という要素を追加したと捉えられる（内田[2015]）。c. 入れ替えとしては，吉野家が始めた牛丼業界のサービス提供スクリプトでは「支払」は最後にあったが，松屋は最初に食券を購買すると言う形で「支払」を最初にもってくるという，順番を入れ替えたスクリプトによって違いを出した。
　これらの異なるスクリプトによって，他社と違うサービス・フォーマット（コンテクスト）が訴求できたと考えられる。
　一方，小売業で考えた場合，a. 省略としては，まさに上記のスーパー・マーケットは，従来の小売購買スクリプトでは当然であった「消費者の注文に応じ店員が商品を出す」を省略し，セルフサービスと言う新しい小売フォーマットで成功した。b. 追加としては，伊勢丹新宿店が2015年8月に導入した仮想試

着(試着した姿を撮影し,簡単な操作で服の色などを自在に変えられる;『日本経済新聞』2015.8.19)は,衣料品購買スクリプトにおいて,1つの服を色などを変えてさらに何度でも試着できる「仮想試着」を追加したと言える。c. 入れ替えとしては,近年世間を騒がせた大塚家具であるが,かつて大塚勝久前社長は,1993年,家具小売業において一般的だった支払時の「本人確認(氏名・住所・電話など)」を,入店時の本人確認に順番を入れ替え,従業員が同伴してまとめ買いを薦める方式で成功したが,これは家具購買スクリプトの入れ替えと言える。

このように,小売業でも,これらの異なるスクリプトによって,他社と違う小売フォーマット(コンテクスト)で競争力が得られたと考えられる。

以上,オファーサイトの革新(コンテクスト創造)をまとめると,例えば,レストランという外食サービス業を考えた場合,a. まず共時的コンテクスト創造戦略として,立地[5]・店構え・内装・ウェイター・料理という各種コンテンツを1つのコンテクストにまとめあげ,さらに,b. 通時的コンテクスト創造戦略として,予約・来店・食事・デザート・退店というサービス提供プロセス全体も1つのコンテクストとしてまとめあげることによって,全体としてのイノベーションを目指していくのである。

図表 2-3 共時的コンテクストと通時的コンテクスト

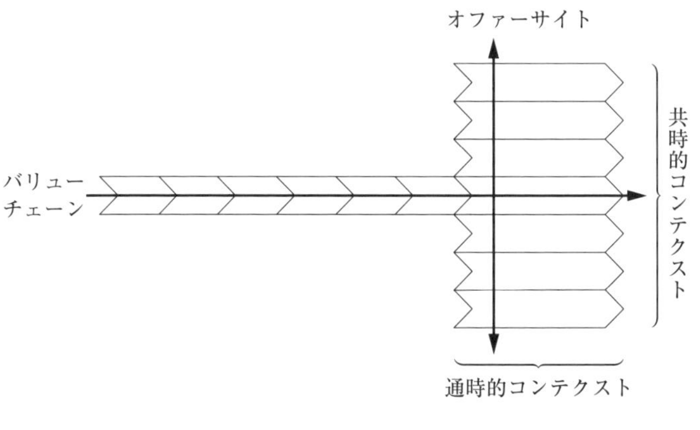

このように，サービス業・小売業においては，メーカーと異なり，共時的と通時的という，2つのコンテクスト創造の戦略次元があることが重要である[6]。これらを図示すると，図表2-3のようになる。

第4節　バリューチェーンの革新
―いかに消費者につながる価値を創り上げるか―

小売業・サービス業において，消費者が直接接するオファーサイトを，背後で支えるのがバリューチェーンである。以下では，まずa.（メーカーとは異なる）小売業・サービス業のバリューチェーンを明らかにした上で，b.このバリューチェーンの革新の方向性を示す。

1. 小売業・サービス業のバリューチェーン
―消費者価値を生み出す要素を探る―

ポーターの提示したバリューチェーンは図表2-4(a)であるが，メーカーの典型的なバリューチェーンとしては，図表2-4(b)のように簡潔に表されることが多い（Magretta [2012] など）。

すなわち，ポーターでは，（製造のための）部品・原材料の購買物流から主活動がスタートしているが（また技術開発は支援活動に位置づけられているが），購買以前に当該製品の商品企画（開発）と設計が当然あるので，この形の方が理解しやすいからである。

それに対して，小売業・サービス業ではビジネスの内容が違うので，当然バリューチェーンも異なり，例えば，図表2-5のように表せる。

図表2-5(a)にあるように，小売業の場合，（取扱商品や業態・規模を含めた）事業企画から始まり，商品を消費者に販売する店舗の設計，実際の仕入れ，在庫管理をしながら，チラシなどで集客し客に販売し，アフターサービスを行う。

図表 2-4　メーカーのバリューチェーン

(a)　ポーターのバリューチェーン

（出所）　Porter [1985].（訳書 49 頁。）

(b)　メーカーの典型的バリューチェーン

図表 2-5　小売業・サービス業のバリューチェーン

(a)　小売業の典型的バリューチェーン

(b)　サービス業の典型的バリューチェーン

注）　上記 (a) の「販売」，(b) の「サービス提供（＆料金徴収）」が，図表 2-2 および 2-3 で示した「オファーサイト」に当たる。

　一方，図表 2-5(b)にあるように，サービス業の場合，（どのようなサービスを販売するかという）事業企画から始まり，同様に店舗の設計，サービスを提供するスタッフの教育，集客し，客にサービスを提供し，料金を徴収して，アフターサービスを行う。

　小売業・サービス業ともに，店舗で消費者に商品・サービスを提供するとい

う共通点から，最初の事業企画・店舗設計は基本的に同様である。その後は，物財（商品）を提供する小売業は仕入・販売がキーとなり，一方，サービスを提供するサービス業はスタッフ教育・サービス提供がキーとなるのである。

もちろんこれらは典型的で単純なバリューチェーンを表したものであり，例えば，小売業でも食品スーパーなら鮮魚などの流通加工が加わって来るし，サービス業では，業種によってその構成要素は様々である（例えば，外食サービスなら「調理」が入るし，学習塾サービスなら「教材作成」が入る）。

要は，自身が属する小売業・サービス業の業界における基本的バリューチェーンをまずしっかり認識することが大事である。

2. バリューチェーン革新の諸戦略
―構成要素の強化とチェーン全体の組み替え―

バリューチェーン革新の方向性としては，a.どの構成要素で強みを発揮するか，b.バリューチェーン全体をいかに組み替えるか，という2つの戦略がある（cf. Porter [1985]）[7]。

(1) どの構成要素で強みを発揮するか：キーとなる要素の発見と強化

同一業界に属する諸企業は，そのバリューチェーンが似ていることが多いので，まずはバリューチェーンのどの構成要素で自社の強みを発揮して，付加価値を獲得するかが基本戦略となる。

例えば，小売業なら，「仕入」において競合より大量に仕入れたり取引先を集約化することによって，規模の効果で低コストという付加価値を獲得する。また，サービス業なら，「スタッフ教育」において，富裕層にも評価され得る，よりレベルの高い接客術を教育することによって競争力を獲得する。そのようなキーとなる構成要素を発見し，それを強化するのが基本となる。

ただ，それぞれの構成要素で強みを発揮するのはなかなか難しく（競合がいる中，圧倒的な規模効果，圧倒的な接客術は簡単には獲得できない），構成要素での競争力を高めようとした場合，それが結果としてバリューチェーンの組

み替えにつながることがある。例えば，衣料品小売業の伊ベネトンは，需要予測を徹底しても売れ残りや欠品が生じ，この「在庫管理」でいかに競争力を獲得しようかと悩んでいたが，その時に生まれたのは在庫管理の精緻化でなく，後染め手法（生成りのセーターを大量生産し，需要動向に応じて後から染色するもの）であった（矢作 [1996]，Fréry [1999]）。これにより従来の在庫管理から解放され，売れ残りや欠品のない高収益体制ができあがったが，これはこれまでのバリューチェーンに「後染め」という構成要素を追加したのであった。

このように，バリューチェーンの革新度をあげていくためには，バリューチェーンの組み換えが重要な戦略となってくるのである。

(2) バリューチェーン全体をいかに組み替えるか：引いて，足して，入れ替える

バリューチェーンの組み替え方について，以下では，（通時的コンテクスト創造戦略と同様に，）a.省略，b.追加，c.入れ替え，の3つをあげる[8]。

サービス業で考えた場合，a.省略としては，投資信託業界において，従来は運用会社と消費者の間に金融機関（証券・銀行）が販売窓口として入っているのがバリューチェーンの通例のところ，さわかみ投信（運用会社）は，間に入る金融機関を省略し，自社のさわかみファンドを消費者に直販することによって近年成長している（山本・高井 [2012]）。

b.追加としては，ネット情報に関わる業界において，Wikipediaは，そのwikiというコンセプト（誰もが自由にウェブサイトを編集できるというコンセプト）に基づき，情報の作成について，専門家からの情報提供がバリューチェーンの中核だったところ，一般個人が情報提供・改変できるという要素を追加して大成功した（三浦 [2010]）[9]。

c.入れ替えとしては，ファッションショー業界において，東京ガールズコレクション（TGC）は，3つのリアル（リアル・クローズ，リアルタイム購買，リアルタイムシーズン）で成功したが（江戸 [2010]），この内，9月開催のショーで今季の秋冬物を扱うという「リアルタイムシーズン」は，まさにいままでのファッション業界のバリューチェーンを入れ替え，組み直したものと考えられる。

これらの新たなバリューチェーンによって，他社と違うサービス・フォーマットが訴求できたと考えられる。

　小売業で考えた場合，a. 省略としては，スーパー業界でよく見られるチェーンストアは，それまでのバリューチェーンでは普通だった店舗ごとの仕入を省略し，本部仕入を行っているし，また，物流センターをもってメーカーから直接配送されている場合は問屋機能も省略している（帳合は残っていることも多いが）と捉えられる。

　b. 追加としては，2001年2月に減益決算となった良品計画は，復活へ向けて「経営改革プログラム」をスタートさせたが，その1つの核が「デザイン性を重視した商品コンセプトの再構築・明確化」であり，2002年から外部のトップデザイナー（山本耀司氏など）との連携が強化されたが（山田 [2012]），これは衣服・服飾雑貨小売業の分野でのバリューチェーンに山本氏の会社の指導を追加して革新したものと捉えられる。

　c. 入れ替えとしては，衣料品小売業において，ユニクロは，製・配・販を一気通貫させるSPA（製造小売）として，市場での販売情報を即座に生産工場につなげる効率的なシステムを作り上げたが（月泉 [2009]），これはバリューチェーンの大幅な入れ替えによる革新と考えられる。

　このように，小売業でも，これらの新たなバリューチェーンによって，他社と違う小売フォーマットで競争力が獲得できたと考えられる。

第5節　おわりに
―6領域への「フォーマットデザイン」の適用―

　以上，本書における（小売業＆サービス業の）フォーマットデザインの分析枠組みとして，まず，a. オファーサイト，b. バリューチェーン，という2軸のイノベーションの方向性を提示し，オファーサイトについては，a-1. 共時的コンテクスト創造戦略と a-2. 通時的コンテクスト創造戦略を，バリューチェーンについては，b-1. 各要素での強みの発揮と b-2. バリューチェーンの組み替え

を，それぞれを提案した。

オファーサイトもバリューチェーンも，それぞれ複数の要素（コンテンツ・活動）から構成されているわけであり，その革新の戦略は，①要素自体の革新（増減や強弱），②要素の組み替え（省略・追加・入れ替え）と，非常にシンプルな考え方に基づいて策定できることが理解された。

以下では，これらの分析枠組みの有効性を検討すべく，a. 食に関して，カフェ業界（3章）と食品小売業界（4章），b. ファッションに関して，ヘアサロン業界（5章）とアパレル業界（6章），c. 日常の消費シーンを超えたものとして，ミュージアム業界（7章）と病院業界（8章）を題材に，実際の事例の分析に基づいて検討する。

小売業，サービス業の革新のためには，そのフォーマットデザインの革新が不可欠なことが理解されるだろう。

〈注〉
1) もちろん（サービスを提供する）店舗を必ずしも必要としないサービス業（宅配便，バス・鉄道・飛行機，生命保険など）もあるが，店舗を必要とするものが代表的なので（外食，理美容，病院，美術館，予備校など），本書では「店舗」という用語を用いる（バス・鉄道・飛行機などは，サービスを提供する場所［バス・車両・飛行機］はあるので，店舗に準じて考えることができる；宅配便や生命保険もオファーを取引する場面・場所はあるので，これも準じて考えられる）。無店舗のネット証券などは，ネット上の店舗と考えられるので，これも準じて分析できる（ネットの通販小売業も同様）。
2) このサービス業におけるスクリプトを中心に，さらに（サービス提供の）フロントステージとバックステージ（小売業態論のフロントシステムとバックシステムに対応）を合わせて，ブループリント（blue print）と表現する論者もいる（Shostack [1984], Fisk et al.[2004]）。
3) このスクリプト（サービス提供プロセス全体）の階層性について，リレーションシップ／シークエンス／エピソードという用語を用いる論者もいる（Grönroos [2000]；東・小野 [2014]）。
4) 共時的コンテクスト創造の際に依拠したブルー・オーシャン戦略のアクション・マトリクス（a. 取り除く，b. 減らす，c. 増やす，d. 付け加える）は，通時的コンテクスト創造の際にも援用可能である。ただ，通時的コンテクスト創造の際には，その時間軸の導入によって，共時的コンテクスト創造にはなかった「入れ替え」（構成要素の順序の入れ替え）が，新たな戦略として加わる。この「入れ替え」を加え，アクション・マトリクスの4戦略の中では重要度が高い（フォーマット革新には重要度が高い）と考えられる，「省略（a. 取り除く）」と「追加（d. 付け加える）」を加え，本書では3つの戦略にまとめて提案する。

5) 店舗の立地は、周りの環境（駅前、住宅街、公園、国道沿い、など）とも新たなコンテクストを創造することによって、さらにコンテクスト価値を向上させるものである。実際、現代建築ではコンテクスチュアリズム（contextualism）と言って、周りの環境と当該建築物との関係性を考える視点があるが（米コーネル大学のグループが主導；三浦・原田[2012]）、同様に、店舗立地においても、当該店舗のコンテクスト（コンセプト）と周りの環境とのマッチング（さらなるコンテクストの形成）は非常に重要な視点と考えられる。
6) メーカーの扱う物財の場合、一般的には、メーカーの影響力の及び得るのは小売店頭までなので、共時的コンテクスト創造戦略が基本となる。ただ、例えば、物財（ビデオカメラ）のパナソニック「Lumix」が2010年にショートムービー大賞を実施したが、その意図は、Lumixを使ってもらうことによってその価値をさらに拡大しようとしたわけであり、その意味では、これも（時間的な流れの中で当該製品・サービスの価値向上をめざす）通時的コンテクスト創造戦略に近いと考えることができる。このような物財の使用経験（使用エピソード）付加によるブランド向上戦略は、エピソード・ブランディングとして研究されている（三浦[2013a][2013b]、江戸[2013]）。
7) Porter[1985]では、業界リーダーに対する攻撃戦略として、「価値連鎖の再編成」（価値連鎖の中の活動の仕方、あるいは連鎖全体の編成を革新すること）をあげている。
8) 内田[2015]は、バリューチェーンの革新の戦略として、a. 省略、b. 束ねる（結合）、c. 置き換え（代替）、d. 選択肢の広がり、e. 追加、の5つをあげており、b.の「結合」（バリューチェーンの複数の構成要素を結合する）は、その対概念と考えられる「分解」（バリューチェーンの構成要素を複数に分解）と共に、可能性のある有効な戦略代替案と考えられる。ただ、本書では、説明の簡便さと理解の容易さから、ひとまず、通時的コンテクスト創造戦略と同様に、3つの戦略代替案をあげることにした。
9) 一般個人がバリューチェーン創造に関わることを、集合知（もしくは集合知モデル）と呼ぶ（三浦[2010][2013b]）。

〈参考文献〉

石川和男[2007]『基礎からの商業と流通（第2版）』中央経済社。
内田和成編著[2015]『ゲーム・チェンジャーの競争戦略―ルール、相手、土俵を変える―』日本経済新聞出版社。
江戸克栄[2010]「東京ガールズコレクションのブランディング―ファッションショーの市民革命―」、原田保・三浦俊彦編著『ブランドデザイン戦略―コンテクスト転換のモデルと事例―』芙蓉書房出版、191-205頁。
江戸克栄[2013]「エピソード価値による地域ブランディング―地域とブランド―」、地域デザイン学会編・原田保編著『地域デザイン戦略総論―コンテンツデザインからコンテクストデザインへ―』芙蓉書房出版、159-174頁。
田村正紀[2008]『業態の盛衰』千倉書房。
月泉　博[2009]『ユニクロvsしまむら』日本経済新聞出版社。
原田保・古賀広志[2002]「マーケティングイノベーションの基本構図―ネクストパラダイム創造戦略―」、原田保・古賀広志編著『マーケティングイノベーション―コンテキスト創造へのパラダイム革命―』千倉書房、1-30頁。
原田保・三浦俊彦[2012]『コンテクストデザイン戦略―価値発現のための理論と実践―』芙蓉書房。

東利一・小野裕二 [2014]「消費者とのリレーションシップ研究の諸問題」, 堀越比呂志編著『戦略的マーケティングの構図―マーケティング研究における現代的諸問題―』同文舘出版, 180-204 頁.
三浦俊彦 [2006]「現代マーケティングの潮流とサービス・マーケティングの概念」, 住谷宏編著『地域金融機関のサービス・マーケティング』近代セールス社, 261-297 頁.
三浦俊彦 [2010]「ウィキペディアのブランディング―集合知がつくる「みんなの」ブランド―」, 原田保・三浦俊彦編著『ブランドデザイン戦略―コンテクスト転換のモデルと事例―』芙蓉書房出版, 147-160 頁.
三浦俊彦 [2011]「地域ブランド論の革新―地域ブランドの新たな理論的・戦略的創造へ向けて―」, 原田保・三浦俊彦編者『地域ブランドのコンテクストデザイン』同文舘出版, 257-263 頁.
三浦俊彦・原田保 [2012]「ブランド戦略のコンテクストデザイン―コンテクスト・ブランディングがブランド戦略の要諦―」, 原田保・三浦俊彦・高井透編著『コンテクストデザイン戦略―価値発現のための理論と実践―』芙蓉書房出版, 291-313 頁.
三浦俊彦 [2012]「ブランド戦略のコンテクストデザイン―コンテクスト・ブランディングがブランド戦略の要諦―」, 原田保・三浦俊彦・高井透編著『コンテクストデザイン戦略―価値発現のための理論と実践―』芙蓉書房出版, 291-313 頁.
三浦俊彦 [2013a]「コンテクスト・ブランディングとエピソード・ブランディング―成功する地域ブランドの構築戦略―」『地域デザイン』第 2 号(「地域ブランドと地域の価値創造」) 23-43 頁.
三浦俊彦 [2013b]『日本の消費者はなぜタフなのか―日本的・現代的特性とマーケティング対応―』有斐閣.
矢作敏行 [1996]『現代流通』有斐閣.
山田敏之 [2012]「新事業創造のコンテクストデザイン―脱成熟へ向けての新たな視点―」, 原田保・三浦俊彦・高井透編著『コンテクストデザイン戦略―価値発現のための理論と実践―』芙蓉書房出版, 113-134 頁.
山本崇雄・高井透 [2012]「新製品開発のコンテクストデザイン―既存の業界パラダイムからの脱却―」, 原田保・三浦俊彦・高井透編著『コンテクストデザイン戦略―価値発現のための理論と実践―』芙蓉書房出版, 157-177 頁.

Fisk, Raymond P., Stephen J. Glove and Joby John [2004], *Interactive Services Marketing* (2nd ed.), Houghton Mifflin Company. (小川孔輔・戸谷圭子監訳 [2005]『サービス・マーケティング入門』法政大学出版局).
Fréry, Frédéric [1999], *Benetton ou l'Entreprise Virtuelle*, Librairie Vuivert.
Grönroos, Christian [2000], "Relationship Marketing: The Nordic School Perspective," in J. N. Sheth and A. Parvatiyar (eds.), *Handbook of Relationship Marketing*, Sage Publications, pp. 95-117.
Kim, W. Chan and Renée Moborgne [2005], *Blue Ocean Strategy: How to Create Uncontested Market Space and Make Competition Irrelevant*, Harvard Business Review Press. (有賀裕子訳 [2005]『ブルー・オーシャン戦略―競争のない世界を創造する―』武田ランダムハウスジャパン。)
Lovelock, Christopher H. and Lauren K. Wright [1999], *Principles of Services Marketing and Management*, Prentice-Hall. (小宮路雅博監訳 [2002]『サービス・マーケティング

原理』白桃書房。

Magretta, Joan [2012], *Understanding Michael Porter: The Essential Guide to Competition and Strategy.* (櫻井祐子訳[2012]『マイケル・ポーターの競争戦略』, 早川書房。)

Porter, Michael E. [1985], *Competitive Advantage,* The Free Press. (土岐坤・中辻萬治・小野寺武夫訳[1985]『競争優位の戦略―いかに高業績を持続させるか―』ダイヤモンド社。)

Schank, R. C. and R. P. Abelson [1977], *Scripts, Plans, Goals and Understanding: An Inquiry into Human Knowledge Structures,* Lawrence Erlbaum Associates.

Shostack, G. Lynn [1984], "Designing Services that Deliver," *Harvard Business Review,* 62 (January-February), pp.133-139.

（原田　保・三浦俊彦）

第Ⅱ部
事 例 編

第3章

カフェ業界のフォーマットデザイン
―日本の喫茶店文化の高度化に向けた内外からの革新―

第1節 はじめに
―2度目の黒船来襲とさらなるこだわりを求める国内からの革新―

　日本のカフェ業界は，1996年8月22日のスターバックス来航に続く2度目の黒船来航により変革期を迎えつつある。米国のコーヒーの大衆化は19世紀末の真空パックしたロブスタ種の浅入り豆を用いた経済効率重視の低価格化により実現され，スターバックスは，米国西海岸の北のシアトルから深煎りの豆でアレンジを楽しむスタイルに変革させた。コーヒーの大衆化のことを第1の波と呼んだのに対して，同社は第2の波（セカンドウェーブ）の体現者とされている。その波は日本のカフェ業界をも席巻し，約20年かけて2015年5月23日には最後の空白県鳥取にも出店を果たした。

　2015年2月6日，ブルーボトルコーヒーという黒船が来航した。同社は，スターバックスの本拠地シアトルをかなり南下した西海岸の中核であるサンフランシスコの近くのオークランド発祥である。産地にこだわった豆の選択，店舗近隣での焙煎，1杯ずつハンドドリップにより行う抽出によりコーヒーの提供工程における細部にまでこだわり，その各工程のこだわりを理解し楽しむス

タイルに変革させた第3の波(サードウェーブ)の体現者である。

　本章では日本カフェ業界に変革をもたらす黒船2社と,COE(カップ・オブ・エクセレンス)豆という究極のスペシャリティコーヒーの伝道というバリューチェーンの革新において先頭を走ることによってガラパゴスな発展を求める日本市場に先進フォーマットを展開する丸山珈琲を取り上げていく。

第2節　カフェ業界先進フォーマットのポジショニング

　カフェ業界先進フォーマットのポジショニングは,図表3-1の通りである。
　スターバックスコーヒーが第Ⅰ象限に位置づけられる。同社は第Ⅲ象限の従来型の喫茶店に対して,最高品種のアラビカ種の深煎り豆から抽出した原液を各自の好みに合わせてアレンジした一杯を楽しむ「サード・プレイス」と呼ばれる自宅と職場以外の空間の提供というオファーサイトの革新を,独自コンセ

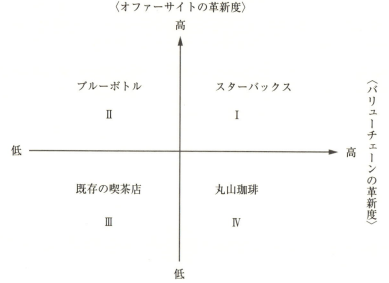

図表3-1　カフェ業界先進フォーマットのポジショニングマップ

プトの普及のための人材管理，FC 展開による大量出店，大量仕入れによる規模の経済性の確保といったバリューチェーンの革新を通じて達成した。

　ブルーボトルコーヒーが第Ⅱ象限に位置づけられる。同社は第Ⅰ象限のスターバックスが実現したコーヒーを楽しむ空間というオファーサイトに疑問を呈し，ジョブスが禅に傾倒しかつてのソニーをリスペクトしアレンジしたように，ドトールやスターバックスがもたらしたコーヒーの大衆化によって淘汰されつつあったガラパゴスな独自の発展を遂げた日本の喫茶店文化をアレンジした[1]。産地にこだわった豆の選択，店舗近隣での焙煎，1杯ずつハンドドリップにより行う抽出によりコーヒーの提供工程の細部にまでこだわり，その各工程のこだわりを理解し楽しむスタイルに進化させた。

　丸山珈琲が第Ⅳ象限に位置づけられる。同社は大規模でないと困難な豆の選択には目をつぶり，焙煎抽出にこだわる日本のやり方に疑問を持ち，第Ⅰ象限のスターバックスコーヒーが確立したサード・プレイス実現のためのバリューチェーンの限界をも克服し，日本においてスペシャリティコーヒーをしっかり供給できる体制構築のために新たなバリューチェーンを構築しつつある。同社は，小規模スペシャリティコーヒー生産者をフックアップするための取り組みである COE の上位豆を生産者から直接購入するために必要とされるロットを確保するために，自社による抽出焙煎にこだわることをやめ，バリスタの育成や理解者の増加のためのセミナーに取り組んでいる。

第3節　第Ⅰ象限　スターバックスコーヒーのフォーマットデザイン
―サードプレイス構築を目指して―

1．企業概要
―元祖黒船の概要―

　スターバックスコーヒージャパンは，1995 年にサザビー（現サザビーリーグ

社）との合弁により日本市場に参入を果たしたが，2014年に合弁を解消し，米国スターバックス・コーポレーションの100パーセント子会社であるエスシーアイ・ベンチャーズ・エス・エルが全株式を所有している。

図表 3-2　スターバックスコーヒージャパンの企業概要

名　称	スターバックス コーヒー ジャパン 株式会社
設　立	1995年10月26日
店舗数	1,034店舗（うちライセンス店舗48店舗（2014年3月期））
売上高	1,256億円（2014年3月期）
税引き後利益	59億円（2014年3月期）
事業内容	コーヒーストアの経営／コーヒー及び関連商品の販売

2.　発展の経緯
　　―全県出店までの試行錯誤―

　スターバックスコーヒーは本部シアトルにて1971年に1号店を開店しているが，1982年入社のハワード・シュルツにより成長した企業である。2000年にシュルツがCEO退任後，業績が悪化したが，2008年復帰後に経営改革を行い業績は回復した[2]。

　日本進出は1995年であり，北米以外初の海外進出であった。アフターヌーン・ティーやキハチ（KIHACHI）の展開で飲食での実績があるサザビー（現サザビーリーグ社）との合弁で参入した。当初のブームの後2001年10月にジャスダック・ジャパン上場も果たしたが，2003年3月期にドトールコーヒー越えが予測される中で，既存店の伸びが大きく鈍化し経常赤字に転落した。2003年4月にはイオン出身の桝田直をCOOに迎え，コスト削減や物流改革に取り組み経営基盤を強化した[3]。

　2004年には，空港など直営が困難な場所向けにライセンス事業も開始した。2005年にはサントリーと共同開発したチルド製品「スターバックスディスカバリーズ」を[4]，2010年にはスティック型コーヒーのヴィアを発売し，スター

バックスの提供するコーヒーの飲料機会を拡大した。2011年には店舗を限定した上で，希少性が高い豆をオーダーごとに挽きバリスタが抽出する「スターバックスリザーブ」を開始した。

　関根CEOが就任後の2012年以降には，1,000店舗出店による市場飽和に備える「ビヨンド1000」というテーマを掲げて経営改革を行い，店舗のスクラップアンドビルドを進めると同時に，2011年には新業態カフェ第1号店（inspired by STARBUCKS 玉川3丁目店）を開店し，サード・ウェーブへのさらなる対応も進めた。2014年にはサザビーリーグ社との合弁を解消し，スターバックス・コーポレーションの完全所有子会社となり，米国本社との一体感を強めながらも日本市場における適応化も進めていくとみられる。2015年5月には，最後の未出店県鳥取県に出店を果たした。

3．分析：オファーサイトとバリューチェーンの革新
　　　―サード・プレイスの実現とサプライチェーンの拡大―

（1）　オファーサイトの革新：サード・プレイスの実現

　スターバックスは，「サード・プレイス」の実現によりオファーサイト軸の水準の向上に努めてきた。サード・プレイスとは「最高のコーヒー」「くつろげる空間」「パートナーによる魅力的なサービス」を活かした職場と家庭との間にあって，いつでも安心してくつろげる第3の場所のことである[5]。

　この理念は日本においても踏襲されており，最高のコーヒーを楽しむことを強調するために，競合するタリーズコーヒーやエクセルシオールカフェが分煙にしているのに対して，コーヒーの香りを優先して全面禁煙としている。

　くつろげる空間を確保するために，スターバックスの参入時にセルフ喫茶店業界を席巻していたドトールコーヒーが回転率を重視していたのに対して，スターバックスはゆとりある空間に様々な形状をしたチェアやテーブルを配置し，間接照明を取り入れている。3年ごとに行われる改装では顧客へのインタビューの結果を反映させると同時に，8〜10年に一度行われるリモデルにお

いては開業時と同等の投資を行うこともなされている[6]。

パートナーによる魅力的なサービスを確保するために，ドトールコーヒーのFC店舗が約84％なのに対して[7]，空港など直営が難しい場所を除いて直営店舗を原則とし，パートナー教育にこだわっている。オペレーション部分でも当初から注文と商品の受け取りを明確に区分することによって，パートナーの役割を明確に区分し，多様なカスタマイズが可能な商品であるコーヒー提供に集中できるようにしている。パートナーの創意工夫を促す取り組みにも積極的であり，サービスに関してはマニュアルを置かず独自の工夫を促すと同時に，店内でのイベント企画も促し，店舗の入り口には毎日内容が変更される手書きの黒板が設置されている。

(2) バリューチェーンの革新：サプライチェーンの拡大

スターバックスは，「サプライチェーン」の拡大によってバリューチェーンの水準の向上に努めてきた。「米国人はスタバでコーヒーの味を知った」という評価がなされるように（茶太郎［2013］89頁），スターバックスはおいしいコーヒーを拡大することに注力し，1992年の株式上場以降急激な店舗の拡大を押し進めていき，米国の都市には1ブロックごとにスターバックスがある状況を実現した。こうした状況は日本においても同様であり，参入直後にブームとなったことを考えれば，その急激な店舗拡大はむしろ日本の方が勢いに関しては強かったかもしれない程であった。

店舗網の拡大はコーヒー豆の仕入れなどの交渉力の向上など，長期的にはプラスに寄与した。スターバックスのコーヒー豆はラテンアメリカ，アフリカ／アラビア，アジア／太平洋の3地域に分類され，主に[8]性質が異なる3産地の風味を活かしたブレンドがなされている。スターバックスの豆は世界全体を飛び回るバイヤー達によって厳選され，厳選された豆が一度すべてスイスの工場に集められ，同じ条件の下で同じ味が出せるかチェックした後に買い付けられる。買い付けが決まった豆は世界5カ所（米国に4カ所とオランダのアムステルダムに1カ所）の焙煎工場に運ばれ，再度スイスの工場で試した味と同じ味が出るかどうか小さなロースターでチェックを受け，合格した豆のみが最終

的にローストされ，世界中の店舗に配送される（梱出版社編集部[2010] 94-97頁）。ちなみに，日本で提供されるコーヒーはすべて最も長い歴史を持つシアトル郊外のケントにある工場で焙煎されたコーヒーである（山本編[2007] 58-59頁）。

しかし，急激に拡大したサプライチェーンはコーヒー以外の要素の効率の低下をもたらし，日本では本国よりも先行して2003年度に顕在化し，本国でも2008年度以降サプライチェーンのテコ入れが行われた[9]。こうしたテコ入れは急激な拡大を図った企業には共通して起こる現象であるといえ，日本においても良品計画やファーストリテイリングにおいても同様の現象が起こり，その後改革が行われている。スターバックスも，日米両国において共通して丸投げしていたコーヒー以外の要素のサプライチェーンを見直し，しっかりと管理する組織を構築したことにより戦える体制を整え，その後の回復のための体質改善を行ったといえる。

スターバックスジャパンに関していえば，体質改善直後から空港など直営が難しい場所に一部ライセンス事業を行い，店舗以外で「最高のコーヒー」を提供するためにサントリーとのチルド商品の共同開発やスティックタイプのヴィアを提供するなど機会の拡大を図ってきた。

しかし，2008年のリーマンショック後にはさすがに打撃を受けた。スターバックスは，タンブラー購入者へ向けたエコ割引や来店頻度を高めるために同日同じサイズのコーヒーを店舗にかかわらず割引する「ワンモアコーヒー」割引といったように[10]，リピーターを拡大するための意味ある割引を行い他社との差別化を図った[11]。

4. 今後の展望
―2度目の黒船来襲とさらなるこだわりを求める国内からの革新への対応―

　スターバックスは，米国では次に取り上げるブルーボトルコーヒーに代表されるサード・ウェーブ・コーヒーが Starbucked という言葉を使っていることに現われているように，コーヒー産業の基本モデルとして位置づけられている。スターバックスの全国出店完了のタイミングとブルーボトルコーヒー進出がほぼ一致していることを考えれば，日本においても同様の位置づけが可能であると考えられる。

　スターバックスは既存業態を維持しつつも，後に取り上げるブルーボトルコーヒーや丸山珈琲を強く意識した取り組みを開始している。ブルーボトルコーヒーに対するオファーサイト軸における取り組みとしては新業態 Inspired by Starbucks の展開開始があげられる。この業態は2015年7月19日現在3店舗のみであるが，マンションの1階にある玉川店は温かみ重視，代沢5丁目店はモダンでスタイリッシュ，池尻2丁目店はアーバンボヘミアンといったように，店舗立地ごとに雰囲気を変えるという見せ方の工夫を行っている[12]。

　丸山珈琲に対するバリューチェーン軸における取り組みとしては，スターバックス リザーブ® という魅力的で個性的なストーリーを持った，希少な豆の限定店舗での提供開始があげられる。2015年7月19日現在提供店舗数は55店舗であり，北海道から沖縄まで主要な店舗を網羅している。全店舗でそれぞれの個性的な味わいをじっくりと楽しんでほしいという理由により，注文ごとに挽いて選りすぐりの器具で一杯ずつ抽出しており，丸山珈琲が重視するコーヒーの風味を最大限引き出すといわれるコーヒープレスでの提供を行うと同時に，55店舗のうち35店舗では Clover® ブリューイングマシンを導入している。さらに，丸山珈琲が重視する後述する COE の1つである2015ブラジル カップ・オブ・エクセレンス（Late Harvest）オークションにおいて，第1位の Sítio Baixadão を Starbucks Coffee Trading Company が最高価格で落札（ちなみに第2位 Sítio Sertãozinho は丸山珈琲が落札）し[13]，2014年12月にシ

アトルのキャピタル・ヒルに開店した焙煎工場を中心に備えたリザーブ®・ロースタリー・アンド・テイスティング・ルームにて提供している[14]。

第4節　第Ⅱ象限　ブルーボトルコーヒーのフォーマットデザイン
—コーヒーの各工程のこだわりを理解し楽しませることを目指して—

1．企業概要
—第2の黒船概要—

　ブルーボトルコーヒーは海外進出の最初の国として日本を選択し，2015年2月6日東京都江東区清澄白河にロースタリー＆カフェとして開店し，3月6日には青山にカフェのみの店舗を開店した。

　4月21日に買収に合意したばかりの本拠地サンフランシスコのミッションエリアにある「タルティーン・ベーカリー」とのコラボレーション店舗をログロード代官山に開店する予定であったが，6月2日にパンの供給に関する敷地の狭さの問題で延期を発表し[15]，2015年12月3日両社合意のもと買収合意を解消した。2016年3月25日にはJR新宿駅新南口に開業するNEWoManに3号店を，2016年下期には六本木に4号店を開店予定である。

図表3-3　ブルーボトルコーヒージャパンの企業概要

名　称	ブルーボトルコーヒージャパン合同会社
設　立	2014年1月29日
店舗数	2店舗（2015年10月末現在）
事業内容	コーヒーストアの経営／コーヒー及び関連商品の販売

2. 発展の経緯
　　―第2の黒船出港までの米国国内での展開―

　ブルーボトルコーヒーは2002年サンフランシスコ郊外のオークランドにおいて焙煎所として開業した。創業者のジェームス・フリーマン（James Freeman）は北カリフォルニアの交響楽団のクラリネット奏者であったが，ドットコムブームの終わり頃に音楽関連のベンチャーに参画し，その会社が売却されたことをきっかけに，趣味だったコーヒー焙煎のビジネスに乗り出した。

　彼は自宅のオーブンを用いて行ってきた独自の焙煎を，古い工業用の焙煎機で再現する形で味作りを開始し，焙煎から48時間以内の豆しか販売しないこと，カフェでは豆を挽いてから45秒以内でドリップやエスプレッソのドリンクに使用することといったスタイルを確立した。

　2005年にヘイズバレーにキオスク型の店舗を構えて行列となったことを契機に，サンフランシスコ周辺に店舗網を拡大した。2010年には米国第2の焙煎所をニューヨークのブルックリンに構え，ニューヨークにも店舗網を拡大し，焙煎所は郊外，カフェは中心部というパターンを確立しつつある（茶太郎 [2013] 23-24頁）。2014年にはロスアンゼルスにも進出し，2015年6月末現在サンフランシスコ周辺9店舗，ロスアンゼルス周辺2店舗，ニューヨーク周辺7店舗を米国内に出店している。2015年2月6日には東京都江東区清澄白河に海外初の焙煎所と店舗を開店し，3月7日には2号店を表参道に開店した。

3. 分析：オファーサイトの革新
　　―サード・ウェーブ・コーヒーの伝道―

　ブルーボトルコーヒーは，「サード・ウェーブ・コーヒー」の伝道者としてオファーサイト軸の水準の向上に努めてきた。「サード・ウェーブ」とは「コーヒーの本当の意味での自由と解放の波」であり[16]，1990年代末に生じたコーヒーの変化を示した概念である。既述のスターバックスは大量生産・大量焙

煎を前提としたサード・プレイスを展開するセカンド・ウェーブによって，コーヒーを日常の飲み物とし大量消費市場を作り出した。それに対して，サード・ウェーブはスターバックスのオルタナティブとして少量生産を可能にするフェアトレードを前提とする。均質性の欠如をマイナスとして捉えるのではなく，「味の多様性」や「おいしさ」として評価する価値観の転換を図っており，その代表的な存在がブルーボトルコーヒーなのである。

　ブルーボトルコーヒーは，豆の個性を楽しめるように「シングル・オリジン」を浅煎りすることによって豆そのものの香りを強調し，ハンドドリップで提供している[17]。筆者が清澄白河の店舗で行ったヒアリングでもこのことが徹底されていることは確認された。筆者が提供する豆はどのような頻度で変わるのか尋ねたところ，「新しい豆から提供するので，事前にはわからない」という回答を得た[18]。

　ブルーボトルコーヒーは，販売する豆を焙煎してから48時間以内に限定することによって豆がおいしくなる過程を楽しんでもらうために焙煎所と店舗が近い[19]。この特徴は，スターバックスが豆の焙煎の程度を標準化することを重視して集中的に行っているのとは対照的である。

　こうした特徴をアピールする工夫が，清澄白河の焙煎所兼店舗にも多く見られた。店舗は顧客から積まれたコーヒー豆のストックや焙煎機が見えるように設計されている。あたかも工場の一角で製造現場の臨場感と生のコーヒーを味わいながら，光を届けるために倉庫であった建物に窓を付けて，カフェスペースからも敢えて少し距離のある2階のおしゃれなオフィススペースを眺められるようにしている。海岸沿いという清澄白河の立地は米国西海岸の自由な雰囲気と重ね合わせた独自の世界観を具現化しており，大人の社会科見学の楽しさを味あわせてくれる。

　2015年6月現在駐車場となっている横のスペースも将来的にはテラス席になる予定であり[20]，テラス席ができれば独特の世界観が徹底されると考えられる。ガラス張りの店内の什器やテーブル椅子やメニューのデザインは非常にシンプルである。ブルーボトルのシンプルなロゴはアップルのロゴに通ずる雰囲気が醸し出されており，カップや袋にはサード・ウェーブの共通した要素の

1つである持続可能性を踏まえたリユースやリサイクルを推奨する説明が小さく入れられている。

　メニュー自体もコーヒー自体の味を楽しむためにハンドドリップを中心として，ドリップしている状況を顧客に敢えて見えるような工夫のレイアウトを行っている。豆は1杯ごとにバラッツァ社製のグラインダーで挽き，ドリップは抽出時間を厳格に管理するためにデジタルスケールにサーバーとボンマック製のオリジナルのセラミックドリッパーを載せて行っている。出来たら名前を呼ぶシステムを採用し，店内では滋賀県に本社を構えるキッチンメーカーのキントー社の透明のカップでコーヒーの色がしっかりわかる工夫をしている[21]。

　商品のラインナップも絞り込み，フラペチーノに代表される多彩なラインナップやコンディメントバーというパウダー，砂糖，ガムシロップ，はちみつ，ミルクなどでアレンジするスペースで，エスプレッソを自分の好みに応じてカスタマイズするというスターバックスの基本的な発想とは対照的な姿勢をとっている。イートメニューもその場で焼き上げるワッフルを出すなどシンプルではあるが，温かみが感じられることを重視し提供している。

4．今後の展望
―第2の黒船による立地への柔軟な対応に向けた取り組み―

　ブルーボトルコーヒーは工場跡地の焙煎所付の1号店，表参道のブランドショップの2階という大都市中心部の単独店舗というように全く異なる立地に合わせて異なる雰囲気の店舗を開店した。断念した3号店に関しても代官山にベーカリー併設という異なる立地に異なるタイプの店舗を，新たな3号店に関しては巨大ターミナル駅直結の商業施設を，4号店に関しては緑豊かな美術館が多く立地する周辺の商業施設への出店を予定しており，スターバックスが標準的な店舗を拡大してきたのとは対照的である。

　こうした立地に応じた店舗展開は米国と同様の手法であり，コーヒーへのこだわりは変えないが，それ以外に関しては立地ごとに柔軟ということが日本でも踏襲されるなら，立地ごとに多様なバリエーションが期待でき，面白い存在

となりうるだろう。

　代官山出店断念というこだわりのためには急が過ぎないという意思決定自体は筆者も支持するが，独特の喫茶店文化が根付き，多くのフォロワーが存在する日本においては米国のように悠長な姿勢は許されるわけではないので，次なる早期の試みが期待される。

第5節　第Ⅳ象限　丸山珈琲のフォーマットデザイン
　　　　―スペシャリティコーヒーの普及を目指して―

1. 企業概要
　　―国内からの革新者の概要―

　丸山珈琲の前身である喫茶店「エイコーン」は創業者である丸山健太郎が軽井沢の別荘地南ヶ丘の元ペンションの一角で営業を開始したが，当時はコーヒーよりはインド放浪時におぼえたカレーが評判の店であった。1991年に妻がかつてアルバイトをしていた追分の喫茶店「柊（ひいらぎ）」を借りて営業を開始し[22]，その後エイコーンがあった現在の軽井沢本店の場所に戻り営業を再開した。焙煎修業に費やした10年後の2001年4月にスペシャリティコーヒーを扱う人々と出会い，焙煎を突き詰める「コーヒー道」から「ビジネスとしてのコーヒー」への転換を図ることを決意した。彼はその後の10年間で世界中の産地を飛び回り，規模確保のために長野から東京進出を果たした。2011年にはスペシャリティコーヒーの普及のために東京セミナーハウスを開設し，2015年には有限会社から株式会社に移行した。

　株式会社丸山珈琲の企業概要は，次ページの図表3-4の通りである。

図表 3-4　丸山珈琲の企業概要

名　称	株式会社 丸山珈琲
設　立	1991 年 4 月 1 日
店舗数	9 店舗，1 セミナールーム（2015 年 10 月末現在）。
売上高	1,256 億円（2014 年 3 月期）
税引き後利益	59 億円（2014 年 3 月期）
事業内容	コーヒー豆の販売・卸売・喫茶店営業，コーヒー関連コンサルティング業，セミナー事業

2.　発展の経緯
　　―元コーヒー職人出身の企業家の誕生―

　創業者の丸山健太郎は，1991 年に自家焙煎を始めるとストイックに「コーヒー道」に邁進していった[23]。きっかけを作ってくれた器専門店の店主に紹介された東京の焙煎の第 1 人者の元に通って 9 年後，素材の重要性を実感した 2001 年 4 月に，ブラジルのスペシャリティコーヒー協会が主催するアメリカパーティーに参加し，素材追求のためにはコンテナ買いできる販売規模を確保する必要があることを認識した。そして，マイアミのパーティー後の帰国前にスターバックスの源流となったピーツコーヒーをマイスター・ロースターのジム・レイノルズの案内で訪問した。日本からは時代が早すぎて撤退したピーツコーヒーはカリフォルニア州バークレーで規模と質の両立を果たしており，規模の必要性への認識が確信に変わり，飛行機の中で事業計画書を書き始めた。

　帰国後上質のスペシャリティコーヒー[24]を販売するために，100 グラム 500 円で販売し少量を大切に飲んでもらうモデルから，500 グラム 1500 円で日常的に飲んでもらうモデルへと戦略を転換した[25]。そのために，スペシャリティコーヒーの魅力を普及していくために振る舞いコーヒーを行い，全国でミニコーヒーセミナーを開催し，このセミナーは現在丸山珈琲の一事業となり，2011 年には東京セミナールームを開設した。

　マイアミパーティーの翌年の 2002 年には，ブラジルの COE 豆「アグア・リンパ」を当時の史上最高価格で落札し，その後も世界の COE 豆の落札を続

けていった。丸山は 2002 年のブラジル COE の当時最高価格での入札を契機に日本における COE 伝道者となり，各国の COE 豆の買い付けを行いつつ，スペシャリティコーヒーの普及を進めている。

3. 分析：バリューチェーンの革新
　　　―スペシャリティコーヒーの伝道―

　丸山珈琲は，スペシャリティコーヒーの伝道者としてバリューチェーン軸の水準の向上に努めてきた。同社を率いる丸山健太郎はスペシャリティコーヒーの最高峰である COE との出会いから日本のコーヒー業界のガラパゴスな発展から解放され，スペシャリティコーヒーの伝道者としての取り組みを開始し，取り組みの進展が同社の業容の拡大にもつながっている。

　COE は，最貧国救済のための国連プロジェクト[26]の一環として始まったコーヒーにきちんとした基準を作成し高品質の豆を電子オークションシステムで販売する取り組みである。1999 年に行われた「ベスト・オブ・ブラジル」においてコーヒーの評価のためのスコアシートであるカッピングフォームがコーヒー界の重鎮ジョージ・ハウエルにより作成され，その後に当時の国際価格で買い取った豆を電子オークションシステムによりブラジル最高価格での販売に成功した。このことにより当初取り組みに懐疑的であった人々も取り組みの有用性を理解し，2000 年にもブラジルで独自の取り組みとして開催された。2001 年にはグアテマラでも開催され，その際にロゴマークが作成され COE という名称を確立し，2002 年には運営を行う NPO 団体 Alliance for Coffee Excellence（略称 ACE）が設立された。その後も地域は拡大され，2015 年 6 月現在中南米のブラジル，コロンビア，メキシコ，グアテマラ，エルサルバドル，ニカラグア，ホンジュラス，コスタリカに加えて，アフリカのブルンジとルワンダが加わり，10 カ国が参加国となっている。

　同社はスペシャリティコーヒーのうち最高級豆である COE 豆を競り落とし続けており，スターバックスコーヒーが第 1 位の豆を仕入れて話題となった 2015 年のブラジルでも第 2 位と第 20 位の豆を確保しているし，2015 年コロン

ビア北部第1位，2015年ホンジュラス第1位，2015年メキシコ第1位と第20位，2015年ニカラグア第2位と第20位，2015年ルワンダ第3位と第7位，2014年コロンビア南部の第2位，2014年コスタリカ第1位，2014年エルサルバドル第2位，2014年グアテマラ第4位，2014年のブルンジでも第1位，第3位及び第13位と良質の豆の確保を行っている[27]。

丸山自身は年間150日スペシャリティコーヒーの産地を飛び回り現地情報を収集し，丸山珈琲倶楽部という独自のコミュニティの構築や東京セミナーハウスの開設などにより，情報発信を行っている。ACEの理事や一般社団法人日本スペシャルティコーヒー協会の副会長兼広報委員会委員長としても普及活動に従事している[28]。

また，同社は国際的に通用する人材の獲得や育成にも注力しており，2014年には小諸店の井崎英典バリスタがアジア人初のバリスタ世界チャンピオンとなった[29][30]。

4. 今後の展望
　―規模拡大の前提となる豆の確保と人材確保育成―

丸山珈琲は現在今後の成長を見据える上で過渡期を迎えつつある。2014年には株式会社となり，バリスタ世界チャンピオンを輩出し，長野市内のショッピングモール内と長野駅ビルという従来とは異なる立地への出店も果たし，2015年8月には関東初の東京以外の店舗である9号店をスタンド方式の店舗として鎌倉に開店した。

スペシャリティコーヒーの伝道師としての同社の積極的な出店は試みとしては非常に理解できる。しかし，急激な店舗網の拡大は伝道の基盤となる豆の確保と，スペシャリティコーヒーを適切な状態で提供する人材の確保育成を前提としてなされなければならない。丸山珈琲の成否は，丸山健太郎の個人商店から伝道師の丸山健太郎を中心とした企業として生まれ変われるのかに左右されるとみられる。

以上，3つのカフェの分析と展望をまとめると，図表3-5のようになる。

図表 3-5　3 社の提供価値及び今後の展望

革新の軸＼カフェ名	スターバックスコーヒー	ブルーボトルコーヒー	丸山珈琲
オファーサイト	・エスプレッソ中心 ・サードプレイス強調 ・標準的安定品質のコーヒー味わう快適空間	・ハンドドリップ中心 ・ドリップしたてを強調 ・コーヒー豆の個性を味わう個性的空間	
バリューチェーン	・スペシャリティコーヒー ・米国中心の世界 5 カ所集中深煎り		・COE 重視 ・小諸旗艦店併設焙煎工場で豆に応じて焙煎
今後の展望	・既存店舗商品多様化と別業態の展開	・各立地が有する個性に対応した店舗網の構築	・産地開拓継続と株式会社としての体制確立

第 6 節　おわりに
―外からの日本喫茶店文化の翻訳と内からの批判的検討を通じた革新―

　コーヒーは豆の選択，焙煎，抽出，提供の 4 工程を経て届けられ，各工程に味の変化をもたらす要素があり，コーヒーのおいしさは各工程における工夫の蓄積において決まる。スターバックスコーヒーは大量調達による良質な「豆の選択」，深煎りの「焙煎」，サード・プレイスというコンセプトの導入による新たな方式の「提供」により全国出店を果たし，従来の「焙煎」「抽出」の職人芸的な日本の喫茶店文化を駆逐し，カフェ業界にリーダーとして君臨してきた。

　ブルーボトルコーヒーと丸山珈琲は，駆逐された従来の喫茶店文化を両者とも意識しながら異なる方法で対抗している。外資であるブルーボトルは日本の喫茶店文化をリスペクトしながらも，職人芸であった「抽出」の標準化，標準化したハンドドリップをアピールする「提供」によってサード・ウェーブという潮流を日本に持ち込んだ[31]。

　丸山珈琲は日本の喫茶店文化を批判的に検討し，COE に代表される究極の

「豆の選択」[32]，日本の喫茶店文化を継承した高水準の「焙煎」によってスペシャリティコーヒーの伝道師となりつつある[33][34]。

　スターバックスに対抗する両社の試みは，日本の喫茶店文化を高度化した取り組みである。日本のカフェ業界は，豆の選択，焙煎，抽出，提供の各工程でのこだわりをしっかりと維持しながら，立地ごとに異なるこだわりを実現するために，いくつかのフォーマットをミックスしたシステムを構築していくことが今後の方向性といえよう。

〈注〉
1) 彼の日本での経験とブルーボトルコーヒーへの反映に関しては，茶太郎豆央 [2013] 153-157 頁を参照。
2) スターバックスの当初の成功に関しては，Schultz, and Yang, [1997] を，シュルツ復帰後の経営改革に関しては，Schultz, with Gordon, [2011] に詳しく示されている。
3) 基盤強化に関して詳細は，岡山 [2008] 38-41 頁を参照。
4) スターバックスディスカバリーズは，従来のチルドカップコーヒーが賞味期間を優先しロングライフという牛乳を用いていたのに対して，鮮度を優先してショートライフという賞味期間が 2 週間の牛乳を選択している。この商品の開発に関して詳細は，山本編 [2007] 78-79 頁を参照。
5) スターバックスが提示する「サード・プレイス」という概念に関して，サイモン [2009] は本来の概念との比較で検討し，安全，便利で，一人でいるのに最適な場所であり，サード・プレイスもどきであると主張しており，有用である。
6) 店舗のリモデルに関して詳細は，月刊レジャー産業編集部 [2012] 30-31 頁を参照。
7) ドトールコーヒーは 2015 年 5 月末現在 1,105 店舗のうち 927 店舗が FC 店舗である。なお，ドトールコーヒーがスターバックス参入後出店を開始したエクセルシオールカフェは 132 店舗のうち FC 店舗は 28 店舗に留まっている。ドトールコーヒーとの比較に関しては経営教育総合研究所 [2012] 80-84 頁が有用である。
8) 複合地域のブランドもあるが，基本的にはラテンアメリカを中心に，3 地域の異なる風味を生かしたブレンドが基本となっている。
9) 米国本国でのサプライチェーンのテコ入れに関して詳細は，横田 [2012] 48-51 頁を参照。
10) タリーズも同様の割引を行ったが，フランチャイズの店舗が多いタリーズでは割引対象が同一店舗のみであった。
11) 同社独自の割引に関して詳細は，「スターバックスに学ぶ完璧なオムニチャネル」『ASCII Cloud』第 2 巻第 10 号，2014 年，16-17 頁を参照。
12) ここでの雰囲気に関する説明は筆者も現地取材を行ったが，より適切な表現を模索する際に，キュレーションメディア MERY（メリー）のサイト〈http://mery.jp/44370〉（2015.7.19.）を参考にした。
13) 落札結果に関して詳細は COE の落札結果サイト〈http://www.allianceforcoffeeexcellence.org/en/cup-of-excellence/country-programs/brazil-naturals/2015-01/auction-results/〉

（2015.6.28.）を参照。
14) シアトルのリザーブ®・ロースタリー・アンド・テイスティング・ルームに関して詳細と COE 豆の提供開始に関して詳細は，それぞれシアトル最大の日本語情報サイトのジャングルシティ〈http://www.junglecity.com/coffee/starbucks-reserve-roastery-and-tasting-room-opening/〉(2015.7.19.) 及び，〈http://www.junglecity.com/news/starbucks-scoops-up-pricey-beans-in-high-end-coffee-world/〉(2015.7.19.) を参照。
15) ブルーボトル代官山出店延期に関して詳細は，東洋経済オンラインサイト〈http://toyokeizai.net/articles/-/72690〉(2015.7.13.)。
16) 米国の女性解放運動の様になぞらえて述べた造語であり，レッキンボールというロースターを営み，NPO の The Coffee Quality Institute にてスペシャリティコーヒーの普及に尽力するトリス・ロスギブ（Trish Rothgeb）が SCAA のニュースレターに執筆したことによって普及した概念である。
17) ブレンドも飲みやすさではなく，豆の個性が生きるかどうかが基準としてされている。ブルーボトルコーヒーのブレンドに関して詳細は，名取 [2015] 13 頁を参照。
18) 2015 年 6 月 29 日現在，シングル・オリジンで提供する豆の情報は店頭のみで提示されており，電話での対応もホームページでの情報提供も行っていないため，店頭にて確認するしかない状況になっている。ちなみに，筆者は開店後 3 時間くらいたった 11 時頃に店舗を訪れたが，提供されていた豆はルワンダルフカフェレメラであった。
19) ドリンクで提供の場合にはエスプレッソは焙煎 5 日後，シングル・オリジンのハンドドリップの場合には焙煎 6 日後から 8 日後というように豆の種類にもよるがおいしくなる状態まで寝かせている。生豆 1 粒ごとに水分含有量を測り，焙煎の時間や温度，焙煎後の豆の色加減などさまざまなデータをこと細かく測定し，本社や各拠点でチェックし，ゴーサインが出なければ次の工程に進めないという勘に頼らないデータ重視の品質管理を採用している。詳細は，桑原恵美子「"コーヒー界のアップル"上陸！「ブルーボトルコーヒー」のルーツは日本 !?」『日経トレンディネット』〈http://trendy.nikkeibp.co.jp/article/column/20150205/1062529/?ST=life&P=3〉(2015.7.29.)。
20) ブルーボトルコーヒー清澄白河ロースタリー＆カフェのデザインに関して詳細は，長坂 [2015] 105-111 頁を参照。
21) ボンマックは 1964 年創業の神戸のラッキーコーヒーマシン株式会社のブランドであり，米国の多くの店舗で採用され，キントー社のカップやグラスも一部の店舗で採用されている。ボンマックの米国店舗での採用に関しては，茶太郎豆央 [2013] 156 頁を，ブルーボトルとキントー社のコラボの試みに関して詳細は，価格コムが提供するキナリノ（「暮らしを素敵に丁寧に。」をテーマにしたキュレーションメディア）〈https://kinarino.jp/〉を参照 (2015.7.4.)。1921 年創業の日本橋の老舗メーカー HARIO 株式会社のやかん，スケール，ドリッパー，コーヒーサーバーなどはサードウェーブ・コーヒーの多くの店舗で採用されており，アイコン的な存在となっている。なお，パラッツァ社は 1999 年創業の米国メーカーであるが，世界で高い評価を受けている。
22) 丸山一枝は自分の代わりに喫茶店をやってくれる人を探していたため，敷金礼金なし，コーヒーの機材全部込みの居抜きで月 4 万円という破格の安さであった。創業当時の詳細は，丸山 [2010] 165 頁を参照。
23) 焙煎抽出を重視する日本の従来の「コーヒー道」に関して詳細は，嶋中 [2011] を参照。丸山珈琲はスペシャリティコーヒーにはドリップよりプレスの方がその個性が味わえるという理由で 2004 年に変更した。

24) コーヒーの区分は以下の図の通りである。

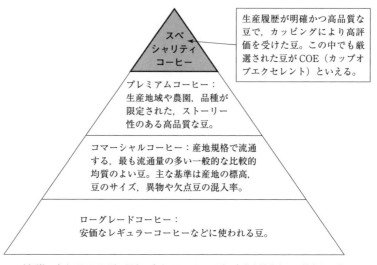

（出所）丸山[2014] 20頁の図を，丸山[2014] 20-21頁の内容を踏まえて，筆者が一部加筆修正。

25) 丸山健太郎が最初に買い付けたスペシャリティコーヒーは他社が買い付けて残った半コンテナ分のコーヒー豆であったが，従来商社経由で輸入していたコーヒー豆より上質であった。戦略の転換の経緯に関して詳細は，丸山[2010] 43-44頁を参照。なお，2001年には丸山とともにスペシャリティコーヒーの独自輸入を始めた堀口珈琲の堀口俊英もアメリカスペシャリティコーヒー協会のカンファレンスに参加している。
26) 1990年から2000年まで国連とICO（国際コーヒー機関）によるDevelopment of Gourmet Coffee Potentialという名称のプロジェクトであり，各地域にあった在来種を栽培生産するしくみを作ることで，発展途上国の経済的自立を図っていくことを目的としていた。
27) COEのオークションの結果はACEホームページの中のオークション結果の部分を参照〈http://www.allianceforcoffeeexcellence.org/en/cup-of-excellence/auction-results/〉(2015.6.28.)。
28) 同協会は，日本にコーヒーに関する知識を広めてきたカフェバッハの田口護が会長を歴任するなど，日本のコーヒー業界の発展を牽引する団体である。現在の会長は，明治43年創業の老舗焙煎会社日東珈琲株式会社の長谷川勝彦である。
29) 井崎が優勝したワールド・バリスタ・チャンピオンシップ（略称WBC）は，アメリカスペシャルティコーヒー協会（SCAA）とヨーロッパスペシャリティコーヒー協会（SCAE）が共同で開催するバリスタ世界一を決める大会であり，年に一度50か国以上の国内チャンピオンが腕を振るう大会である。井崎は日本予選を兼ねる日本スペシャリティコーヒー協会主催のジャパンバリスタチャンピオンシップ（略称JBC）で優勝した後，この大会に出場して栄冠を獲得した。WBCやJBCの詳細は，丸山[2014] 204-206

頁を参照。
30) 同社が人材育成に注力していることは事実であるが，同社のバリスタの中核人材は必ずしも丸山珈琲出身者ではなく，米国 ZOKA Coffee & Tea Company と ZOKA の日本展開におけるライセンス契約を締結したマルハンダイニング（旧株式会社エムフーズ）出身者である。ZOKA 一号店立ち上げにかかわった元丸山珈琲統活ディレクター兼バリスタトレーナーの阪本義治が指導した人材（東京セミナーハウスのディレクター櫛浜健治，リーテール地域ディレクター／バリスタの斉藤久美子）が丸山珈琲のバリスタの中核を占めており，代表的な人材としては，JBC2009 年優勝の中原見英，2010・2011 年優勝（2013 年井崎氏に次いで 2 位，2014 年も 2 位）の鈴木樹があげられる。井崎は元々は福岡の井崎珈琲出身である。JBC 入賞者の所属の変遷に関しては，日本スペシャリティコーヒー協会のジャパン バリスタ チャンピオンシップ（JBC）過去の競技結果〈http://www.scaj.org/activity/competitions/jbc/results#year2014〉（2015.07.28.）を，阪本によるバリスタ育成に関して詳細は，阪本 [2012] を参照。阪本は 2015 年 4 月 1 日に丸山珈琲より独立し，株式会社アクトコーヒープランニングを設立している。
31) ブルーボトルコーヒーは「抽出」「提供」での革新度が高いが，産地にこだわった「豆の選択」，産地の個性をアピールするために店舗に近い場所での浅煎りの「焙煎」を行っている。
32) ブルーボトルコーヒーも COE の買い付けも行っている。詳細は，Freeman et al. [2012] p.34 を参照。
33) 丸山珈琲は「豆の選択」「焙煎」での革新度が高いが，究極の豆に合わせてペーパードリップでは失われてしまうコーヒー固有の味や風味が味わえるコーヒーオイルを残すためのフレンチプレスや金属フィルターによる「抽出」の推奨，究極の豆のゆったり楽しめる雰囲気の「提供」も行っている。
34) 丸山珈琲は，丸山健太郎の個人商店から丸山珈琲という組織への転換の一環として企業ロゴを英語表記のデザイン性の高いものへと変更している。詳細は，広報会議編集部 [2015] 98 頁を参照。

〈参考文献〉

柵出版社編集部 [2010]『珈琲のすべて』柵出版社。

岡山宏之 [2008]「スターバックスコーヒージャパン〈コスト削減〉―5 年前の赤字転落っかけに物流にメスコスト管理を見直し V 字回復を下支え」『ロジスティクス・ビジネス』第 8 巻第 3 号，38-41 頁。

経営教育総合研究所 [2012]「徹底解明！　勝ち組企業の「経営力」（第 41 回）スターバックスコーヒー 本物志向のイメージを崩さず新しい店舗・商品形態に挑戦：「くつろぎ」「癒し」の空間づくりにこだわる」『近代セールス』第 57 巻第 8 号，80-84 頁。

月刊レジャー産業編集部 [2012]「トップ企業研究 多様な立地への出店とともにブランドポジションの向上に注力し，店舗数・売上高の拡大を続けるスターバックス コーヒー ジャパン」『月刊レジャー産業』第 45 巻第 6 号，28-31 頁。

広報会議編集部 [2015]「「企業ロゴ」一新でブランドはどう変わる？」『広報会議』2015 年 6 月号，96-105 頁。

誠文堂新光社編 [2012]『バリスタ・サービスバイブル』誠文堂新光社。

嶋中労 [2011]『コーヒーに憑かれた男たち』中央公論新社。

阪本義治 [2012]『新しいバリスタのかたち』旭屋出版。

セブンクリエイティブ編 [2015]『知ればもっとおいしい！食通の常識珈琲美味手帖』世界文化社。
高井尚之 [2009]『日本カフェ興亡記』日本経済新聞出版社。
茶太郎豆央 [2013]『サードウェーブ・コーヒー読本』枻出版社。
名取千恵美 [2015]「アメリカ・サードウェーブの旗手ブルーボトルコーヒーがついに日本上陸！」『ザコーヒープロフェッショナル』柴田書店。
長坂常 [2015]「ブルーボトルコーヒー清澄白河ロースタリー＆カフェ」『新建築』第90巻第4号，105-111頁及び199頁。
丸山健太郎 [2010]『コーヒーの扉をひらこう』第一企画。
丸山健太郎 [2014]『珈琲完全バイブル』ナッツ社。
丸山健太郎 [2015]『丸山珈琲のスペシャリティコーヒーとコーヒーショップの仕事』柴田書店。
山本実編 [2007]『スターバックス解剖』枻出版社。
横田増生 [2012]「欧米SCM会議（16）米スターバックス：急成長にSCMが追いつかず業績悪化 本社に権限を集中して業務を建て直し」『Logi biz』第12巻第3号，48-51頁。

Freeman, J., C. Freeman and T. Duggan [2012], *The Blue Bottle Craft of Coffee: Growing, Roasting, and Drinking, with Recipes*, Ten Speed Press.
Schultz, H. and D. Yang [1997], *Pour Your Heart Into It: How Starbucks Built a Company One Cup at a Time*, Hyperion.（小幡照雄・大川修二訳 [1998]『スターバックス成功物語』日経BP社。）
Schultz, H. with Gordon, J. [2011], *Onward : how Starbucks fought for its life without losing its soul*, Rodale.（月沢李歌子訳 [2012]『スターバックス再生物語』徳間書店。）
Simon, Bryant [2009], *Everything but the Coffee: Learning About America from Starbucks*, University of California Press.（宮田伊知郎訳 [2013]『お望みなのは，コーヒですか？ スターバックスからアメリカを知る』岩波書店。）

（丸谷雄一郎）

第4章

食品小売業界のフォーマット
―新しい食の提案と継続的提供―

第1節　はじめに
―食をめぐる環境の変化―

　食品は，消費者が日常購買する最寄品の代表である。必需品であるために，景気の影響をあまり受けず，2017年春の消費税率引き上げでは，軽減税率導入の議論対象となっている。他方，最近では日本でも「食の砂漠化（food desert）」の問題が，クローズアップされるようになってきた。人口移動と減少に伴い，食品小売店が減少し，食品が近隣で容易に購入できなくなってきた地域がある。これは地方だけではなく，都市部でも今後深刻になる問題である。

　また，消費者は食品の購買にあたって，「安全・安心」が揺らいでいるため，慎重な行動を示すようになった。消費者が安全で，しかもリーズナブルな価格で食品を容易に入手するというのは，果たして贅沢な悩み，全てを満足させることができない望みなのだろうか。本章では，こだわり抜いた食品を消費者（顧客）に提供し，それらを安心して継続的に入手できる状況を創造している企業や店舗について取り上げていきたい。

第2節　食品小売業界先進フォーマットのポジショニング
―オファーサイトとバリューチェーンによる分類―

　食品小売先進フォーマットのポジショニングは，図表4-1の通りである。第Ⅰ象限に位置づけたのは，イオンリテールが運営するイオンモール岡山である。イオンリテールは，国内外で総合小売事業を展開しているが，本章ではイオンモール岡山に焦点を当てた。なぜなら同店は，顧客に対するオファーとバリューチェーンの取り組みが，既存のイオンリテールの店舗と異なるだけでなく，他の食品小売業と比較しても洗練されているからである。また，既存店で試行錯誤を繰り返してきたバイキング形式の惣菜や，日本には紹介されていなかったイタリアの食材，その場で試食可能なコーナーを設置し，新しい食の経験を顧客に提案している。さらに同店のバリューチェーンもチェーン・オペレ

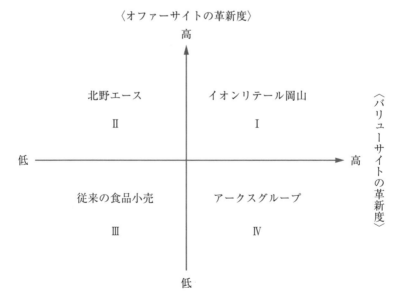

図表4-1　食品小売先進フォーマットのポジショニング

ーションによる本部主導の商品調達から，各地域における嗜好の相違を取り込み，既存のバリューチェーンのよさを残しながらも，顧客や環境に合わせて変更しようとしている。

　オファーサイトの革新では，関西地域を出自とし，全国展開しているエースが際立っている。本章では，エースが力を入れているフォーマットである「北野エース」に焦点を当てた。北野エースでは，レトルトカレーの品揃え 300 種類に代表されるように，コンビニエンスストア（CVS）やミニスーパーなど，売れ筋に絞った品揃えではなく，顧客が商品を選択する楽しさ，使用経験のない調味料などに挑戦する楽しさを提供している。そのため店長には，多くの権限が委譲され，チェーンストアでの「本部一括仕入」によるスケールメリットを考慮していない面がある。その分，価格は少し高めではあるが，顧客は value for money を享受できる。

　バリューチェーンの革新では，北海道・東北地域で食品小売を展開するアークスグループを取り上げた。アークスは各地域の食品スーパー（SM）を中心とした事業会社の持株会社である。そのバリューチェーンの革新は，各地域で有力な SM を束ね，規模の利益を創出し，顧客に還元している。これには，人口減により，次第に食品小売業が減少・縮小していく中，共同仕入会社をうまく機能させている背景がある。また，各地での物流施設の統合や建設により，調達面の不便さを克服し，過疎化が進む地域でも，顧客が安心して食品を購入し続けられるバリューチェーンを構築している。

　このように本章では，食品小売業界に焦点を当てているが，大規模総合小売の新しいフォーマットとしての「イオンリテール岡山」，SM やカテゴリーストアを展開するエースにおけるグロサリー（加工食品）小売のフォーマットである「北野エース」，多くの事業会社を傘下におき，バリューチェーンを機能させている「アークスグループ」を対象としている。これらは，同基準での比較は難しいが，顧客に食品を提供する面では，積極的に働きかけ，新しいフォーマットをデザインしているところは共通している。

第3節　第Ⅰ象限　イオンモール岡山のフォーマットデザイン
―新しい「食」提供の場の革新―

1. 企業概要
―総合小売業が展開する新たなショッピングセンター―

　イオンリテールは，2008年8月に発足したが，その骨格は1970年に岡田屋，フタギ，シロの3社が提携して設立したジャスコに遡る。岡田屋は18世紀半ば，現在の四日市市で産声を上げた小間物商，フタギは1937年に姫路市で創業したフタギ洋品店，シロは1955年に豊中市で設立した飯田を源としている。この3社が提携し，全従業員対象の新社名公募により，「日本ユナイテッド・ストアーズ（Japan United Stores Company，略してJUSCO）」となり，通称のジャスコが社名となった。2001年8月，ジャスコはイオンに社名変更し，2008年8月には，イオンを中核とする純粋持株会社体制に移行した。そして，イオンの小売事業等はイオンリテールが継承した。

図表4-2　イオンリテールの企業概要

名　称	イオンリテール株式会社
設　立	2008年8月21日発足
店舗数	545店舗（2014年8月現在）
従業員数	84,670人（2014年8月現在）
売上高	1兆9612億円（2014年2月）
事業内容	総合小売業

2. 発展の経緯
―多様なフォーマットの試行の連続―

本節で取り上げるイオンモール岡山は，2014年12月に開店した。場所は，JR岡山駅から徒歩5分であり，イオンモールでは初めての政令指定都市中心部での大型ショッピングセンター（SC）となった。核店舗には，イオン岡山，サブ核店舗としてタカシマヤフードメゾン，さらにイオンシネマ岡山，東急ハンズ，アパレルではH&M，ZARA，GAP，ユニクロの4大ブランドの大型店，無印良品，スポーツオーソリティが入居している。岡山県の企業が全体の20%を占めているが，岡山県初出店が7割近くにも達する。これはイオンモールがリーシングに際し，各社に新フォーマットを要請した結果である（『食品商業』2015.2）。そのため，どこでも顧客に支持される大型店や既存店舗を超える新フォーマットなど，多様な店舗が出店した。

また，イオンモール岡山は，ハード面を含め，以前のイオンモールとは異なるSCとなった。「haremachi（わたしのみらいをつくるまち）」をコンセプトに，地元テレビ局のスタジオを誘致し，地元文化の情報発信を始めた（『DIAMOND Chain Store』2015.4.15）。イオンモールがデベロッパーであり，近年のイオングループのSCでも完成度が高くなっている。モール内の動線は，縦積みモールへの新たな試みが多くあり，パブリックスペースでは，吹き抜けやエスカレーター周辺にレストスペースが多くある（『販売革新』2015.1）。このようにイオンモール岡山は，イオンリテールが展開してきたこれまでのSC，さらには食品小売の革新的な取り組みが至るところで目にすることができる。

3. 分　　析
　　─オファーサイトとバリューチェーンの革新─

(1)　オファーサイトの革新：顧客に体験型消費を提供

　少子高齢化し，空洞化する地方都市が増加する中，岡山市は県内小都市や町村から若い世代が移入し，地方では驚くほど世代構成が若年層（0~30歳）に集中している。そのため，イオンモール岡山は，顧客を岡山市中心に引き戻そうとしている。ただ開業には，地元経済の凋落があった。イオンモールが取得した敷地は，2011年2月に経営破綻したバイオメーカー林原本社跡地であった。イオンモールは，郊外の大型商業施設開発が制限される中，この跡地に4万6,000㎡，地下2層階地上8階，延べ床面積25万㎡，総賃貸面積9万2,000㎡の都市型SCを開発することができた。イオンを主核とし，タカシマヤフードメゾン，東急ハンズ，イオンシネマをサブ核とし，アパレル130店舗，服飾雑貨70店舗など約360（タカシマヤフードメゾン内の食品テナントを含めると400）の専門店が入居した（『DIAMOND Chain Store』2015.2.1）。

　イオンモール岡山へのアクセスは，JR岡山駅から徒歩約5分である。自動車でも全方位から可能であり，駐車場と駐輪場は各々2,500台分を用意している。アパレル専門店や駅ビルブランド，セレクト系ショップなどが入居している。他方，5階には地元の製造活動を支援する「ハレマチ特区365」や「おかやま未来ホール」を設置し，これまでのイオンモールとは異なる斬新さがある。またイオンモール岡山では，「未来スクエア」の吹き抜けや，「ハレマチガーデン」（屋外ガーデン）では，四季折々の木や花を見ながら食事を楽しめる（『販売革新』2015.1）。このようにイオングループでは，イオンモール岡山を西日本最大規模の旗艦店と位置づけ，同社のSCにはない商業施設を目指している。

　イオンモール岡山の特徴は3つある。まず物販，サービス，飲食など，多様なテナントを誘致している点である。専門店のうち，岡山県初出店が全体の

2/3を超え，他方で地元企業も積極的に誘致している。2つめは高級感のある雰囲気づくりである。イオンモールでは，政令指定都市の主要駅近隣立地は初めてである。そのため，地域に合わせた格調高い演出，装飾に工夫を凝らしている。3つめは，情報発信機能の強化である。岡山県の顔ともいえる場所であるため，店舗情報だけでなく，文化の発信拠点としての機能を強化している（『DIAMOND Chain Store』2015.2.1）。このようにイオンモール岡山は，同店が駅近隣立地であり，顧客を迎えるゲートウェイであるため，中四国地域のクロスポイントとなっている。また岡山市は古くから城下町の歴史を有するため，上質なライフスタイルを提案しようとしている。これらの思いを，未来をつくっていく「ハレマチ」というコンセプトに込めている。テナントの構成比では，イオンモールの代表的なSCであるイオンモール幕張新都心は，元来コト重視であるため，サービス提供部分の構成比が高い。一方，イオンモール岡山は，アパレル・雑貨が68％と高い。飲食と食物販が21％，その他のサービス・アミューズメント，クリニックが11％である（『販売革新』2015.1）。このようにイオンモール岡山は，物販だけでなく，体験型消費に注力するSCであり，地の利を生かし，モノ・コトに情報を付加している。つまり，小売業を物販と捉えるのではなく，モノを超えたコト（サービス）の提供者との位置づけが明確である。

　イオンリテール岡山の商圏は，20～30歳代の人口構成比が全国平均よりも高いため，食品売場は都市型の生活提案に注力し，全方位的な品揃えを行っている（『販売革新』2015.1）。1階は食と美と健康のフロアであり，スタイルストアの食品売場，ヘルス＆ビューティケア，イタリア食品専門店で構成している。食品売場は，イオン岡山店とタカシマヤフードメゾン，グロサリー（加工食品）の久世福商店など，6店の食物販専門店が入居している。つまり，都市型のライフスタイルが楽しめる食の総合フロアとして，生鮮食品の他，ショップスタイル提供の場となっている（『DIAMOND Chain Store』2015.2.1）。また，売場面積は約7,400㎡あり，イオンモールの中では中四国最大規模である。イオンの食品売場では，顧客視点での売場づくりと簡便性，食の提案を行っている。例えば，精肉の壁面売場は逆時計回りに進むと，牛豚ミンチ肉，簡単ク

ッキングの半調理品が続き，素材コーナーも料理などの用途を表示している。そして，おつまみ＆オードブルを経て，第2マグネットにはこだわり生ハムを品揃えしている（『食品商業』2015.2）。さらにカットフルーツの対面売場は，ライブ感や彩りが鮮やかであり，フルーツバイキングも展開している。精肉は，おかやま和牛など銘柄牛を品揃えし，鮮魚は加工調理に力を入れている。さらに焼きたてピザを提供する「ピッツァソリデラ」や揚げたて天ぷら「旬香亭」などが，2014年11月開店のイオンモール多摩平の森に続いて入居している（『販売革新』2015.1）。このような売場は，購買だけではなく，顧客の目も楽しませ，これまでの店舗展開から取り入れられた経験が多く生かされている。

通常，量り売りコーナーの設置は，体験的な楽しさを提供するものである。そのため，惣菜売場「デリカワールド」は，近隣企業の昼食需要も見込み，入口正面におにぎりコーナーを設置し，肉惣菜や魚惣菜，レンジアップ商品，サラダなど多種多様な惣菜を提供している。また，グループ企業（オリジン弁当）の開発商品も投入し，量り売り惣菜の「マイセレクトデリ」を設置している。量り売り惣菜は，中華や和食，パスタ，サラダなど約50種類をビュッフェ形式で提供し，「簡便」「即食」需要に対応している（『DIAMOND Chain Store』2015.2.1）。マイセレクトデリは，2013年4月に東久留米店で初めて設置したコーナーで，当初は約100種類のメニューを用意したが，約半分に絞り込んだ（『販売革新』2015.1）。デリカワールドでは，豚カツの「たて花」など，直営店を専門店風にした売場を，イオンモール多摩平の森に続いて取り入れている（『食品商業』2015.2）。このようにイオンリテールは，既存店舗での取り組み結果を新しい店舗での展開に反映させている。イオンでは，仮説─検証を殊更強調しないが，試みや提案に対する検証がされている。

イオンモール岡山では，イオンリテール直営のイタリア輸入食品専門店「La DROGHERIA—Italian Food—」を初めて導入した。同店では日本で紹介されていない現地ブランドのパスタや生ハム，チーズなどイタリアの食事が楽しめる商品を揃えている（『DIAMOND Chain Store』2015.2.1）。店内中央にはキッチンを配し，本場の素材を使用して5種類のパニーニや3種類のイタリアのスローフード「ピアディーナ（イタリア北部特産の無発酵平焼きパン）」を提

供している。そして，ボノミ社のコーヒー豆をイタリア製のマシンで淹れるエスプレッソ，イタリア産グラスワインも提供している。さらにはグラスワインと前菜を安価に提供するハッピーアワー・サービスも実施している。隣接のグループ企業によるワイン専門店（イオンリカー）で販売しているワインも持ち込めるようにしている。このような新しい提案は，通常は首都圏や関西の都市部で実験することが多い（『販売革新』2015.1）。しかし，イオン岡山は新たな提案を実験する場となっている。これが可能なのは，イオンリテールという総合小売業による展開が影響している。

　さらに先に触れたイオンリカーでは，約1,200種類のワインを品揃えしている。イオンリカーも，La DROGHERIA同様，都市型の食生活提案を強調した専門店である。同店は，総合スーパー（GMS）からスピンアウトしたワイン専門店であり，無料試飲の他，高級ワインなどの有料試飲も提供している。他方，客単価増加を図る試みが随所に見られる。1つは，関連陳列の強化である。代表的な商品がワインであり，10カ所前後の売場で食材や加工品と一緒に並べられている。特に受賞歴のあるワインなどをPOPを添えて生ハムやオードブルの隣に陳列している。売場では，やや高単価商品でもきちんと尺数を取り，品揃えしている。特にイオン岡山の食品売場が他店と比べて活気があるのは，対面形式やライブ厨房のコーナーが多く，人手をかけているためである。バイキングや量り売りは売場維持に手間がかかり，それらに対しては抵抗を感じる顧客も多い。それを補うには，仕組みのわかりやすさと，その徹底が重要である（『販売革新』2015.1）。つまり，これまでのSMはセルフサービスにより，低価格と商品選択の気軽さを強調してきた。しかしそれは，1つの転換期を迎え，顧客も新しい提案の数々に反応し始めているともいえよう。

　他方，イオン岡山の食品売場には，タカシマヤフードメゾン（約1,900㎡）が出店している。岡山高島屋は，イオンモール岡山から北へ200mに所在し，約40年前から営業してきた（食品売場面積約2,500㎡）。つまり，フードメゾンと本館はほとんど同じ規模である。前者は気軽に利用できるデパ地下がコンセプトである。特にフードメゾンと岡山高島屋を棲み分けするため，前者は30〜40歳代の若年層を対象とし，カジュアル化している。これにより売場

は，フォションベーカリーカフェ，フードブティック，フレッシュマルシェ，OKAYAMA デリカ，スウィーツパークのゾーンに分かれている（『販売革新』2015.1）。フードメゾンの出店は，イオンモールでは新横浜店，おおたかの森店に次いで3店舗目である。通常，同企業の店舗が近隣にあれば，出店するという判断をしない。しかし，フードメゾン出店に踏み切った背景には，本館とは差別化が可能であり，新たな提案が可能と判断したためである。また，同じ建物フロアに，別企業が展開する同様のフォーマットが入ると競合が心配される。しかし，イオンモール岡山の食品売場は，イオンとタカシマヤフードメゾンとの棲み分けができている。

(2) バリューチェーンの革新：地域に適合した仕入の徹底

イオンリテールでは，2015年に入り，大胆な機構改革に着手した。全国6つの地域カンパニーに権限を委譲し，カンパニー各社の自律的経営を目指し始めた。そこで，本社組織をスリム化し，商品部を中心として1,100人を配置転換し，6地域カンパニーの支社長の下，迅速な意思決定を可能とした。これに伴い，これまで本部が決定していた品揃えや店舗づくりなどは，各カンパニーに委譲した。以前は共同仕入会社であるイオン商品調達（2015年5月末解散）が，商品開発や販売数量の多い商品の仕入を担当した。それをイオンリテールに移管し，各地域カンパニーが各地でPB商品を含めた商品を開発し，本部はその支援に徹している（『DIAMOND Chain Store』2015.7.15）。これらの変更は一言でいえば，中央集権型から地方（地域）分権型への大きな転換といえよう。

現在，イオンリテールの農産商品部も仕入権限を各カンパニーに移管している。イオンリテールは，全国的に評価が高い青果を販売していたが，結果的にはこれが地域のSMに対して，品揃えで劣勢に立たされる要因となっていた。なぜなら，地方では昔から慣れ親しまれた地域の商品（味）が，顧客から高い支持を集めているためである。そこで同部は，本部仕入商品を意図的に減らし始めた。本部仕入は，2013年には全体の8割であったが，2014年は7割，2015年には4割まで減らし，各地域カンパニー経由での仕入に切り替えよう

としている。同時に，地域カンパニーの農産担当バイヤー数は増やしている。例えば青森県では，バイヤーの配置は１名だけであったが，2015年から津軽と南部に１名ずつを配置した。これは同県内でも食文化が異なっており，その対応から地域に各々バイヤーを配置し，地域特性に合わせた商品を販売できるようにしたためである（『DIAMOND Chain Store』2015.7.15）。つまり，行政区域で顧客を区分せず，実際の顧客の嗜好に合わせた対応を開始している。

　本部の農産商品部には，教育担当部署を設置し，地域カンパニーにも同様の担当者を配置し，バイヤーの教育体制も整備してきた。商品仕入だけでなく，商品開発や農産物の作付けに関する技術や，ノウハウを有する人材育成の方針も明確にした。イオンリテールでは，バイヤーに人事異動があり，特定地域では長期間勤務をしない。そのため，地元SMのバイヤーでは，当該地域に根ざした商品仕入力では及ばなくなってしまう。そこでイオンリテールは，パートタイマーであるコミュニティ社員の活用を開始した。彼女ら（彼ら）は，従業員と顧客の両面を持っている。それにより，コミュニティ社員の意見や要望を売場づくりに反映できる仕組みを構築しようとしている。将来的にはコミュニティ社員を地域限定のバイヤーとする検討も行うようである（『DIAMOND Chain Store』2015.7.15）。このように商品のバリューチェーンの構築には，全国チェーンである強みと地域の情報をうまく組み合わせる必要がある。

　またイオンリテールは，契約農家の支援も行いながら，生産システムの確立や特徴ある農産物開発にも取り組んでいる。全国各地での「フードアルチザン（食の匠）」活動は，生産者や行政と協力し，希少品種の生産量増大による地域活性化や，新しい食を全国へ波及させる取り組みである。例えば，鹿児島県の「安納芋」のようにイオングループのマーケティング・チャネルから全国に拡大した事例もある（『DIAMOND Chain Store』2015.7.15）。これが可能なのは，全国各地に店舗を有し，各地域の情報を吸い上げ，それを他地域へと拡散可能なバリューチェーンを有する企業の強みである。

　さらにイオンリテールでは，社内資格保持者がスキルを披露する「ベストスキル全国大会」を実施している。「接客販売」（衣食住の各売場），「チェックアウト」（レジ），「サービスカウンター」など６部門で，全国から選ばれた従業

員が腕を競い合っている。この大会では，タブレット端末が重要な役割を果たしている。これは2013年に全店で約2,000台導入し，現場の人材教育を担当する実務訓練部が，「ベストスキル」というアプリを開発した。これで全国の従業員の接客動画などを閲覧できるようにしている（『激流』2015.3）。また，オムニチャネルにも注力し，有店舗ゆえに実現できる商品やサービスと，インターネットの利便性を融合させようとしている（『販売革新』2015.1）。やはり，このような取り組みを実現させるのも，広い地域で，多数の店舗を有し，多様なフォーマットを展開しているイオンリテールの強みである。

4. 今後の展望
―オファーの継続と地域への浸透―

イオンモール岡山は，イオンリテールが展開するSCであるが，これまでのSCを超える多様な取り組みがある。オファーサイトでは，郊外立地ではなく，都市中心部立地という，これまで経験がない場所で，若者世代に向けて以前のSCでは展開していない売場や商品提案を行っている。特に顧客が選択し，購入した商品が食べられる場や，当該地域の顧客が経験したことのなかった店舗や商品を多数提供しているのは，オファーの革新といえる。他方，イオンリテール岡山だけでなく，最近のイオンリテールでは，各地域の顧客に同じ商品を提供しない努力が，バリューチェーンの革新につながっている。本部一括仕入という，販売側の利点を顧客に押しつけず，その弊害を除去しようという取り組みが，バリューチェーンの革新につながっている。イオンリテールは，全国チェーンであるため，バイヤーの転勤は仕方がない。そのバイヤーに代わり，パートタイマーであるコミュニティ社員の活用を開始し，きめ細かく各地域に対応した仕入へと移行している。さらに地域を行政区で区分するのではなく，顧客の嗜好で区分し，それにバリューチェーンを対応させようとしている。

イオンリテールは日本を代表する小売企業でありながら，常にオファーの革新を追求し，大量調達・販売を行うためのバリューチェーンではなく，顧客の

嗜好に対応したバリューチェーンへと転換しようとしている。ただこれは，規模の経済性の追求とは，相反する取り組みである。今後は，常に新しいオファーを続け，それを他店にも拡大させていくことと，いかに当該地域に浸透していくかが重要である。

第4節　第Ⅱ象限　エースのフォーマットデザイン
――食卓をより豊かにする提案――

1．企業概要
　　―グロサリーストアへの道―

　「エース」は，1962年9月，現北野秀雄社長の父治雄氏により，兵庫県伊丹市に食料雑貨を主とした大型総合スーパーの創業から始まった。1983年，現社長が，父親から事業承継した。阪神圏では最盛期に25店，売上高を270億円まで伸ばしていたが，1990年代にはいわゆるバブル経済崩壊とスーパー乱立で価格競争に陥った。そこで低価格化と高品質化の二極化を見込み，質を高める方向に転換した（『日経トップリーダー』2012.8）。この質を向上させる取組みの開始が，現在のグロサリーストアへの道を開拓することになった。

図表 4-3　エースの企業概要

名　　称	株式会社エース
設　　立	1962年9月創業
店舗数	73店舗（2015年10月末）
従業員数	1320人（正社員260名）
売上高	241億円（2015年2月）
事業内容	スーパーマーケット及びカテゴリーストアの運営他

2. 発展の経緯
　　―企業規模に適合するフォーマットへの挑戦―

　スーパーが全国に出店し始めた頃，エースも同様のスーパーの展開を開始した。しかし，同質化競争に埋没し，なかなか浮上する機会をつかむことができなかった。

　1993年に出店した「エース新鮮館」では，生鮮3品を外部専門店に運営委託し，売場の活性化を図った。鮮度のよい魚介を平台に並べて評判となったが，すぐに他店に模倣され，次第に競争力が低下していった。また，SMとの相乗効果を模索し，持ち帰り寿司店やたこ焼き店を手がけ，一定額以上の購入で店舗内のビデオが借りられるサービス（無料）を提供したが失敗した。これらにより，年間の売上高は150億円にまで減少し，従業員を600人から1/3に削減し，社内で改革に後ろ向きだった親族にも引導を渡した。出店費用，株式買取り，同時期の株式相続により，借入金が増えたが，北野社長はグロサリー（加工食品）専門店に望みを託した。それは当時，大阪でグロサリー専門店が人気を集めはじめていたからであった。その成長可能性を感じた北野社長は，首都圏で攻勢をかけるため，社員5名を東京に送り，短期間で相次いで3店舗を開店した。当初は集客の苦労もあったが，2003年に東武船橋店に出店した新フォーマットである「北野エース」の展開が契機となった。同店の高品質加工食品は，通常のSMが扱う食品とは異なり，顧客の嗜好で販売に差が出るようになった。それ以前は，同社のどこの店舗でも同様の品揃えをしていたが，顧客を観察し，会話し，求める商品を品揃えするようにした。そして閉店後には，店長と社員が意見を出し合い，仮説―検証を繰り返しているうちに，店舗売上は緩やかに上昇するようになった（『日経トップリーダー』2012.8）。この方法は，各店で忠実に実践されていった。

　2004年には「foods stage KITANO」「北野エース ペリエ」「KITANO ACE」，2008年に「KITANOYA」，2011年に「グロッサーズ」など，複数フォーマットの食品雑貨小売店舗を次々と開店し，最近5年は，「北野エース」

「北野エース フーズブティック」で展開することが多くなっている。

3. 分析：オファーサイトの革新
　―地方のグロサリーを全国の顧客に提案―

　現在，エースは，北海道から沖縄まで店舗展開をしており，全73店舗は駅ビルや百貨店を中心にSCや路面にも出店している。そのため，店舗立地や環境によって売場面積やコンセプトが多岐にわたっている。グロサリー専門店エースは，肉屋や八百屋など他テナントの生鮮品と親和性が高い調味料によって，店舗全体での買回りを促進している。主要顧客層（30～60代女性）に対し，売場が画一化されている価格訴求が中心である大手SMでは扱えない付加価値の高い商品を品揃えし，差別化を図っている。それは，地方の家庭で日常使用している地域限定（密着）商品に鍵がある。地域の食文化を支える味噌や醤油，ドレッシングは，地方メーカーから直接仕入れている。それらは味噌90種類，醤油150種類，ドレッシング170種類にも及ぶ。例えば，秋田県では代表的な調味料で魚醤の塩魚汁（しょっつる）や秋田味噌だけでも数種類を提案している。北海道では豚丼のタレ，青森県の家庭には必ずある万能調味料「スタミナ源タレ」（上北農産加工），高知県の「ゆずの村のぽん酢醤油」（馬路村農業協同組合）などである（『激流』2015.3）。これらは，各地域では日常的な商品であるが，他地域ではほとんど馴染みがない商品でもある。

　さらに近隣のSMでは入手できないレトルトカレーを300種類も品揃えしている。「カレー（華麗）なる本棚」と銘打ち，本棚のような什器を配置している。そして，書店が専門書を並べるように陳列している。陳列はカレーのパッケージの正面ではなく，書籍のように側面を顧客に見せる「ブック陳列」である。顧客にとっては，本を書棚から引き出して表紙を確認する楽しさもある。またカレー以外の品揃えも充実している。「黒酢たまねぎ」や「生ニンジン」など，独特な風味のドレッシング「大人のための焦がしバターしょうゆ」など，普段目にしたことがない商品も揃えている（『日経ビジネス』2013.6.3）。このような取り組みは，それぞれの専門店集合のような店舗づくりを目指すと

ころに由来している。

　現在，エースには全国のSCや駅ビルなどから出店依頼が増えている。それは景気低迷の影響などで，大手SMがPB商品や売れ筋商品に絞る傾向が強くなってきた反動であろう。また，消費者の「節約疲れ」もあり，そうした消費者心理の変化により，北野エースのような特徴のあるフォーマットが支持されるようになっている（『日経トレンディ』2010.7）。つまり，大手SMは，有名メーカーやPB商品を品揃えし，売れ筋に絞り込み，死に筋を排除しようとする。他方，北野エースは，そうした画一化した品揃えとは対極を志向している。そのため，全国各地の知られざる個性的な商品を多数品揃えし，顧客を楽しませることを重視する。結果として，商品価格は通常のSMのような低価格での提供とはならない。

　エースでは月1回，メーカーが地域の売れ筋商品をバイヤーや店長に提案する商談会を開いている。各店舗の品揃えは，店長の裁量に任されており，各店舗で採用された商品を全国に水平展開していく。醤油や味噌などの地域限定商品も，メーカーはエースの専門店コンセプトを説明し，取扱を全国に拡大する。例えば，首都圏の売場でも，関西圏で日常使用される白味噌や薄口醤油も品揃えしている。ただ，調味料市場は，塩や砂糖，醤油など，調理に使用する基礎調味料離れが進んでおり，簡便性が高く，使用目的が明確な刺身醤油やドレッシングの売上が増加している。さらに顧客の嗜好多様化により，商品数が増加傾向にあり，エースの限られた調味料売場では全部を揃えることができない。そこで品数を維持しながらも，人気のある推奨商品を明確にした売場へ転換を図っている。その1つが，ネット通販専門店など無店舗販売で，有店舗を補い，専門店としての付加価値をつけようとしている（『激流』2015.3）。つまりエースは，無店舗販売を有店舗の限定された商品陳列空間を超えるものと位置づけている。

　また店長は，店舗づくりでは中心的な役割を担う。店長らは，バイヤーが選んだ商品をそのまま棚に並べず，彼らが揃えたい商品を自ら選別している。社内では毎月，バイヤーと店長が「合同商談会」を開く。各地から集まった約600品目の商品を店長自身が検討する。バイヤーは自分が発見した商品を提示

し，それを熱心に訴求する。他方，店長は，自店の顧客が求める商品を熱心に探している（『日経トップリーダー』2012.8）。通常，販売数量が少ない商品を仕入れて販売するのは，チェーンストア・オペレーションには逆行する。それは効率が悪く，売れない在庫を抱えるリスクを孕むからである。しかし，北野エースでは，仕入が順調に行われるのは，仕入の権限を店長に委譲し，大半の品揃えを任せているためである。そのため，全店共通の商品はわずか3割となり，残りの7割の商品は店長が店舗立地や顧客の嗜好に合わせ，自由に選択している。ただ仕入商品は，規則により1カ月以内に全部売り切らなければならない。販売の鍵は，独特な商品の魅力を説明する力である。そのため，大半の商品には細い字で書かれたPOPがつけられ，具体的に説明している（『日経ビジネス』2013.6.3）。このPOPが，インストア・マーケティングでは有効に作用している。店舗内でのPOPの活用は，価格表示だけになってしまうと，割高に見えてしまうため，商品の魅力を伝える手段として利用している。さらに手書きPOPの全店共有にも取り組んでいる。各店でのPOPをデータ化し，本部で一括管理している。商品の売上増に貢献したPOPは，他店での使用を奨励している（『日経トレンディ』2013.3）。つまり，自店でうまく情報が伝わったPOPを他店へも拡大しようとする意図からである。

　2007年から，北野エースでは，取引先や物産展などで出合った地方中小メーカーとPB（Private Brand）「キタノセレクション」の開発に着手した。現在，これらは約700品目に増加しており，調味料はドレッシングや醤油から，ポン酢，焼き肉のタレ，だしパックなど素材や製造過程にこだわった約60品目がある。山形県で採れた野菜をそのまま製造加工した高鮮度の「人参ドレッシング」（セゾンファクトリー）は，販売数量が非常に多くなっている。この他，顧客には「大人のための柚子ポン酢」（マルカン酢）や「大人のためのごまだれ」（アサムラサキ）など，主婦層向けのPBシリーズも支持されている（『激流』2015.3）。このような各地の逸品を発掘するのも店長の役割である。店長が見込んだ商品は，本社に取引口座を開いてもらい，店舗間で商品情報を共有する。豆腐や納豆などの日配品は問屋を経由しているが，それ以外はメーカーからの直接仕入が半数に及んでいる（『日経トップリーダー』2012.8）。このよ

うに顧客に対し，他店と異なる提案が可能となるのは，各店舗の責任者である店長が多くの権限を持ち，責任を自覚する制度によって支えられているからである。

　エースは，日配・グロサリー単体のフォーマットであるため，旬の生鮮3品と連動した販促策を打つことは難しい。そこで季節の売れ筋と乖離しないように，エースの推奨商品をメーカーと協力した試食販売などで強化している。専門店の売場担当者は，NB（National Brand）商品でも，顧客に生産地から製造工程過程などの商品情報を明確に伝えるため，本部では従業員に向けて，商品情報の発信を強化している。各店長は，取引先との試食会などで，従業員同士の情報交換の機会を設けている。同時に売場では，SMの効率重視の大量陳列とは異なり，売場担当者の手書きPOP，調理がイメージされるリーフレットや写真を使用し，顧客に対して商品情報を提供している。そして定番は，単品ごとに一列で陳列しながらも，店舗通路やエンドではPB商品や推奨商品を押し出している。その結果，PB商品の売上構成比は，最近では約10%まで上昇した（『激流』2015.3）。

　他方，都心と地方の店舗は，季節によって売れ筋が変化する。例えば，都心店舗では品揃えしない数キロ単位の砂糖も，地方では年末に贈答需要があるため，品揃えに加えている。高齢化や世帯人数減少により，都心では少量タイプが主流であるが，地方では世帯人数が都市部よりも多いため，1.8ℓの醬油や2kgの味噌にも需要がある。また最近のヒット商品は，顧客に健康を訴求した商品が多くなっている。2014年には，TV番組でダイエットなど健康効果が期待されるえごま油やココナッツオイルが話題であった。エースでは，女性顧客が多いため，メディアで話題となった商品は，すぐに店頭で提案している。新商品でも，醬油では減塩タイプや特定原材料を使用しないアレルギー対応商品を多く発売し，ドレッシングではノンオイルタイプが増加傾向である（『激流』2015.3）。新しい情報を品揃えに反映させるため，本部に専門スタッフを配置し，朝の番組での食品情報をチェックし，店頭販促への活用可能性を精査している。その結果，使用する場合には，昼までに各店に情報提供し，その日のうちに店頭の関連商品の近くに「TVで話題」などのポスターが貼られる。放

送当日に店頭で販促をしなければ，機会損失につながる。そのためには，商品提案のスピードが重要である（『日経トレンディ』2013.3）。つまり，ここでは単なる提案ではなく，スピード感を持った提案であり，それが顧客にも支持されている。

　「五感訴求」をテーマに，試食コーナーでは多くの商品が味見できる。最近開店した店舗にはカフェを併設し，顧客には販売商品がすぐに食べられる場を提供している。そして店長は，商品について顧客の多様な質問に答えるコンシェルジュの役割も担っている。顧客が未経験の商品を多数扱うため，店長は自ら試食し，確認している。これらは最近の体験志向によって提案を行うものであるが，店長が提供前に実際に試食をすることには，提案者としての誠実さが感じられる。顧客が求めている商品を聞く姿勢はそこで磨かれ，仕入技術の向上につながる。小売業は標準化されるとそれを打破する努力をやめ，自由な権限と環境がなければ店長は考えなくなり，単なる管理者となってしまう。先に取り上げたように，社内商談会では専任のバイヤーだけでなく，全国の店長が地元で発掘した商品を持ち寄る。このため，CVSやSMとは異なり，地域集中出店はしない。それよりも新たな調達先が開拓できそうな離れた場所を探して出店する。したがって，専任バイヤーの目利き力に依存する中央集権的なチェーンストアは真似することが難しい（『日経ビジネス』2013.6.3）。このような技術上の取り組みは，「逆張り」といえるものであり，チェーンストアでは通常考えられないことを実践している。

　北野エースには，顧客が求める商品を毎日考え，商品構成を柔軟に見直す仕組みがある。エースは，かつて安売りSMで危機に直面したが，10年の歳月をかけて独自の経営手法を確立してきた（『日経トップリーダー』2012.8）。また，全国から出店依頼があるのは，これまで次々と多様な商品提案を行ってきたという企業姿勢への評価である。他各舗がすぐに模倣できず，他に同様の企業（店舗）がないことが出店依頼につながっている。北野社長は毎日，多様なテーマのレポートを社員に配信している。A4で1日平均4枚，多い日は10枚にもなる。このレポートは，考える社員を育成するためである。国内外の景気や消費者の嗜好がどう変化するか。中長期的な視点で物事を考え，それを

日々の仕事に生かしていく。顧客が求める商品を単に並べず，時代の流れを踏まえた上で戦略的に品揃えをする。ここまで考えるのが店長の役割である。また北野社長は，毎日店舗を訪問し，従業員と対話し，質問攻めにしている。どんな商品が誰に売れているのか，なぜそれが好まれるのか。従業員は質問に返答するため，常日頃から考える癖がついている。さらに社長は，店長を食事に連れ出し，店長の悩みを聞いている。社長は細かく指示せず，考える社員の育成と，仮説―検証を繰り返す店舗づくりを支援するだけである。この2つが現在，エースの中では，絶妙な形で結びついているといえよう（『日経トップリーダー』2012.8）。つまり，考える社員の育成が，常に顧客への提案につながり，仮説―検証が品揃えのブラッシュ・アップに貢献している。

4. 今後の展望
―value for money を提供し続けるフォーマット―

　北野エースは，各地域では支持されているが，全国的にほとんど流通していない地方メーカーの製品を集めたグロサリー専門店である。同様のフォーマットの店舗では，首都圏では「成城石井」「紀ノ国屋」，関西では「いかりスーパーマーケット」がそのポジションを得ている。そして，この数年で「北野エース」がその一角に食い込んできた。
　エースでは，2013年に高い目標を掲げた。それは3年後に2倍以上の売上を達成するというものである。そのために2013年以降，北野エースの小型フォーマットを100店舗出店することを目指した。現在，そこまで増えていないが，小型店でもレトルトカレーを約200種類品揃えし，陳列できない商品は，携帯端末により店頭で顧客に説明し，取り寄せ販売している。これは有店舗での品揃えの限界を超え，多様な商品を提供する仕組みを実現するものである。かつてエースは，大型SMを運営していたが，2000年前後からの価格競争により，フォーマットの変更を行った。大手SMと同様，低価格を追求し，競争をしようとしたが，規模の差が影響した。これは，規模に応じた店舗展開の方法があることを示している。それは企業規模に適合したフォーマットの模索

に表れている．つまり，規模で圧倒的に勝る企業の戦略を真似しても優位には立てない．この教訓によるフォーマットが北野エースである．大手 SM にできないことを考え，顧客の声を聞きながら品揃えを充実させた結果，自然に現在のフォーマットが形成された．安売りや本部一括仕入とは逆を行くが，常に顧客を第一に考え，提案し続け，顧客満足を得ようとする．今後もエースは，各店舗や地域に根ざした value for money を提供していくフォーマットを考え続け，固定化させることはないだろう．

第 5 節　第Ⅳ象限　アークスグループのフォーマットデザイン
―地域の食を守るグループの取り組み―

1.　企業概要
―北海道・北東北での食の守り神―

　アークスの設立は，ラルズ（札幌市）と福原（帯広市）が経営統合した 2002 年 11 月である．ただその源流は，1961 年 10 月のダイマルスーパー（札幌市）設立にまで遡る．同社は，1969 年に大丸スーパー，1987 年にフレッティ大丸，1989 年にラルズとなり，1993 年 7 月に株式を店頭登録した．そして，2002 年 11 月，商号をアークスとし，同時に純粋持株会社へ移行，同日に全営業を承継したラルズを設立し，福原を子会社化した．その後も積極的な M&A を繰り返すことにより，店舗数，売上高，企業規模ともに拡大を続けている．そして現在では，北海道，東北地方を代表する総合小売業へと成長した．

　なお，アークスグループの企業概要は，次ページ図表 4-4 のようになる．

図表 4-4　アークスグループの企業概要

名称	株式会社アークス （グループ全体を統括する純粋特殊会社）
設立	1961 年 10 月 28 日
店舗数	グループ店舗数 319 店舗（2015 年 2 月）
従業員数	グループ全社 4,716 名，パートナー社員 21,655 名（2015 年 2 月）
売上高	4703 億円（グループ全体）
利益	94 億円（グループ全体）
事業内容	総合小売業

2. 発展の経緯
―M&A による企業連合の拡大―

　今世紀になって，アークスは，さらに積極的な M&A により，業容を拡大してきた。2004 年 2 月，北海道流通企画を子会社化し，道南ラルズに変更，3 月に東証第二部に上場し，10 月にふじ（名寄市）を子会社化した。2005 年 2 月には東証第一部に指定替えをした。さらに 2007 年 2 月には，子会社エルディ（札幌市）とカインズが業務提携（ホームセンター事業でのフランチャイズ契約締結）し，事業を SM からホームセンターに拡張し，フォーマットの態様も増加した。

　2009 年 10 月，アークスは札幌東急ストア（札幌市）を子会社化し，同年 11 月には同社を東光ストアに変更した。2011 年 10 月，ユニバース（八戸市）を子会社化，同年 11 月に篠原商店（網走市）の全株式を取得した。2012 年 7 月，ふじと道北ラルズが合併して道北アークスとなり，同年 9 月にジョイス（盛岡市）を子会社化した。2013 年 12 月にエルディとライフポート（札幌市）が合併，2014 年 9 月，ベルプラス（盛岡市）を子会社化した。

　このようにアークスは，北海道と北東北の SM が集合し，企業規模を拡大してきた。アークスの社名は「1 つひとつの企業が強い弧（ARC）となり，大きな円（ARCS）を創り上げて地域社会に貢献する」に由来している。それは完全な一体化ではなく，営業・店舗運営など顧客に接する部門は，各社の組織

を残している。一方，経営企画や財務などバックオフィスは，アークスに移管して一本化している（『日経ビジネス』2015.2.23）。

　アークスは，ラルズと福原の経営統合で誕生したが，M&A 件数は，大丸スーパーやラルズの時代まで遡るとさらに増える。このようにアークスは，その前身を含めると 1980 年代には M&A に舵を切っていた。それまでは徐々に店舗数を増やしてきたが，全国チェーンが北海道で出店攻勢を強めたため，危機感を抱く地元 SM と共に規模を拡大してきた（『日経ビジネス』2015.2.16）。その結果，2015 年 2 月末には，グループ店舗数は 319 店舗に達した。そして現在，アークスは北海道・東北を拠点に SM9 社と他の事業会社 3 社からなる食品流通グループに成長した。

3.　分析：バリューチェーンの革新
―志を同じくする食品スーパーとの事業運営―

　現在，アークスの北海道と北東北での SM の売上シェアは，北海道と青森県で 3 割弱，岩手県では 4 割に達している。同社はどの地域でも大手全国チェーンを超え，シェア 1 位である。北海道と北東北でアークスが優位に立つのは，創業以来，地域の顧客ニーズに対応した店舗展開をグループ全体で行い，受容されてきたからである。1990 年代になると，北海道では高齢化や人口減少が目立ちはじめ，SM 市場の規模縮小と寡占化が同時に進んだ。その結果，残った企業 1 社あたりの売上高が拡大する現象が起こっている。アークスは大丸スーパーの時代から中堅 SM が結成した共同仕入機構である CGC（(株) シジシー・ジャパン）に加盟している。これにより，仕入費用を削減し，1983 年度には売上高が 100 億円を超えた。その後，POS システムを導入し，売れ筋の把握，在庫削減の取り組みを継続してきた（『日経ビジネス』2015.2.9）。

　アークスの運営方針は，「八ヶ岳連峰経営」である。これは元アサヒビール名誉会長樋口廣太郎氏の言葉である。日本経済新聞（2000.5.11）での樋口氏の論説は，「富士山のような会社は見栄えはいいが，どうしても顧客との距離が遠くなり，その要求に細かく対応できない。この発想から八ヶ岳連峰のよう

に，ほぼ同じ大きさの会社が並ぶ経営が求められる」とした。これをヒントにアークスは，顧客との距離を短くし，迅速な経営を行うため，富士山のような高く聳える大きな1企業体ではなく，八ヶ岳連峰のように山々が連なる企業連合を目指すことになった。このプロセスでは，近郊の競合企業同士が統合する手法を探ってきた（『食品商業』2013.10）。アークスの八ヶ岳連峰経営は，①企業文化の尊重，②経営陣の残留，③屋号変更せず，④営業スタイル変更せず，⑤経営自由度が高い，⑥親会社から強制せず，⑦成功事例・ノウハウ・情報を共有，⑧既存インフラの共用，⑨後方業務・機能を統合，⑩事業会社は対等，⑪競い合うモチベーション，に集約できる。純粋持株会社方式での経営統合は，シナジー発揮や企業成長面で成果が上がらないことがしばしば指摘される（『Chain Store Age』2015.5.1）。しかし，アークスはM&Aを実践し，企業を成長させることが難しいとされながらも，積極的に店舗網を拡大し，実績を上げてきた。

　2010年頃から大手SM中心にNB商品の値引きが目立ち始めた。現在では，円安，インフレにより，これ以上の値引きは厳しくなり，大手はPB商品戦略に切り替えている。かつてPB商品は，極端な低価格か，NB商品の名称変更だけで，疑似PB商品が多かった。広告費が不要なため，2割程度安価にできた。また原材料費が安く，量も多かったため費用を下げられた。今後，原材料費が上昇するとNB価格は簡単に下げられなくなる。NB商品をPB商品に衣替えした疑似PB商品を価格競争で使うと，NB商品を駆逐するようになる。そうなると，小売業は製造小売業となる。このようにPB商品を戦略的に使用すると，利益は出るかもしれないが，多くの取引業者から多様な商品を購買し，消費者に提供するという小売業者の役割とはほど遠くなる（『販売革新』2013.5）。その理由からアークスでは，独自にPB商品の開発をしていない。もちろんアークスは，独自にPB商品開発ができる規模ではあるが，30年以上，約220社が加盟しているCGCから調達してきた。そのため，アークスがPB商品開発を1からやる必要はない（『Chain Store Age』2014.4.15）。つまり，アークスのバリューチェーンには，CGCが大きな役割を果たしており，同社がPB商品開発をするための費用を節約している。

最近，SM の再編が加速し，大手が地域の中堅・中小 SM を買収，業務・資本提携を地方地盤のチェーンと締結し，出資先の複数企業を経営統合する動きが活発化している。アークスは業界再編の中，独自の経営統合手法を有している。また，経営統合した多くの SM は，CGC 加盟企業であることも特徴的である（『Chain Store Age』2015.5.1）。これは商品の調達先が同じであり，経営統合前には別企業ではあったが，各店舗の品揃えが似ているということである。
　仕入についてアークスは，CGC 内に東京事務所を設け，ラルズとユニバースの社員各 1 名を常駐させ，メーカーと直接商談をしている（『激流』2014.8）。他方，CGC 内では M&A が続き，アークスが 5,000 億円，アクシアルリテイリング（新潟県）が 2,000 億円など，大規模チェーンが誕生した。CGC は本来，大手に対抗する中小企業連合であるが，今後は CGC のあり方が変化する可能性もある（『Chain Store Age』2014.4.15）。
　他方，10 年程前からアークス傘下に入りたいという声が聞かれ始めた。似たようなことをした企業もあったが，多くの場合は仕入会社を設立していた。通常は，単純にまとめると費用削減が可能と考えられるが，トップの見解が分かれ，品質劣化につながる可能性もある。アークスには，CGC があるため，独自に仕入会社を設立する必要はない。余計なものを削ぎ落とし，深化させることは重要であるが，教育システムの確立や人材交流は，自社だけで簡単にはできない。さらにグループ全体の作業を行う事務センターが，2012 年 10 月に完成し，アークスグループのバックフォーマットの一元化を推進している（『食品商業』2013.5）。
　アークスの経営統合自体は，2004 年，ふじの子会社化では，同社が物流・IT システムの統合で事業拡大が見込めると考え打診した。また，2011 年に子会社化した篠原商店は，札幌から食品を仕入れる際の物流費用が嵩むのが悩みであり，アークスに加入し，物流費用を削減可能と考えた（『日経ビジネス』2015.2.16）。このようなグループでの物流費用削減の取り組みは，個別に行うと費用が重複して発生するが，先に取り上げたようなグループでの共同事業により，バリューチェーン全体で取り組むことで，削減が可能となる。
　アークスは，2015 年にシステム，グループ内の組織再編，設備投資，物流

センターの活用と基盤整備に注力した。システムは北海道と東北のシステム統合を本格化し，設備には100億円以上を投資した。うち30億円は，システム費用に充てた（『激流』2015.8）。こうしてまずは，地域毎に統合によるシナジーを出そうとしている。例えば，先にあげた北見市の道東ラルズに隣接する篠原商店との合併も検討課題であった。同社のスーパーは2店舗であったが，年間売上高は50億円にもなっていた。そのため，統合により物流，人事交流を進めた。さらに道北アークス（旭川市）の生鮮食品加工も行う総合物流センターと惣菜センターを活用し，小型店展開への道筋をつけた。この総合物流センターは，道北アークス本社に隣接する生鮮卸売市場の空き地に建設し，DAMCと名付けた。さらに民事再生法を申請した惣菜ベンダーを支援し，子会社の惣菜会社と合併し，惣菜の内製化率を高めようとしている。これにより，惣菜センターと合わせ，生鮮食品の加工品，惣菜の供給体制を整備した。これを農協などが運営できなかった旭川周辺の小型店舗に活用している。またラルズでは，デリカセンターを増強し，内製化率を高めるため，これまで外部企業から調達していたカット野菜，一部調理済み簡便商品を生産する体制を整備した。このデリカセンターの近隣に東光ストアの惣菜工場があり，2014年から人や情報交換等の会議も開始している。いずれは東光ストアのセンターは，米飯中心，ラルズはカット野菜中心という区別も期待される（『激流』2014.8）。さらに石狩生鮮センターでの供給率向上も図り始めた。そこでは精肉供給率45％を60％に上げ，鮮魚，野菜の供給量も大幅に引き上げようとしている。これには東光ストアも参加し，和牛の上質なものは除いて，豚，鳥，マトンはセンター供給としている（『激流』2015.8）。

　このように広い北海道で，物流施設や加工施設を建設・運営し，各企業が個別に行うよりも効率性を追求できるのは，企業連合による成果である。こうした展開を可能にするのは，店舗毎に必要量を必要な時間に配送可能な物流センターの役割が大きい。水産物や食品を加工するプロセスセンターの供給能力を向上させ，商品の定時到着や一括納品を進めていく。これによって各店舗では店内作業が効率化され，出店計画を加速できる効果も見込める（『日経ビジネス』2015.3.2）。このような対応は，個別店舗での省力化を促進し，各店舗の供

給能力の向上に寄与する。人口減少，高齢社会などの環境に対応した体制づくりをセンターの活用によって進めている。

　2011年10月，アークスは青森・岩手・秋田県でSMを展開するユニバースと経営統合した。ユニバースは1967年設立，3県中心に大型店を展開し，鮮度を高めた品揃えを工夫し，顧客需要を取り込んできた。青森県での食品業界シェアは約3割で首位であり，売上高は1,000億円，経常利益率は4％を超え，3％を下回るのが通常であるSMでは優良企業である。ただ，青森県も北海道と同様，人口減少や高齢化により，将来の売上高では2,000億円は見込めず，単独での成長が難しかった。ユニバースも，CGCに加盟しており，経営者同士が定期的に顔を合わせていた。そこで2010年春から約1年かけて話し合い，経営統合に踏み切った（『日経ビジネス』2015.2.16）。この統合には，これまで北海道で進めてきた経験が生かされている。

　さらに2014年9月，アークスにベルグループ（盛岡市）が加わった。ベルグループを経営統合し，グループ売上高が5,000億円を超えた。アークスは，年商1億円から始まり，北海道・東北で5,000億円体制となった。CGCの加盟企業は約220社，約3,900店で年商合計は約4兆2,000億円にも達する。こうした企業と共生し，大手と遜色ない事業を展開し，企業を継続させようとしている。そのためにアークスでは，北海道・東北ではなく，東日本という括りで考えている。アークスは，各社株式100％を保有する親会社であり，その傘下に事業会社があるため，意思決定をした以上は，何か問題が生じた時には一緒に解決する。SM業界には，十分ではないが不十分でもない状況の企業が多くある。また各々が，後継者問題や相続税問題を抱えている。そうした企業と一緒に「アークス化」を進める希望が強い。資本関係がなくても，人が違っても，思いは一緒という組織の構築である（『Chain Store Age』2014.4.15）。つまり，アークスでは一緒になる企業との「思い」を共有し，それを拡大しようとする姿勢が明確である。

　他方，アークスグループへの参加企業が増加すると，グループ内競合の可能性がある。その場合，持株会社の子会社を核とし，それを膨らませると出店エリアが重複し，グループ内で競合も起こる。ただ，競合自体はこれまでも多く

あった。そのため,出店も閉店も,決断できる企業が時代に適応できる企業といえる。つまり,不採算店をきちんと閉店することが判断できる企業は,生き残ることができる。生き残りが顧客ニーズへの適応になる(『Chain Store Age』2014.4.15)。それは不採算店を1店舗閉鎖する方が,結果的には地域にとってもダメージが少なく,一気に地域全体で当該企業の全店舗がなくなってしまうことの方が問題となる。

　アークスは,競争力の低い店舗が大手と戦える店舗になるには時間がかかるため,救済型の経営統合はしない方針である。またアークスは,企業の合併・買収(M&A)を Mergers & Aquisitions とはいわず,Mind & Agreement(心と意見の一致)と表現している(『Chain Store Age』2015.5.1)。それは資本の力で,足し算で傘下に取り込まず,気持ちを繋ぐためである(『食品商業』2013.10)。アークス傘下の企業は,大手傘下に入ることに抵抗感があった点で共通する。そのため,先のように考えるのは当然である。大手は,傘下企業に経営陣を派遣し,主導権を握り,店舗ブランドも変えようとする。しかしSMでも,地域のブランドに愛着を持つ社員や顧客は多い。アークスは,他の地元企業と組むことで規模を拡大し,大手に対抗してきた。具体的に組んだ企業は,地元で1,2位のシェアを持つ企業という基準によるものであった(『日経ビジネス』2015.2.9)。そして,バリューチェーンを機能させるためにも,これら地域有数の企業と連携することで,規模の経済を機能させなければならない。

　アークス傘下の企業は,営業施策や日々の業務に関する決済,判断は自社で行っている。品揃えや店舗運営などに加え,小規模な既存店改装などは自社判断である。アークスが,傘下の事業会社に権限を与えるのは,SM業態の特性からである。各社が店舗を展開する地域は,そこに拠点を構える各事業会社が最も熟知している。青果や鮮魚など生鮮食品の仕入先や売れ筋,食の嗜好などは地域で大きく異なる。そのためアークスは,傘下企業に営業面の舵取りを全面的に任せている。アークスが担当する業務は,コーポレート部門,管理部門,営業部門の主に3つである。中心は,コーポレート部門と管理部門である。両部門には,経営企画や人事企画,店舗開発,カード(グループ全体で運

用する「アークス RARA カード」の担当部局），業務改革室，社長室，総務，財務・経理，情報システム，事務集中センターのグループがあり，事業会社は営業とは直接関係がなく，統合のメリットを即座に享受できるバックフォーマット部分を順次アークスに移管している。上場企業であったユニバースやジョイスには，各々広報や IR 担当が設置されていたが，統合後はアークスに移管した。他方，営業部門は，主に資材や商品の共同調達を担っている。例えば，資材はトレーや割り箸，包装容器など，生鮮食品や惣菜販売に使用する備品や消耗品を一括調達している。商品調達では，東京事務所に仕入担当者 2 名が常駐し，商談窓口となり，NB 商品中心に一括購入を開始した。主に加工食品分野では，グループ一括で調達する商品を増やし，成果を上げつつある（『Chain Store Age』2015.5.1）。この面では，バリューチェーンをうまく機能させることで，調達先からボリューム・ディスカウントを引き出すことが可能となる。

　事業会社は，営業面をはじめ，自社の経営に一定の自由度がある。ただ，一定金額以上の有形固定資産取得，年度予算決定，役員人事など，アークスの経営や連結業績に影響を与える可能性がある案件は，各事業会社の取締役で決議したものをアークスの取締役会に諮っている。大規模なリニューアルや新規出店，物流センター新設，店舗閉鎖などである。そして，各事業会社は，財務諸表や業績に責任を持ち，自社の体力内で投資計画を考慮している（『Chain Store Age』2015.5.1）。つまり，アークスでは，明確に全グループでの問題（課題）と個別的問題（課題）を明確に区分することで，意思決定のスピードを上げようとしている。

　さらに各事業会社では，月 1 回，取締役会を開催している。アークスでも月 1 回の取締役会の他，グループ全体の重要事項の討議を深める場として，取締役会と同メンバーで「グループ経営会議」を月 1 回開催している。アークスの取締役会やグループ経営会議メンバーは，役員と監査役，各事業会社の代表約 20 名である。決議事項は，一定金額以上の有形固定資産の取得，年度予算決定，役員人事などに加え，情報システムなど，グループ全体での討議に値するものである。グループで共通化，統合した方がよい業務，機能なども討議される。新規出店など大規模投資を伴う案件は，時間をかけて討議する。アークス

の取締役や事業会社の経営者は，各地域で競争し，長年の経験で培った独自ノウハウを有する者が多い。そのため，新規出店では，出店地域周辺の環境や競合状況，商圏の特性，売場づくりなど，独自の視点から詳細に意見を述べる。予算案は，各事業会社からアークス取締役会で討議する。売上高や利益目標は，保守的で強気な数字が出される場合があり，取締役会でも見込み，修正されていく（『Chain Store Age』2015.5.1）。また，個別課題に対するプロジェクトも複数組織している。例えば，経費商材購入プロジェクトの活動は，アークスの資材調達グループに引き継がれ，食品の包装容器やトレーをグループ一括購入に切り替えて経費削減につながり，具体的な成果が出てきている（『日経ビジネス』2015.2.23）。このようなバックフォーマットでの対応は，フロントフォーマットである店舗でのオペレーションを順調に働かせるために重要である。そして，これまでこのようなオペレーションが順調に機能してきたことを示している。

4. 今後の展望
―「ヒト」を超えるシステムの形成―

アークスは，東日本で売上高1兆円を目指している。資本関係の有無を別にすると，アークスとは異なるSMグループ誕生の可能性もある。中央・首都圏や西日本では，アークスが直接傘下に収めなくても，アークスと同じ考えを持ち，同じオペレーションでグループ力が発揮できればよい。人口が減っても，小回りがきくSMグループであれば対応可能である。大規模投資をしたSCは，商圏人口が半減すると成立しない。しかし，SMは一定範囲に3店舗あると，人口が2割減っても，競合店が1店減れば売上が2割増える（『Chain Store Age』2015.5.1）。最近，大手全国チェーンも，地域毎に異なるニーズに対応する地域密着型店舗の運営を試行している。ただ，地域ニーズを的確に汲み取れる店舗は，簡単には運営できない。アークスのSMは，グループ入り前から各地域ニーズを的確に反映した店舗で営業し，そこで1，2位のシェアを持つ店舗であった。この点を考えると，アークスは地域需要の商品への反映で

は，長い経験を有している。

アークスの横山社長が言うように，10年後，連結売上高が1兆円を超えなければ，全国のSMでベスト3には残れない。アークスにとって1兆円は，現在の売上を倍にする目標ではある。しかし，北海道から南下し，北東北，さらに南東北，北関東，北信越と，CGCからの調達企業や地域のシェアが高い企業を，弱者救済ではなく，地域の食を守るという志を同じくする企業連合とすることで，達成不可能な目標ではなくなる。これまでは，現社長の横山氏がこれらを主導してきた。また，事業会社の社長もそれに賛同し，アークスに参加した。ただ横山社長や賛同してきた事業会社の社長も，かなりの年齢に達している。企業や企業グループは，システムさえ構築すれば，運営は難しくないと指摘する声はある。しかし，アークスは彼らの「ヒト」に依存してきた部分をいかに超えていくかが今後の課題であろう。

以上，3つの食品小売の分析と展望をまとめると，図表4-5のようになる。

図表4-5　3社の提供価値及び今後の展望

革新の軸＼食品小売業	イオンリテール（イオンリテール岡山）	エース（北野エース）	アークスグループ
オファーサイト	・体験型消費の提供（新たな提案の実験の場） ・これまでのイオンモールにはない直営店舗の出店	・地方のグロサリーを全国の店舗に提供 ・店内商品の7割は店舗立地や顧客に適合	
バリューチェーン	・各地域カンパニーによる調達拡大 ・新しい食の全国拡大		・北海道・北東北の食品スーパーによる店舗網（八ヶ岳連峰経営） ・共同仕入機構の有効な活用
今後の展望	・都市中心部でのSCの展開可能性 ・顧客の嗜好による地域区別の導入	・高品質なグロサリー小売としてのブラッシュ・アップ ・小型店舗のさらなる拡大・浸透	・小回りのきく食品スーパーによる地域密着店舗の運営 ・グループを束ねる後継者の育成

第6節 おわりに
―豊かな食を提供するフォーマットの革新―

　本章では，食品小売業界を取り上げた。イオンモール岡山は，これまでのイオンモールを超える多様な取り組みにより，都市中心部という新たな立地で，若年世代に新しい食のスタイルを訴求し，売場や商品提案を行っている。特に顧客が自ら選択し，飲食する体験を提供し，オファーサイトの革新をしている。他方，大規模小売業の批判対象である全国一律の品揃えから各地域に仕入機能を移行し，一括仕入の弊害を除去するバリューチェーン構築へと舵を切った。北野エースは，全国的にほとんど流通していない地方メーカーの商品を品揃えしたグロサリー専門店である。同様の小売企業は存在するが，最近，北野エースのプレステージが上昇している。企業規模に合った店舗展開を模索しながら，大手SMにはできない品揃えを形成したことで，自然に現在のフォーマットが形成されてきた。低価格供給のための本部一括仕入とは逆を行く「逆張り」の品揃えを顧客に提供し続けている。さらにアークスグループは，同じ考えを持ち，同じオペレーションでグループ力を発揮することを第一義としている。特に地域ニーズに的確に対応できる店舗を有する各地域の有力企業を傘下に納め，CGC経由で商品を仕入れ，小売業の本分に徹している。そのバリューチェーンは非常に強固である。

　これら3企業は，顧客ニーズは一定ではなく，変化しやすいことを前提としている。ただ，そのニーズに対応するだけではなく，ニーズに気づかせる提案を次々と実践している。また，少子・高齢社会で，地方での食を以前と同様に提供するため，店舗以前の活動（フロント・フォーマット）に関して，時代の変化を予測し，体制を整備している。現在，消費者が利用する小売店舗の使命は多様である。したがって，若い世代にこだわりのある商品に経験を付加して提供し，食卓を豊かにするグロサリーの提案と，これまで地域の食を担ってきた食品小売業が消失しかかっていることに危機感を募らせ，企業連合で以前と

変わらない食の提供をし続けようとする企業では，おそらく目指すところは異なる。本章は目指すところの異なる企業を取り上げたところが，一見矛盾と受け止められるかもしれない。しかし，各企業（店舗）が各々の使命を自覚し，顧客に豊かな食を提供するために，一歩先を行くフォーマットを採用している面は，これら 3 ケースでは観察できよう。

〈参考文献〉
石井淳蔵 [2012]『マーケティング思考の可能性』岩波書店。
坂川裕司 [2009]「小売フォーマット概念の再検討」『経済学研究』北海道大学大学院経済学研究科，58 (4)，271-287 頁。
坂川裕司 [2011]「小売フォーマット開発の分析枠組」『経済学研究』北海道大学大学院経済学研究科，60 (4)，61-76 頁。
鈴木安昭 [1993]『新・流通と商業』有斐閣。
田村正紀 [2008]『業態の盛衰』千倉書房。
田村正紀 [2014]『セブンイレブンの足跡』千倉書房。
矢作敏行 [1994]『コンビニエンスストアの革新性』日本経済新聞社。
矢作敏行 [1996]『現代流通―理論とケースで学ぶ』有斐閣。
矢作敏行 [2007]『小売国際化プロセス―理論とケースで考える』有斐閣。
和田充夫 [1986]「小売業態の喪失と小売競争の新地図」『季刊消費と流通』第 10 巻第 4 号，40-45 頁。
『激流』国際商業出版，2014.8，2015.3，2015.8。
『食品商業』商業界，2013.10，2015.1，2015.2。
『DIAMOND Chain Store』ダイヤモンド・フリードマン社，2015.4.15，2015.2.1，2015.7.15。
「Chain Store Age」ダイヤモンド・フリードマン社，2014.4.15，2015.5.1。
『販売革新』商業界，2013.5，2015.1。
『日経トップリーダー』日経 BP 社，2012.8。
『日経トレンディ』日経 BP 社，2010.7，2013.3。
『日経ビジネス』日経ビジネス 2013.6.3，2015.2.9，2015.2.16，2015.2.23，2015.3.2。
『日本経済新聞』日本経済新聞社，2000.5.11。
アークスウェブサイト〈http://www.arcs-g.co.jp/〉（2015.10.10）。
イオンウェブサイト〈http://www.aeon.info/〉（2015.10.1）。
エースウェブサイト〈https://www.ace-group.co.jp/〉（2015.10.8）。

(石川和男)

第5章

ヘアサロン業界のフォーマットデザイン

第1節　はじめに
―縮小する美容市場―

　2014年度の美容市場は，1兆5,285億円，前年比98.7％[1]と減少傾向にあり，1999年をピークに減少し続けている。このことは，ターゲットとする年代の人口が減っている点も一因だが，そもそも利用回数自体が減少しつつある[2]こと，1回あたりの利用金額が減少しつつある[3]ことが，その傾向に追い打ちを掛けている。毎年8000店ほど廃業する一方で，新規開業は1万店ほどもあり，競争は依然として激しい[4]。縮小するパイを取り合う結果として，多くの美容サロンが経営不振に陥っている[5]。

　他方，美容サロンの経営主体は，77.6％が個人であり，有限会社は14％，株式会社は8.5％と，組織的主体は少数派に留まる（厚生労働省［2012］）。そのため，店舗の従業員数は，1人が29.9％，2人が21％，5人未満で7割弱を占める。多くの美容サロンは，個人経営で1店舗に数人のスタッフで運営されているのが現状なのだ。大規模なチェーンが少なく，業界トップの阪南理美容でさえ，直営650店舗，316.9億円（平成26年度）の年商に留まる。

　このような中，サービスの付加価値向上につながる「オファーサイトの革

新」は，ヘアサロンの利用回数の増加や1回あたりの利用金額の増加につながり，ひいては市場規模自体を大きくする重要な要因であるといえよう。他方，企業規模の拡大につながる「バリューチェーンの革新」は，個人経営が8割弱を占める同業界においてチェーン化を推進し，事業の効率化・高度化を推進する要因であるといえる。

実際にヘアサロン業界では，どのような事例があるのだろうか。同業界の革新事例を取り上げ，その価値を検討してみたい。

第2節　美容サロンの先進フォーマット・ポジショニング
―好調な日常使いサロンフォーマット―

ヘアサロンの先進フォーマットのポジショニングは，図表5-1の通りである。

図表5-1　ヘアサロンの先進フォーマットのポジショニング

〈オファーサイトの革新度〉

	高	
uka（ウカ）Ⅱ		11cut（エム・ワイ・ケー）Ⅰ
低 ——————————————— 高		
既存美容サロン Ⅲ		Ash（アルテサロンホールディングス）Ⅳ
	低	

〈バリューチェーンの革新度〉

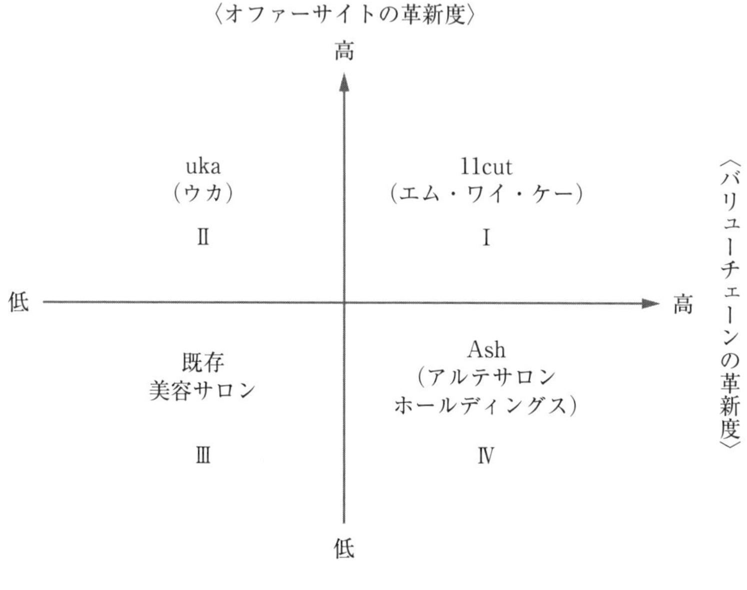

オファーサイトの革新度が高く，バリューチェーンの革新度も高い企業として，11cut を運営する株式会社エム・ワイ・ケーを挙げた。同サロンは，「11分で生まれ変わる」をコンセプトに，カットを1,500円で，スピーディに確かな技術力で気軽に提供するというコンセプトで急成長を遂げた。「低価格ヘアサロン」として位置づけられることが多いが，同サロンのコンセプトは「高品質をスピーディに」というものである。スピーディに提供するから，単価を下げることができる。すなわち「時間価値」の提供を実現したサロンだ。バリューチェーンの革新は，直営店運営と異業種オーナーによるエリアフランチャイズ制度との相乗効果による出店拡大である。直営店を重視したフランチャイズ制度であるため，むやみにオーナーを増やそうとしない。確実なオーナーが出てきて初めてエリアを任せるのである。

次にオファーサイトの革新度が高い企業として，uka を運営する株式会社ウカを挙げた。同サロンは，「うれしいことが，世界でいちばん多いお店」をコンセプトに，多様なトータルビューティサービスおよびサロン業態，オリジナルプロダクト，美容や文化を発信するイベントなどを，手広く展開している。都心や知名度の高いエリアにおける高付加価値サロンブランドとして，一目置かれる存在だ。uka というブランドを強固な軸とした多角的かつ斬新なオファーの提供は，強いブランディングにつながっている。

最後にバリューチェーンの革新度が高い企業として，Ash 等を運営する株式会社アルテサロンホールディングスを挙げた。同社は，多数のブランドを保持しており，フランチャイズの方式に応じてブランドを使い分けている。内部独立による「暖簾分けフランチャイズ方式」は，Ash を中心に採用されており，同社の上場を可能にした重要な付加価値といえる。

次節より，それぞれの企業について，オファーサイトおよびバリューチェーンの革新に関する分析を行っていきたい。

第3節　第Ⅰ象限　11cutのフォーマットデザイン
―日常使いサロン―

1. 企業概要
―驚異の成長を遂げる11cut―

「11cut」を運営する株式会社エム・ワイ・ケーは，創業者の吉楽裕社長が2000年に設立した会社である。2015年2月期で，売上高49.9億円，利益3.5億円と，美容業界屈指の好業績をたたき出している。神奈川県・東京都を中心に11cut店舗をチェーン展開し，右肩上がりに店舗数を伸ばし，現在のチェーン店舗数は184店舗に上る（図表5-2）。店舗数の増加に伴い，売り上げも右肩上がりに伸びているが（2015年2月期の売上は2010年2月期対比1.86倍），利益の伸びはそれを上回る（同2.16倍）。減少傾向にある同業界において，驚異の成長を遂げている企業の1つといえる。

図表5-2　エム・ワイ・ケーの企業概要

名　称	株式会社エム・ワイ・ケー
設　立	2000年4月
店舗数	184店舗（うちFC店舗83（2015年12月10日現在））
売上高	49.9億円（2015年2月期）
純利益	3.5億円（2015年2月期）
事業内容	美容室の経営，フランチャイズシステム事業

（出所）　同社資料より筆者作成。

2. 発展の経緯
   ―異業種からの参入―

　創業者の吉楽裕社長は，もともと美容師ではなく，異業種の出身である。本人曰く，「魚屋さんだった」[6]。吉楽氏は，株式会社魚喜の専務取締役として事業拡大に貢献したが，上場直前に退職。2000年4月にエム・ワイ・ケーを設立し，6月に第1号店となるイレブンカット湘南台店を開業した。

　美容業界に進出したきっかけは，行きつけの美容室のオーナーに「店を買い取らないか」と持ちかけられ，業界誌を手にしたこと。「お客さまの不満が『値段が高い』『時間がかかる』『予約が面倒』『メニューが複雑で分かりにくい』『高価なシャンプーなどサロン商品を売り込まれる』こと」だとわかり，「真逆を実践すればお客さまに喜ばれるかもしれない」と思ったことがビジネスのヒントになった（『商業界』2012.8.）。そのため，11cutのコンセプトは，「値段が安い」「スピーディ」「予約不要」「メニューがシンプル」「店販なし」となっている。

　当初は路面店を出店していたが，4店舗目より相鉄ローゼン内に出店。これ以降，商業施設内への出店を強化していく。現在では，ほとんどの新規店舗がショッピングモールを主とした商業施設内に出店されている。11cutでは電話予約を受けないこと，子供連れファミリー，シニア世代などが主要顧客であることなどが，商業施設内への出店とマッチしているのだ。顧客は商業施設に来たついでに店舗に立ち寄る。そこで，順番待ちの表に名前を記入してもらう。おおよその施術開始時間を聞き，待ち時間を商業施設内で思い思いに過ごすことができる。

　2005年には本部を現在の場所（藤沢駅ビル）に移転し，この頃から出店が加速している。また創業2年目の2002年，5店舗目より開始したフランチャイズ店舗の出店は，2008年頃から拡大している。この時期（2008年，2009年）はフランチャイズ店舗の出店が大半を占めたが，ここ数年は直営店とフランチャイズ店がほぼ半々で出店されている。

2014年には，グランツリー武蔵小杉に直営店の出店を果たした。同ショッピングモールに出店したヘアサロンは，原宿，銀座に出店している人気サロン Garden と 11cut のみということで，エポックメイキングな出店となった。

チェーン全体の売上実績[7]は，5,000万円（2店舗）だった2001年2月期から，年平均7.2％で成長し，2015年2月期には83億3,900万円まで拡大している。直近の2014年から2015年のチェーンの伸びは9.3％と，14年間で最高の伸び率を見せている。一店舗あたりの年商は，単純平均で4,532.1万円と，美容業1施設あたりの平均売上高が3,031.3万円と大きく上回る[8]。

日本経済新聞社がまとめた2015年の「サービス業総合調査」では，理美容業の中でチェーン全体の売上高で第6位にランクインしている（『日経MJ』2015.11.4.）。

3. 分析：オファーサイトの革新とバリューチェーンの革新

(1) オファーサイトの革新：「時間価値」の提供

11cutのオファーサイトの革新は，「時間価値」の提供にある。

今までは通常100分で6,500円程度[9]だった美容業のオファーに対して，カット11分を1,500円で提供することで，顧客には「時短」というメリットを提供した。その結果，ヘアサロンを「ハレの日」に利用するものではなく，日常に気軽に利用するものへと変化させた。このことは，顧客の年間来店回数が年々落ちている[10]日本の美容業において，非常に重要な革新であるといえる。「ふらっと立ち寄り気軽に施術を受ける」ため，予約や指名は取らない。指名がないことが結局は顧客の回転率を上げると同時に，スタッフ同士の競争関係をなくし，チームワークを向上させている。

他方，美容師にとっては，施術単価を引き上げる意味を持っている。6,500円単価のカットのうち，カウンセリング，カット，ブローで100分を費やすと考えると，10分あたりの単価は650円である。11cutでは，カット11分を実質20分程度で提供していることから，10分あたりの単価は750円となる。平

均的なサロンに比べて高い施術単価を得ていることになる。

時短の実現には，美容師のカット技術の精度も重要だが，サービスフローの変更も重要な要因となっている。シャンプーはヘアケア効果のある水圧式マッサージシャンプー機「アクアバイブロ」を導入し，オートシャンプーを採用。仕上げは簡単なブローのみである。またカラー，パーマでは，施術時間の短縮を可能にする機器「パルッキー[11]」を導入している。コアであるカットサービス以外を極力省力化しているかたちだ。

顧客に「時短」という価値を提供し，顧客満足（CS）を得るためには，「確かな技術」を保証する仕組みづくりが不可欠である。同社では，そのために従業員満足（ES）の充足を図る。

ESのための施策は「教育」と「待遇」が軸になっている。まず教育は，美容師としての技術力の維持・向上はもちろん，「自分なりのプラス1」の確立を目指している。技術面では自主練やOJTに加え，メーカーの講習会を適宜活用している。その場合にも費用は会社で負担する。同社が実施するのは，マネジメント研修や「心」の研修といった，組織づくりや人づくりに関わる部分である。講習会への参加は強制ではなく自主性に任せ，強制の場合は勤務時間内に実施する。マネジメントや心の研修により「自分なりのプラス1」をつくることは，美容師にとって，活躍の場を広げることにつながる。年齢が高い美容師や家庭を持つ女性美容師を積極的に活用している[12]同社にとって，各自が活躍の場を広げることの意味は非常に大きい。

待遇面では，美容業界では珍しい固定制を採用する。指名がないため，歩合がない。このことは年齢が高くなっても働ける，人生プランが立てやすいというメリットを生む。すべての美容師が独立したいと考えているわけではないし，すべての美容師が独立し成功できるわけではない。そのため，幸せに長く勤められる環境を提供できていることが，同社の強みとなっている。

以上のような，ESとCSの両軸の確立により，11cutはヘアサロン業界で「時短」という新しい価値の提供を実現している。

(2) バリューチェーンの革新：直営店出店の重視とフランチャイズ店出店とのシナジー効果

　11cut のバリューチェーンの革新は，直営店とフランチャイズ店の両軸での出店拡大にある。直営店のノウハウを生かしてフランチャイズ店展開を図るというやり方は往々にしてあるが，それは次第にフランチャイズ店の出店に傾倒することが多い。しかしながら同社では，直営店とフランチャイズ店の出店がバランシングされている。直営店の出店および管理は同社にとって非常に重要な位置づけになるためだ。直営店のエリアとフランチャイズのエリアを分け，直営店のエリアは同社が出店を拡大する一方で，フランチャイズのエリアはエリアフランチャイズの契約を行い，フランチャイジーに任せる。フランチャイジーは，エリア内の出店を増やせば増やすほど，1店舗あたりのロイヤリティが低くなるように設定されている[13]。エリアでの出店拡大をフランチャイジーに任せるという位置づけから，同社のフランチャイジーは異業種の出身者ばかりである。従業員が独立してフランチャイジーになったケースはない。同社が経営者と技術者を異なる職種として捉えていることを物語る。

　直営店とフランチャイズ店の運営をバックアップするのが本部部門である。同社では，本部はスタッフ部門であり，店舗の上位組織ではないとされる。本部のスタッフはすべて異業種の出身者で占められているということも，この体制の成功に一役買っているといえる。本部スタッフは美容業出身ではないものの，それぞれの業務のプロが着任し，店舗を支援するのだ。当初は反発も出たということだが，1つ1つ成果を積み上げていくことで，店舗と本部の協力体制が構築されたという。

　このような体制の実現には，技術面の支援と経営面の支援とを分けている点も重要といえる。技術面の支援は，エリア長，ブロック長，店長である，美容師側に任されている。技術以外の人材育成を含めた経営面の支援は，主に本部スタッフが担当する。

　本部スタッフは直営店と同じようにフランチャイズ店の支援にあたる。フランチャイズ店への支援は，直営店の運営経験を生かして行われている点が同社

の強みとなっている。例えば，直営店のデータを元にした商圏・立地の提案や販促媒体の提案が行われている。

　以上のような，直営店出店の重視とフランチャイズ店出店へのシナジー効果により，11cut はヘアサロン業界の中で驚異の成長を遂げている。

4.　今後の展望
―サービスプロフィットチェーンモデルの拡大に向けて―

　低価格ヘアサロンの成長やヘアカラー専門店の台頭にも見られるように，「日常使い」のヘアサロンのニーズが拡大している。「日常使い」という新たなニーズを満たす 11cut は，まだまだ国内に出店余地があり，海外進出は考えていない[14] という。その方針は，海外に活路を見出そうとしている美容業界の流れと逆行しているともいえる。

　しかしながら実際に，子供やシニア世代，白髪をこまめにリタッチしたい女性など，多くのお客さまが 11cut の店舗を訪れている。ウエイティングリストは常に埋まっている状態だ。同社が得意とするショッピングモールの出店も増加率は鈍化しているものの，まだまだ伸びている。国内にはまだ出店の余地があり，そこをまず攻略するのが先決とする考えも納得できる。

　同社では，オファーサイトの革新により，図表 5-3 のようなサービスプロフィットチェーンモデルを実現している。今後，同社が革新したバリューチェーンにより，国内におけるこのモデルのさらなる拡大を図っていくことになる。

図表 5-3　11cut のサービスプロフィットチェーンモデル（店舗あたり）

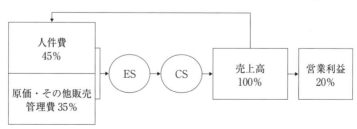

　　（出所）　Heskett, et al. [1997] [2003] に基づき筆者作成。

第4節　第Ⅱ象限　ukaのフォーマットデザイン
―ブランドサロン―

1. 企業概要
―都心の先端サロンブランド「uka」―

　ukaを運営する株式会社ウカは，1947年創業の老舗サロンである。1964年に有限会社向原を設立し，1985年に株式会社化，現在では店舗ブランドに合わせて社名を株式会社ウカとしている。現在，東京ミッドタウンなど都心の商業施設内を中心に7店舗を展開する。

　2014年12月に，TSUTAYAを展開するカルチュア・コンビニエンス・クラブ株式会社（CCC）と合弁会社「株式会社Cu（シーユー）」を設立し，「Cu by uka（シーユー　バイ　ウカ）」ブランドで，梅田店と二子玉川店の2店舗を運営している。

図表5-4　ウカの企業概要

名　　称	株式会社ウカ
設　　立	1964年
店舗数	7店舗（+株式会社シーユー傘下で2店舗）
売上高	10.86億円（2014年4月期）
純利益	―
事業内容	理美容業全般，オリジナル商品の企画販売，ヘアショー・講習・セミナーの企画運営，講師の派遣，雑誌，CM等撮影への派遣（ヘアメイク，ネイル，ヘッドセラピー等），各種イベントへの協力等

　　（出所）　同社資料より筆者作成。

2. 発展の経緯
　―ブランドサロンへ進化した老舗サロン―

　創業者の向原一義会長は，1968年全国理容競技大会で優勝，1970年日本代表選手となり，それ以降，世界大会でヘアショーに出演，1996年には厚生労働省より「卓越した技能者（現代の名工）」として表彰された理容師である[15]。

　向原氏は，1947年に神奈川県厚木市に1店舗目となる「理容向原」をオープンした。当時は床屋とパーマ屋しかなかった時代だが，向原氏は理容と美容を融合した「ユニセックスサロン」をコンセプトに掲げ，男性も女性も区別なくおしゃれときれいを楽しむ時代をいち早く察知していた[16]。

　1985年には理容と美容の垣根を越えたユニセックスなヘアサロン「ヘアーショップEXCEL」の多店舗化に乗り出し，1994年には青山に5店舗目となる店舗を出店した[17]。

　1996年に向原氏の娘で現社長の渡邉季穂氏がネイル部門を創設し，トータルビューティコンセプトが誕生。その後，ヘア，ネイル，ヘッドセラピー，エステティック，ブライダルのほか，雑誌撮影，セミナーなどを展開。そのすべてで専任スタッフによる「本物の技術，本物の感性，本物の気配り」[18]を提供してきた[19]。

　渡邉季穂氏の夫弘幸氏が博報堂を退社し，同社に取締役副社長として入社した2009年には，サロン名を「EXCEL」から「uka」へと変更。以降，社内大学であるukademy，ukaネイルオイル等オリジナルプロダクト・サロンメニューの開発を担うR&D，オーガニックカフェukafeと，様々な施策に取り組んでいる[20]。2014年12月にはCCCとの合弁事業として，ファストビューティを提案する新業態「Cu by uka」を，2015年にはフットケア専門サロン「uka for foot care（ウカ フォー フットケア）」を出店。新業態の開発を加速している。2015年には社名も株式会社向原から，ブランド名と同名の株式会社ウカに変更した。渡邉副社長は，2014年に設立されたアジアビューティア

カデミーの理事にも就任している。

3. 分析：バリューチェーンの革新
　　―「uka」の世界観の確立と拡散―

　ukaのバリューチェーンの革新は，独特のブランディングの確立にある。「ukaとはさなぎが蝶になる「羽化」のこと。女性も男性も，ひとりの大人としてより美しく輝き，蝶たちが花から花へと受粉の手伝いをするように世の中に美を広める存在になっていけたら。そんな願いがukaというネーミングに込められている」[21]という。高付加価値・高価格のブランドサロンは多数あるが，サロンサービスに留まらず，ukaの世界観を多方面で発信し，「世の中に美を広める存在」としてのukaブランドの構築に成功している点で群を抜いている。

　そのブランディングを，サロンサービス，プロダクト，新業態開発，人材開発の4つの観点から見ていきたい。

　まずサロンサービスでは，1996年のネイル部門の創設を皮切りに，トータルビューティコンセプトの充実を図った。その施策の中心にあるのは，スペシャリストの配置である。ヘア担当のヘアスタイリスト，ネイル担当のマニキュリスト，ヘッドセラピー／ヘッドスパ担当のスパリスト，アイラッシュ担当のアイリスト，フェイス／ボディエステ担当のエステティシャンが，それぞれ特化したサービスを提供する。さらにR&Dとプレスの各役割も重要となっている[22]。R&D部門がプロダクト，メニュー，イベントなどをスピーディに企画し，「コンテンツ化」する。プレスはそのコンテンツを世の中に素早く伝播させる。例えば，国内外の著名な美容家や，「美的」，「MAQUIA」，「VoCE」などの美容雑誌の担当者と共同で企画を作ることや，月に1回新メニューを作りそれを編集者に試してもらうことなどを案内した。その結果，2012年には1000件近く雑誌に掲載され，知名度を高めた。この数字は2009年の10倍にあたるという[23]。このようにしてukaは，トータルビューティコンセプトのサロンサービスを刷新・発信してきた。

次にプロダクトでは，2009年10月1日に，数万人の顧客を抱えるネイリストの渡邉社長が企画した「ukaネイルオイル」を市場投入した。ビタミンEが高配合されているモロッコ産の希少なアルガンオイルをベースに，エッセンシャルオイルをブレンドした100％オーガニック商品である。このネイルオイルは11の雑誌からその年のベストコスメ賞をもらう[24]などヒットした[25]。アパレルショップやオーガニックコスメショップを中心に売場を拡大したり[26]，また国内外でコラボモデルを発売したりすることによって，日本国内では220店舗に出店，海外では，フランス，イタリア，ドイツ，イギリス，バルバドス，北米，台湾，香港，マカオ，中国などで販売されている[27]。現在では，ハンドトリートメントシリーズやヘアケアシリーズまでukaプロダクトを拡充し，オフィシャルショッピングサイト「ukakau（ウカカウ）」も開設している。

次に新業態開発は美容業態を中心とするも多岐に渡る。東京ミッドタウンのビューティ&ヘルスフロアにはuka東京ミッドタウン店の隣にオーガニックカフェ「ukafe」を開設，2012年の伊勢丹新宿店のセレクトショップ「ビューティアポセカリー」のリモデル時には，ヘッドスパ，エステなどケアに特化した施術を提供する「Beauty Apothecary spa by uka（ビューティアポセカリー スパ バイ ウカ）」を開設，2015年4月には大阪梅田の「LUCUA 1100（ルクア イーレ）」地下1階のイセタン シューズ&バッグスに，フットケア専門サロン「uka for foot care（ウカ フォー フットケア）」を開設するなど，枚挙に暇がない。2014年からCCCとの合弁で「Cu by uka」というファストビューティのサロンの展開を開始したことも注目に値する。ヘアカラー，ネイル，ヘッドスパにメニューを厳選，「高価格帯の日常使い」のサロン市場の開拓を目指す。

最後に人材開発では，2009年に設立した社内大学「ukademy」が目を惹く。就業年数や技術，職位に応じてベーシック，プロフェッショナル，マネジメントの3段階に分け教育プログラムを設計・実施。ベーシックでは，入社歴が浅いスタッフを対象に基本技術，基本知識を徹底して教育するため，年間19回の座学の研修を実施する。プロフェッショナルでは高度技術を対象に，マネジ

メントでは店長以上の役職者を対象に店舗運営に求められる能力の習得を目指す[28]。年間教育テーマごとにリーダーを決め，リーダーが教育内容を計画。プレゼンテーションを通じてスタッフへの参加を呼びかけ，部活動のように自発的に実施する教育プログラムなども実施した[29]。

以上のすべてが「uka」のブランディングにつながっている。サロンやプロダクト，メディアといった多様な顧客接点で uka ブランドをアピールし，お客さまとの接点を持つスタッフにも uka の精神を徹底して教育する。このようにして新たな「uka」という世界観を美容の世界において広めたのが，同社の革新であるといえる。

4. 今後の展望
―国内外でのブランディング強化―

CCC との合弁会社「Cu by uka」は，CCC が展開する T サイト等の商業施設への展開が見込まれ，出店拡大が予想される。独自の教育システムを生かし，同業態のフランチャイズ化も視野に入れているという[30]。また，サロン運営を軸にイベント企画，コスメ企画・製造など複合的に美を提案していくという同業態は，uka ブランドをさらに発展させるだろう。雇用形態では複数の働き方を用意し，育児休暇中で長期間現場を離れていた人でも安心して復職できる環境を生み出した。人材に対しても，uka ブランドのアピールにつながっていくといえる。

海外への uka ブランドの展開も，プロダクトと教育面で強化されていくだろう。これまでもプロダクトの海外展開は行われており，製品の使い方に伴う技術教育の輸出も行われてきた。2014 年には，プロダクトと美容技術をセットでロシア全土の大手美容室に導入する契約をモスクワの商社と結んでいる[31]。さらに同年には，アジアビューティアカデミー（ABA）（第5節2項）の理事にも就任している。

今後も国内外で uka のブランディングが強化されていくことだろう。

第5節　第IV象限　Ashのフォーマットデザイン
―暖簾分けフランチャイズ―

1.　企業概要[32]
―安定した財務と横ばいの売上高―

　Ash（アッシュ），NYNY（ニューヨーク・ニューヨーク）などを運営する株式会社アルテサロンホールディングスは，創業者の吉原直樹会長が1988年に設立した会社である。創業は1986年，横浜市神奈川区での美容室開業に遡る。

　2004年にJASDAQ上場，現在は，Ashを展開する株式会社アッシュ，NYNYを展開する株式会社ニューヨーク・ニューヨーク，STYLE DESIGNERを展開する株式会社スタイルデザイナー等を傘下に持つ持株会社となっている。

　売上高は連結66.9億円，単体28億円で，3年ほど横ばい状態だが，過去5年間の純利益は2014年の7,100万円を除き2億円弱に収まっており，安定した経営状況を見せている。その結果，自己資本利益率は経常的に9％にコントロールされており，実際にはより高い収益性を持つと考えられる。また自己資本比率は32.4％と上場企業平均は下回るものの，美容業としては良好な数値となっており，流動比率は97.4％と[33]高い安全性を示している。またキャッシュフローも優良で，過去5年間営業キャッシュフロー内で投資キャッシュフローを賄っている。

　チェーン全体の売上高は168.6億円（2014年実績）で，ここ数年ほぼ横ばいである。

　店舗数は全ブランド合わせて268店舗，うちフランチャイズ店舗が224店舗とフランチャイズ展開が主軸となっている。

図表 5-5　アルテサロンホールディングスの企業概要

名　称	株式会社アルテサロンホールディングス
設　立	1988 年 11 月 21 日
店舗数	268 店舗（うちフランチャイズ 224 店舗）（2015 年 10 月 31 日現在）
売上高	連結 66.9 億円，単体 24.5 億円（2014 年 12 月期）
純利益	連結 0.7 億円，単体 0.48 億円
事業内容	美容室チェーン等を展開する持株会社，グループ会社の統括，各子会社に対する経営全般・人材育成・店舗開発支援等

（出所）　同社資料より筆者作成。

2.　発展の経緯
―上場の契機となった暖簾分けフランチャイズ方式―

　吉原会長は，もともと理美容機器・化粧品メーカーのタカラベルモント出身である。1981 年に美容室チェーンに転職し，店舗開発，店舗運営を手掛けた。1986 年に個人事業主として横浜市に美容室を開業，1987 年には自らも 31 歳で美容師免許を取得，1988 年に有限会社アルテを設立した。

　1997 年に東京都目黒区鷹番の美容室グランマキシムと，第 1 号店舗となるフランチャイズ契約を締結。またこの年に株式会社化を果たす。1999 年アッシュ代官山店の設置（2003 年 3 月閉鎖）を機に，サロンブランドのアッシュへの集約を開始する。2000 年から東京，神奈川を中心に Ash ブランドの「暖簾分けフランチャイズ方式」という美容師の独立支援システムを本格化し，業績を伸ばした。2004 年 8 月に JASDAQ に上場。2004 年の店舗数は直営店 12 店舗，フランチャイズ店舗 40 店舗，売上高 36.1 億円，純利益 1.3 億円であった。

　2006 年 7 月に業務提携先であった株式会社ニューヨーク・ニューヨークを，2007 年 1 月に株式会社スタイルデザイナーを，2014 年 12 月に株式会社ダイヤモンドアイズ（アイラッシュサロン）を子会社としてグループに取り込み，日本最大級の美容グループを形成するに至る[34]。

　近年では海外進出を強化している。2013 年にはカット＆カラー専門店を運

営する MJ TOKYO Holdings Pte. Ltd. と合弁会社 Arte Straits Holdings Pte. Ltd.（ASH）を設立し，シンガポール共和国において Naoki Yoshihara by Ash のブランドによる，日本式美容サービスの提供を開始した[35]。2014 年には吉原会長が理事長となり，人気サロンの経営者が理事に名を連ね，「一般社団法人アジアビューティアカデミー」（ABA）を設立した。業界内関係者を巻き込み，アジアにおいて美容アカデミーの設立と ABA ライセンスの普及に努める。日本の美容業界が美容技術・文化におけるアジアのリーダーとなるべく，技術体系や資格制度の輸出を目論み，社会性と収益性を両立させようという試みである。

3. 分析：バリューチェーンの革新
　　―日本における暖簾分けフランチャイズ方式の確立―

　アルテサロンホールディングスのバリューチェーンの革新は，暖簾分けフランチャイズ方式の日本での確立にある。吉原 [2011] では，勤務する美容師をグループが展開するサロン名で独立させる制度を「暖簾分けフランチャイズ制度」と定義しているが，もともと暖簾分けフランチャイズの考え方は，海外の大手美容サロンで導入されているものである[36]。

　英国フランチャイズシステムの先駆けといわれる Toni & Guy International（トニーアンドガイ）は，同社で 4～5 年の経験がないとフランチャイズ店舗をオープンできないとし人的関係を重視する一方で，「各店舗の株式の一部を保有する」という資本的な関係も保持する[37]。また，フランチャイズ出店に掛かるサポート事業（店舗設計，データマネジメント等）も行っており，2008 年時にその売上は 4,000 万ポンドであった[38]。海外オペレーションも，「暖簾分け」システムが採用されている。同社に関与した人物が，各国でマスターフランチャイズ権を取得し，直営店やフランチャイズ店舗を出店している。例えばトニーアンドガイジャパンは，トニーアンドガイのアーティスティックディレクターであった日本人が設立している。その息子もインターナショナル・アーティスティックディレクター，ロンドンアカデミーの総責任者を務めた後，

トニーアンドガイジャパンに移籍している[39]。またトニーアンドガイシンガポールも，ロンドンアカデミーの総責任者を務めた人物が1995年に設立したものである[40]。

このような人的関係に基づくフランチャイズ契約とサポート業務の事業化という暖簾分けフランチャイズのコンセプトを，日本で定着させるための制度・体制を構築したのがアルテサロンホールディングスである。

同社の暖簾分けフランチャイズ方式は，店長に店舗設備，当該店舗に勤務する従業員，当該店舗の顧客をそのまま引き継がせ，フランチャイジーとして独立してもらい，店舗（パートナーシップサロン＝PFC店と呼ばれる）の運営を任せるというもの[41]である。このことにより，美容技術，店舗運営能力に優れた美容師に対して，同社から離脱する独立による競合ではなく，広い意味でのグループ経営への参画を促している[42]。

フランチャイジーのメリットは，店長時代の従業員，顧客，店舗設備（アルテホールディングスが賃貸）をそのまま引き継いで独立することにより，従前の安定した業績を維持し，初期投資等の資金負担を軽減することができる。また研修制度の利用，材料等の大量一括購入によるコスト削減等のメリットもある[43]。

本部（子会社である株式会社アッシュや株式会社ニューヨーク・ニューヨーク）からの支援は，店舗設備の賃貸，経営指導，材料・商品の販売，PB商品の販売，販売促進支援などである。本部は，加盟金やロイヤルティとは別に，これらの対価を得る。

暖簾分けフランチャイズ制度によるデメリットは，多くの場合，本部側にある。直営店がもたらしていた売上，利益が，ロイヤルティ収入に代わるため，一時的にせよその額が減少するという点である。しかしながら裏を返せばそれが，他サロンが暖簾分けフランチャイズ制度に参入する上での障壁になっている。さらに同社では，美容師のモチベーションを上げ，キャリアプランを提示することができる点を最も重視し，この制度を推進している。

特筆すべき点は，2008年頃から孫フランチャイズ制度が出てきた点である。これはPFC店の店長にも独立の機会を提供するために創出された。また

NYNYでは，業務委託契約を設けている。これは直営店舗とFC店舗の中間に位置する店舗運営形態であり，当該店舗の店長を受託者として店舗の運営を委託するものである。これは暖簾分けの準備段階に位置づけられる[44]。また外部募集加盟方式によるフランチャイズ契約制度も設けている。外部募集加盟方式は子会社のスタイルデザイナーでのみ行っており，サロンブランドも10以上に及ぶ多様なブランドがある。暖簾分けフランチャイズ方式とブランドを完全に分けているかたちだ。AshとNYNYはサロンブランドを統一し，また店舗運営も統一のオペレーションで実施されているが，外部募集加盟方式のフランチャイズ店舗の営業および管理は各フランチャイズで実施されている[45]。

このように多様なフランチャイズ制度を設け，美容師に多くのキャリアパスを用意し，多様な未来を提示できている点が同社の強みであるといえる。そして，暖簾分けフランチャイズ制度が成り立つための前提条件（美容師の技術・モチベーションの維持・向上施策，本部による事務支援，大量仕入による規模の経済の実現など）を確立・維持し，日本において当該制度を定着させたことが，同社のバリューチェーンにおける革新であるといえる。

4. 今後の展望
―100年ブランドの創出に向けて―

アッシュおよびNYNYの加盟店収入は，過去数年間の間，やや減少傾向で推移している（図表5-6）。契約数も2011年から2013年には純減したブランドもあった。他方，外部募集加盟方式フランチャイズ（スタイルデザイナー）は，やや純増するに留まる。いずれにせよ，フランチャイズ契約の拡大は厳しい状況にあるといえる。また先述の通り，財務状況は良いが，アルテサロンホールディングスの売上は横ばいであることを鑑みても，国内の出店が成熟段階に来ていることが指摘できる。

国内の出店が頭打ちになっている現在，同社ではいくつかの海外事業に着手している。中期経営戦略でも，暖簾分け制度への取組を起点に国際的視野で「100年ブランドの創出」を目指している[46]。

図表5-6　加盟金収入およびフランチャイズ契約締結・解約数の推移

	2008年	2009年	2010年	2011年	2012年	2013年	2014年
加盟金収入*(千円)	183,367	126,407	100,756	99,825	62,326	107,977	71,529
Ash 締結	24	18	20	13	5	6	4
Ash 解約	19	5	12	8	9	10	2
小　　計	+5	+13	+8	+5	-4	-4	+2
NYNY 締結	5	5	8	3	4	6	6
NYNY 解約	4	2	1	4	5	3	3
小　　計	+1	+3	+7	-1	-1	+3	+3
SD 締結	12	19	17	16	8	6	13
SD 解約	23	19	15	11	5	4	11
小　　計	-11	±0	+2	+5	+3	+2	+2
総　　計	-5	+16	+17	+9	-1	+1	+7

＊ AshおよびNYNY（暖簾分け制度）の加盟金収入。
（出所）　同社「有価証券報告書」より筆者作成。

　そのために，2013年より東南アジアへ「ジャパンブランド」認知のため，「Naoki Yoshihara by Ash」ブランドの出店を開始している。しかしながら，シンガポールの業務委託店舗[47] 3店舗が1店舗に集約され，インドネシアの提携店舗は解消に至っている[48]。海外への出店・店舗運営面はまだ課題を残している状況といえる。実際に，吉原会長自身も，「中国への出店は考えていない」[49]と述べるなど，出店・店舗運営については慎重な姿勢だ。

　他方，ブランドや教育の輸出面の布石が目立っている。中国における「Ash」ブランドの使用権許諾および教育を中心とした指導事業を2015年12月より行っていくことを発表しているし，ABAの活動も進展している。著名なサロンの技術者が講師となる講義には定評があり，その動向が注目されている。

　もちろん足元の地固めも忘れてはいない。国内の店舗は，ブランド，店舗規模，出店地域・立地の多様化を図ることで，出店拡大を目指す。またアイラッシュなど，アイゾーンビューティの分野においてサービスの拡充を目論んでいる。

図表5-7　3つのヘアサロンの提供価値と今後の展望

革新の軸＼サロン名	11cut（エム・ワイ・ケー）	uka（ウカ）	Ash（アルテサロンホールディングス）
オファーサイト	・時間価値 ・日常使いサロン	・先端ブランドとしての世界観 ・ukaを軸とした多様なオファー	
バリューチェーン	・直営店重視 ・フランチャイズ店とのシナジー		・暖簾分けフランチャイズ
今後の展望	・国内における日常使いサロンのサービスプロフィットチェーンモデルの拡大	・国内外でのブランディング強化 ・新たな業態の強化 ・海外へのukaブランド（製品・教育）の輸出	・100年ブランドの創出 ・海外への出店や教育の輸出

（出所）　筆者作成。

　以上，3つのヘアサロンの分析と展望をまとめると，図表5-7のようになる。

第6節　おわりに
―オファーサイトの革新からバリューチェーンの革新へ―

　中国では大規模なヘアサロンチェーンが登場してきており，美容師の輩出（教育）からフランチャイズまで大規模に展開する企業が存在する。韓国でも規模の大きなチェーンが多数出てきており，アカデミーやフランチャイズビジネスなどに積極的に取り組んでいる[50]。しかしながら日本では，業界自体が成熟産業で縮小傾向にあることも相まって，チェーンの大規模化はさほど進んでいない状況だ。
　しかしながら，本章で見たように，現場では様々なオファーサイトの革新が生まれている（図表5-7）。同時に，バリューチェーンの革新で急成長している

企業も存在した。まだまだ市場創造の余地はあるし，企業規模の拡大の余地も大いにあるのだ。特に 11cut の例は注目に値する。オファーサイトの革新とバリューチェーンの革新をほぼ同時期に達成しているのだ。その結果が，現在の好業績につながっている。

本章の事例の選択にあたっては，オファーサイトの革新の事例は多く見出すことができた。しかしながらバリューチェーンの革新の事例は，なかなか見出すことができなかった。やはり企業規模の拡大に掛かるバリューチェーンの革新は，一筋縄でいかないことが見て取れる。

今後の美容業界の課題は，オファーサイトで生まれた革新を，どのようにバリューチェーンの革新につなげて企業成長していくか，というところにあるといえるだろう。

〈注〉
1) 矢野経済研究所 [2015]。
2) リクルートライフスタイル「美容センサス 2015 年上期」によると，女性の美容室の年間利用回数の平均は，2 年前の 5.07 から 2015 年には 4.61 に減少している。
3) 同上によると，女性の美容室 1 回あたりの利用金額は 3 年前の 6,679 円から 2015 年には 6,462 円に減少している。
4) 厚生労働省 [2012] によると，美容業の対象人口（5 歳児から 74 歳までと仮定して推計）を，現在の美容業施設数 223,645 施設でカバーすると，480 人に 1 施設の割合で出店されていることになる。
5) 厚生労働省 [2012] によると，調査対象施設の 62.7％で売上状況が減少している。
6) 2015 年 7 月 1 日実施の吉楽社長に対するインタビューによる。
7) エム・ワイ・ケー　フランチャイジー向け資料より。
8) 厚生労働省が出している「美容業の平成 21 年度平均財務指標」
〈http://www.mhlw.go.jp/stf/houdou/2r9852000002eo7g-att/2r9852000002eoa1.pdf〉
(2015.11.27.)」では，個人経営の店舗の平均売上高が 1,188 万円，法人・その他等が 6,618 万円となっている。法人・その他等の店舗よりも低く，個人経営の店舗よりも圧倒的に高いという数字である。
9) 株式会社リクルートライフスタイル「美容センサス 2012 年上期」より平均利用時間は 102.6 分，同「美容センサス 2015 年上期」より平均単価は 6,462 円となっている。
10) 株式会社リクルートライフスタイル「美容センサス 2015 年上期」。
11) 約 0.26 ナノメートルという超微粒子で高品質のスチーム「モルビドスチーム」により，薬剤の浸透をサポートする機器（パルッキー HP より）。
12) 2015 年 7 月 1 日実施の吉楽社長に対するインタビューによる。
13) エム・ワイ・ケー資料より。
14) 2015 年 7 月 1 日実施の吉楽社長に対するインタビューによる。

15) 全理連 HP 〈http://www.riyo.or.jp/zenriren/taidan/1801.html〉（2015.11.27.）。
16) リクルートライフスタイル　ビューティ総研
〈http://r-bmr.net/seminar/lecture_it/vol11-sato_watanabe/〉（2015.11.27.）。
17) 『月刊国際商業』2013 年 10 月 1 日号。
18) 創業者向原氏の理念。
19) リクルートライフスタイル　ビューティ総研
〈http://r-bmr.net/seminar/lecture_it/vol11-sato_watanabe/〉（2015.11.27.）。
20) ガモウニュース　編集担当者のブログ
〈http://ameblo.jp/gamonews/entry-12056038638.html〉（2015.11.27.）。
21) ウカホームページ〈http://www.uka.co.jp/〉（2015.11.27.）。
22) リクルートライフスタイル　ビューティ総研
〈http://r-bmr.net/interview/top_interview_totalbeauty/vol21-watanabe/〉
（2015.11.27.）。
23) リクルートライフスタイル　ビューティ総研
〈http://r-bmr.net/interview/top_interview_totalbeauty/vol21-watanabe/〉
（2015.11.27.）。
24) リクルートライフスタイル　ビューティ総研
〈http://r-bmr.net/interview/top_interview_totalbeauty/vol21-watanabe/〉
（2015.11.27.）。
25) 国内外で年に 6 ～ 7 万本を販売，累計 30 万本を販売（『日経 MJ』2015 年 1 月 28 日号）。
26) 『週刊商業』2012 年 4 月 23 日号。
27) リクルートライフスタイル　ビューティ総研
〈http://r-bmr.net/interview/top_interview_totalbeauty/vol21-watanabe/〉
（2015.11.27.）。
28) 『月刊国際商業』2013 年 10 月 1 日号。
29) 2013 年 6 月 2 日の実地調査に基づく。
30) Web Magazine OPENERS〈http://openers.jp/article/1015169〉（2015.11.27.）。
31) 『日経 MJ』2014 年 6 月 27 日号。
32) アルテサロンホールディングス IR 資料より作成。
33) 厚生労働省の「美容業の平成 21 年度平均財務指標」では，法人・その他の自己資本比率は -1434.9%，流動比率は 59.6% となっている
〈http://www.mhlw.go.jp/stf/houdou/2r9852000002eo7g-att/2r9852000002eoa1.pdf〉
（2015.11.27.）。
34) アルテサロンホールディングス HP 〈http://www.arte-hd.com/〉（2015.11.27.）。
35) 現在は，MJ TOKYO が 100% を取得し，同社と総代理店契約を締結している。
36) 今井 [2012]。
37) realbusiness 〈http://realbusiness.co.uk/article/1517-toni_and_guy_makes_big_bucks_with_franchising_model〉（2015.11.27.）。
38) realbusiness 〈http://realbusiness.co.uk/article/1517-toni_and_guy_makes_big_bucks_with_franchising_model〉（2015.11.27.）。
39) トニーアンドガイジャパン HP 〈http://toniguy.co.jp/company/〉（2015.11.27.）。
40) Toni&Guy Singapore web site 〈http://www.toniandguy.sg/about/〉

（2015.11.27.）。
41）　アルテサロンホールディングス「有価証券報告書」2004 年。
42）　アルテサロンホールディングス「有価証券報告書」2004 年。
43）　アルテサロンホールディングス「有価証券報告書」2004 年。
44）　アルテサロンホールディングス「有価証券報告書」2014 年。
45）　アルテサロンホールディングス「有価証券報告書」2014 年。
46）　アルテサロンホールディングス「有価証券報告書」2014 年。
47）　当初は合弁で進出したが，現在はその株式を譲渡し総代理店契約に切り替えている。
48）　アルテサロンホールディングス IR
〈http://www.arte-hd.com/ir/index.html〉（2015.11.27.）。
49）　2015 年 1 月 15 日実施の吉原会長に対するインタビューによる。
50）　JETRO「韓国における理容・美容産業制度調査」
〈https://www.jetro.go.jp/world/reports/2013/07001769.html〉（2015.11.30.）。

〈参考文献〉
（書籍・論文）
今井利絵 [2012]「欧米トップ美容サロンチェーンの市場参入戦略比較」『ビューティビジネスレビュー』ビューティビジネス学会，Vol.1，No.2，56-79 頁。
近藤隆雄 [2012]『サービス・イノベーションの理論と方法』生産性出版。
吉原直樹 [2011]『「世界で戦える日本」をつくる新発想』幻冬舎。
Heskett, J. L., W. E. Sasser and A. S. Schlesinger [1997], *The Service Profit Chain: How Leading Companies Link Profit and Growth to Loyalty, Satisfaction, and Value*, New York: USA, Free Press.
Heskett, J. L., W. E. Sasser and A. S. Schlesinger [2003], *The Value Profit Chain: Treat Employees Like Customers and Customers Like Employees*, New York: USA, Free Press.

（雑誌）
『月刊国際商業』2013 年 10 月 1 日号。
『日経 MJ』2014 年 6 月 27 日号。
『日経 MJ』2015 年 1 月 28 日号。
『日経 MJ』2015 年 11 月 4 日号。
『商業界』2012 年 8 月号。
『週刊商業』2012 年 4 月 23 日号。

（Web サイト）
アルテサロンホールディングス HP〈http://www.arte-hd.com/〉（2015.11.27.）。
ガモウニュース編集担当者のブログ
　〈http://ameblo.jp/gamonews/entry-12056038638.html〉（2015.11.27.）。
　〈realbusinesshttp://realbusiness.co.uk/article/1517-toni_and_guy_makes_big_bucks_with_franchising_model〉（2015.11.27.）。
JETRO「韓国における理容・美容産業制度調査」
　〈https://www.jetro.go.jp/world/reports/2013/07001769.html〉（2015.11.30.）。

厚生労働省「美容業の平成 21 年度平均財務指標」
　〈http://www.mhlw.go.jp/stf/houdou/2r9852000002eo7g-att/2r9852000002eoa1.pdf〉
　(2015.11.27.)。
パルッキー HP 〈http://www.parrucchi.com/steam/〉(2015.11.27.)。
リクルートライフスタイルビューティ総研
　〈http://r-bmr.net/interview/top_interview_totalbeauty/vol21-watanabe/〉
　(2015.11.27.)。
リクルートライフスタイルビューティ総研
　〈http://r-bmr.net/seminar/lecture_it/vol11-sato_watanabe/〉(2015.11.27.)。
　〈Toni&Guy Singapore website http://www.toniandguy.sg/about/〉(2015.11.27.)。
トニーアンドガイジャパン HP 〈http://toniguy.co.jp/company/〉(2015.11.27.)。
ウカ HP 〈http://www.uka.co.jp/〉(2015.11.27.)。
WebMagazine OPENERS 〈http://openers.jp/article/1015169〉(2015.11.27.)。
全理連 HP 〈http://www.riyo.or.jp/zenriren/taidan/1801.html〉(2015.11.27.)。

(その他)
アルテサロンホールディングス『有価証券報告書』各年。
厚生労働省 [2012]『美容業の実態と経営改善の方策』。
エム・ワイ・ケー　フランチャイジー向け資料。
リクルートライフスタイル『美容センサス』各年。
矢野経済研究所 [2015]『理美容市場に関する調査結果 2015』。

(今井利絵)

第6章

アパレル業界のフォーマットデザイン
―ワクワク感を生み出すフォーマット―

第1節　はじめに
―群雄割拠のアパレル業界―

　アパレル業界は，環境変化が激しい業界と言われている。流行やトレンドなどと密接な関係にあるこの業界は，激しい環境変化の中で，常に自社ブランドを活性化し，マーケティング戦略の見直しを迫られている。消費者視点から製品やサービスを見直し，絶えず従来のマーケティング手法，販売方法を革新し続けることが，アパレル業界で生存していくカギを握っている。

　こうした状況の中で，バブル崩壊後，我が国のアパレル業界で注目されてきたのは，次の3つのカテゴリーである。1つは強力なブランド力を持ち高価格で販売する，いわゆる「高級ブランド」である。シャネルやグッチなどをイメージすると理解しやすい。好景気時に強いのは言うまでもないが，実は不景気の際にも，大きな落ち込みを見せることなく，生き残っているブランドは多い。独自のブランド戦略に基づき，差別化に成功し，現在も確固たる売上と地位を保っている。

　2つめは，急速に力を付け，1つの強固なフォーマットを確立したファスト

ファッション業界[1]と称される業界である。このドメインには，日本のユニクロをはじめ，海外ブランドのZARA[2]，H&M[3]，GAP[4]，あるいは少しジャンルは異なるが，しまむらなど[5]が存在し，この20年くらいの間に急速に台頭してきたことは周知の通りである。

　3つめは専門店の台頭である。もともと，中小で展開されていたアパレルショップが，カテゴリーや機能を特化し，専門店として消費者の認知を勝ち取り，積極的にビジネスを展開している。これを採算ベースに乗せた大きな要因がインターネットを利用した市場の拡大である。インターネットという新たな販売チャネルの登場は，アパレル業界の勢力地図に大きな影響を与えた。それは近年の通信販売，とりわけインターネット販売量の急速な伸長を見ても明らかである。ファストファッションの多くは，オンラインショッピングにも対応しているが，ネット販売のみで大きな売上を上げている企業も少なからず出現している。

　成熟化した市場の中で競争優位性を構築していくためには，何よりも差別化が重要である。アパレル業界では，とくに「フォーマットの革新」が不可欠であり，これが差別化を生み出すベースとなる。本章では，バリューチェーンの革新とオファーサイトの革新の2軸による分類から，ファッション業界の革新的なフォーマットの事例をふまえつつ，アパレル業界の現状について考察する。

第2節　アパレル業界先進フォーマットのポジショニング
―オファーサイトとバリューチェーンによる分類―

　アパレル業界における先進フォーマットとして本章で取り上げたのは，図表6-1にある3つの企業である。

　第1象限に分類されるのがユニクロである。ユニクロは1998年に大ヒットを記録したフリースをきっかけに，急速に売り上げを拡大し，我が国のファストファッションのトップブランドとして君臨している。日本全国に店舗展開

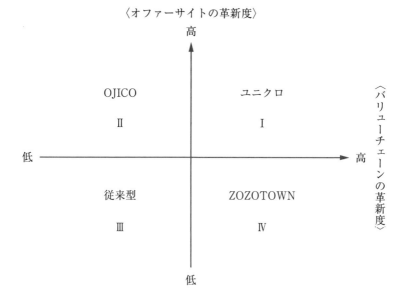

図表6-1　アパレル業界のフォーマット革新

し，現在は積極的な海外展開も行っていることでも有名である。同社は，「高品質で低価格」といった，相反する課題に対して，SPA（製造小売）のビジネスモデルを最大限に活用し，これに対応している。

　次に，オファーサイト軸での差別化に成功している第Ⅱ象限の事例として取り上げたのがOJICOである。OJICOは，石川県に本社を置く（有）チャンネルアッシュが展開するブランドである。主力商品はTシャツで「大人でも着られる格好いいデザイン」をコンセプトに，単独での販売だけでなく親子お揃いなど，お揃いで着て楽しめる新しい提案を行い，これまでには無いデザイン性で話題を集めている。同店は，現在，全国約50箇所の百貨店などで期間限定の出店を実施しているが，直営店が5店舗しかなく，欲しくても買えないブランドとも言われている。企業規模こそ大きくはないが，従来にはない発想とデザインでTシャツという成熟した市場で注目を集めている。

　続いて第Ⅳ象限の事例として取り上げたのが，ZOZOTOWNである。ZOZOTOWNは，㈱スタートトゥディが展開する日本最大のアパレルのイン

ターネットショッピングサイトである。同社以前にも，いくつかの企業で，アパレルのオンラインショッピングサイトは存在していたが，ZOZOTOWNは，若者にターゲットをしぼり，積極的なプロモーション展開を図り，一気にアパレル業界におけるインターネット販売の雄として，急速に成長してきた。

　企業規模に差異はあるものの，ここで取り上げた3つの企業は，競争の激しいアパレル業界の中で先進的なフォーマットをつくり，事業を展開している企業であり，何らかの戦略的示唆を与えてくれる事例といえる。次節以降，これらの企業について，詳しくみていこう。

第3節　第Ⅰ象限：ユニクロのフォーマットデザイン
　　　　　―独特のポジショニングから導かれる戦略―

1．企業概要
　　―山口から世界有数のSPA企業へ―

　ユニクロは，㈱ファーストリテイリングが展開するアパレルブランドである。ユニクロという名前の由来は，1号店に付けられていた「UNIQUE CLOTHING WAREHOUSE（いつでも服を選べる巨大な倉庫という意味）」という名前が長くて覚えにくいということから，「ユニ・クロ（UNIQLO）に短縮されたものである。同社は山口県宇部市で1949年[6]に設立された。ユニクロの1号店を出店したのは広島県[7]で，以降，ロードサイドでの店舗展開や大型店の出店などにより店舗数を拡大させてきた。2015年11月末現在，店舗数は国内844店舗，海外でも中国，韓国をはじめとしたアジア地域のみならず，米国や英国，フランス，ロシアにも出店するなど，全世界で合計1700店舗[8]を超える店舗を展開している。現在，売上高は約1.6兆円[9]で，世界でも有数のSPA企業となっている。

　この他，ファーストリテイリングでは，グローバル事業の中で，ユニクロの

ほか，ジーユー事業，セオリー事業，コントワー・デ・コトニエ事業，プリンセス タム・タム事業，J Brand 事業を展開[10]している。これらグループ企業を加えた企業概要が，図表6-2である。

図表6-2　ファーストリテイリング社の企業概要

名　称	株式会社 ファーストリテイリング
設　立	1963/5/1
店舗数	2,978店（2015年8月期）
売上高	1,382,907（単位：百万円）2014年8月期
事業内容	株式又は持分の所有によるグループ全体の事業活動の支配・管理等
グループ企業	ジーユー，セオリー，コントワー・デ・コトニエ，プリンセス タム・タム，Jブランド

2. 発展の経緯
　　―フリースをきっかけに大ブレイク―

　ユニクロが発展するきっかけとなったのは，1985年にヒットしたフリースの大ヒットであった。累計で約3億枚を超える売り上げを記録しているこの商品は，ユニクロのブランドと共に，ユニクロのビジネスモデルを一躍世に知らしめることとなった。当時，バブル崩壊後の景気後退感が広がったことと相まって，品質が良く，コストパフォーマンスが高いユニクロのフリースは日本国民の心理を広く深く捉えることに成功した。以降，ユニクロはこうしたイメージを他の商品群にも拡大していくこととなる。多くの企業が不景気に苦しむ中，デフレという状況に順応し，国内では低価格で販売を行い，円高を武器に原材料コストと，海外での製造コストを抑制するというビジネスモデルを確立し，一躍，日本のアパレルチェーンのトップチェーンとなった。

　ユニクロ発展の立役者である柳井正氏は，2002年に代表取締役兼CEOに退き，いったん経営の第一線からは退いた。その後ユニクロは集団指導体制に移行したものの，2005年には会長兼社長として復帰し，現在に至っている。

　現在，ユニクロが現在進めている主なマーケティング戦略は，以下の3点に

集約することができる。第一は「素材，品質，機能性にこだわった独自商品の開発」という製品戦略である。特にカジュアル・ベーシックの根幹をなす素材についての強いこだわりを持つユニクロでは，素材開発チームを組織し，世界中の素材メーカーと直接交渉を進めている。コットンやデニム，カシミアなど，そこで取引された品質の高い素材は，ユニクロの主力商品となっている。

第二は，国内市場での出店戦略である。国内では，伸びる余地が大きい大都市圏での出店戦略を見直すことによって，さらなるシェアの拡大を狙っている。また，新規出店と並行して，従来から展開してきた売場面積が250坪ほどの標準店を閉店し，同じエリアで500坪規模の大型店化を推し進めている。このスクラップ＆ビルドによって，店舗効率を高めている。

第三は，海外市場での積極的な展開である。中国，香港，台湾を中心に，シンガポールやマレーシア，タイなどの東南アジア，さらにはオーストラリアやヨーロッパ，アメリカなど，年間20〜30店舗以上の出店を続けている。2014年8月現在で，海外ユニクロの売上高は4000億円程度で，まだユニクロ事業全体の30％を超えたくらいではあるが，近い将来50％程度になることが確実視されている。この海外出店戦略の目玉となっているのが，グローバル旗艦店の出店である。グローバル旗艦店とは，世界の主要都市に出店し，ユニクロのブランドコンセプトである「高品質でベーシック」を広めていくための情報発信基地としての役割を担っている。ユニクロの世界戦略の旗艦店であるこのグローバル旗艦店は，2006年にアメリカ，ニューヨークのソーホーに出店して以降，ロンドンのオックスフォードストリート店やパリオペラ店，上海南京西路店，大阪心斎橋店，その他，台北，ニューヨーク5番街，ソウル，香港，銀座，ベルリン，シカゴで出店[11]されている。

3. 分　析
　　―オファーサイトの革新とバリューチェーンの革新―

　ユニクロがファッション業界において，何故ここまでの競争優位性を獲得することができたのかについて，オファーサイトの革新度とバリューチェーンの

革新度の視点から分析してみよう。

(1) オファーサイトの革新：ユニクロ独特のポジショニング戦略

　ユニクロが実施している SPA の展開は，ZARA や GAP，FOREVER21 などといった，他のファストファッションのそれとは大きく異なっている。その最も大きな違いは，ポジショニング戦略にある。ユニクロの基本政策となっている「カジュアル・ベーシック」というポジショニングは，ユニクロの戦略そのものといってよい。カジュアルであっても，ファッション性の高さで勝負せず，ベーシックで定番となるような商品で勝負する。少し乱暴に言えば，ファッション性をある程度犠牲にしても，定番商品，ベーシックというラインからは逸れないことがユニクロ独自のポジショニングといってよい。ベーシックであるがゆえに，リピート率が高く，在庫を気にしなくて済む。ファッション性が高い商品は，流行による陳腐化が早く，売れ残ってしまうと大きな損失につながることになる。SPAであれば，その負担はより大きなものとなる。実際に，同じファストファッション業界のトップブランドであるZARAはファッション性の高い商品を多く取り扱っていることから，在庫の問題に対しては多大な調整を強いられていることも事実である。

　こうしたポジショニングを具現化したものが，ヒートテック[12]であった。ヒートテックは，ユニクロが開発した機能性インナーである。このヒートテックの登場によって，冬でも，もこもこしないすっきりしたスタイルの冬ファッションが楽しめるようになった。東レとの協力体制から生まれたこの商品は，2004年に発売されて以降，暖かさという機能性の高さから大ヒット商品となった。ヒートテックに使用されているのはLOC Ⅱ "セオ a" と呼ばれる化学繊維であり，ヒートテックだけに原糸が提供されている。2006年6月には，ユニクロと東レの間に「戦略的パートナーシップ」が結ばれ，その関係性はより強固なものとなっている。この商品のヒット以降，多くの競合他社が暖かいインナーをうたい文句にした製品を発売しているが，ヒートテックはその品質の良さから高い人気を維持している。

　他社にはない素材を用いて，機能的な製品を提供する。このヒートテックの

成功は他の商品にも波及していくことになる。夏用のインナーであるエアリズムや，女性用インナーのブラトップ，高級デニムを使用したジーンズの「スリムボトムス」などは，現在のユニクロの主力商品となっている。さらには高級素材であるカシミアもリーズナブルな価格で提供するなど，「素材」×「機能性」というユニクロのコンセプトは，多くの消費者に浸透している。

　さらに，ユニクロではこのベーシックのラインを機軸としながらも，近年「Life Wear」[13]というコンセプトを打ち出してきている。この「Life Wear」のコンセプトは，これまでユニクロが展開してきたコンセプトを発展させたものだと同社では位置づけられているが，柳井氏はこの「Life Wear」というコンセプトについて以下のように述べている[14]。

　「これまでわれわれが一番大事にしてきた新しい服は，アメリカで生まれたカジュアルウェアとスポーツウェアだと思う。そしてその次にくる新しいカテゴリーがライフウェアだ。それを早く確立して，新たな服のスタンダードを作りたい。それは概念そのものを革新する，誰もが買えるプライスの究極の普段着だ。」

　"究極の普段着" という言葉のみを捉えると，これまでのユニクロのもつイメージと一貫性があるものとして捉えられるが，現在の製品群を今後，さらにどのように革新していくのかが注目される。

　加えて，ここでユニクロのグループ戦略についても若干言及しておきたい。近年，ファーストリテイリングでは，高級ブランドの「Theory」や「コントワー・デ・コトニエ[15]」といった事業を展開し，一方で「G.U.」という低価格ブランドを展開している。これは，単にユニクロとは価格帯が異なる商品の販売のみを意図したものではない。ユニクロとの相乗効果を高めるためには，ユニクロをはさむこれらのブランドの存在は不可欠であり，実際に他のSPA大手も，こうしたブランド戦略[16]を推し進めている。

　ユニクロがファストファッション市場で生き残っていくためには，従来のポジショニングを維持しつつ革新を図っていくことが必要であることには間違いない。しかしこれは，一歩間違えると消費者が持っているユニクロの認知ポジションが曖昧なものになっていくことにもなりかねない。それ故に，この戦略

は慎重に進めていくことが必要である。

(2) バリューチェーンの革新：低価格・高品質の原動力となる仕組み

SPA というビジネスモデルは，実際にはオファーサイトの革新よりもバリューチェーンの革新により大きな影響を与えるものである。製造から小売まで一貫して手掛けることによって，販売状況に応じて細かな生産調整を図ることができ，人件費をはじめとする様々なコストの削減が可能となる。

その意味で，ユニクロが行っている独自商品の開発による他社との差別化，販売状況に応じた機動的な生産調整，賃料や人件費を抑えたローコストな店舗経営など，バリューチェーンの革新度は極めて高いといってよい。

「品質が良いのに低価格」。高品質低価格という，相反する課題を現実のものとするためにユニクロが編み出した答えが，人件費の安い海外での生産，大量生産による規模の経済の活用，そして SPA (Specialty store retailer of Private label Apparel: アパレル製造小売業) という組織形態の採用による無駄な中間マージンの排除であった。

人件費の安い海外での生産については，早い段階から中国の優良企業と提携しながら，低価格で調達し，利益を確保してきた。現在，ユニクロの生産地は中国のみならず，ベトナムやバングラデシュ，インドネシアなど世界各地に広がってきている[17]。気になる品質面の維持については，生産事務所に約400名の寝室・生産進捗管理の担当スタッフや，染色技術を指導する「匠チーム」というグループが常駐することで，徹底的に管理されている。担当者は，毎週パートナー工場に出向き，顧客の要望を伝えたり，様々な問題の解決が図られている。

大量生産による規模の経済の追求では，カジュアル・ベーシックというコンセプトが大きく関係している。取り扱い品目を定番商品に絞り込むことで，品数が絞られ，結果として，一品あたりの生産量が大きくなる。さらに1品のあたりの発注量が多くなることから，買い手の交渉力が高まり，より規模の経済を追求できることになる。但し，SPA の最大のメリットである圧倒的なコストパフォーマンスは，ユニクロにとって諸刃の剣でもある。SPA では，全て

買い取りとなるため,売れ残った商品などは全て買い取りとなるなど,リスクを全て背負うことにもなるからである。そこで,在庫管理については,在庫コントロールを設置し,週次ベースで各店舗の販売状況と在庫水準が確認され,必要な在庫や新商品を送り込み,適正在庫が保たれるように配慮されている。

4. 今後の展望
―日本市場の維持と海外市場の拡大の中で―

ZARAやH&M,GAP,Forever21,アメリカンイーグルアウトフィッターなど,海外の有名なファストファッションブランドが続々と日本市場に参入しており,この業界の競争環境はますます激しくなってきている。こうした状況の中で,今後ユニクロが国内でさらに店舗数を増やしていくことはあまり現実的ではない。近年のユニクロの売り上げの伸びは,主として好調な海外での売り上げが牽引しているものである。「成熟した国内市場」と「成長する海外市場」,この異なる2つの市場へのバランスのとれた対応が求められている。

マクロ環境を見ても,デフレの中で成長してきたユニクロにとって,インフレが進んでいくと,これまでの戦略を大きく変えていく必要がある。だからこそ,ユニクロは「Life Wear」という新しいコンセプトを打ち出したものと思われるが,先にも述べたように,よりファッション性を高めていくと,これまでユニクロが強みを発揮してきた「カジュアル・ベーシック」というポジショニングが曖昧なものとなり,戦略にブレが生じてしまうことにもつながりかねない。消費者が持つ認知ポジションが変わってしまえば,他のファストファッションブランドと全面的な競争状態に入っていくことになるだけでなく,これまでの競争優位性を低下させることになる。それを回避するためにも,低価格ファッションブランドの「G.U.」や高級ブランドの「Theory」の役割は大きいといってよい。

そこで必要なのは,やはり素材の探索と素材の開発を基本においたファッション性の追求であろう。奇抜なデザインやファッション性はユニクロには必要ない。素材の持つ機能性の高さ,その上に立ったファッション性という独自の

ポジショニングの範囲の中で，いかに革新していくかが今後の成長の鍵を握っている。

第4節：第Ⅱ象限：OJICO のフォーマットデザイン
―地方発のビジネス展開モデル―

1. 企業概要
―楽しくないTシャツは欲しくない―

OJICO（オジコ）は，2005 年に石川県金沢市で誕生したブランドで，有限会社チャンネルアッシュ[18]が展開している事業である。OJICO が提供している主力商品は大人向けのTシャツである。Tシャツというごく一般的なアイテムのオファーを最大限に高め，成熟した市場の中で注目を集めている。OJICO のホームページのトップには，「楽しくないTシャツなんて欲しくない」という言葉が載せられている。OJICO のTシャツは，大人が欲しくなるTシャツを，子供と大人の両サイズで展開している。

2015 年現在，OJICO の直営店は5店舗，他には全国の百貨店で，期間限定の出店[19]を行っている。チャンネルアッシュでは，OJICO 事業の他にもヨーロッパの子供服や雑貨を中心に取り扱う「子供服・雑貨 H（アッシュ）」などを展開している。

図表 6-3　OJICO の企業概要

名　称	有限会社チャンネルアッシュ
設　立	2005 年 2 月
店舗数	直営店 5 店舗他，期間限定の店舗を展開（2015 年）
事業内容	子供服・雑貨の販売，Tシャツ・雑貨の企画・製造・販売，ポップコーン販売，デザイン・クリエーティブ事業など

2. 発展の経緯
―地方発の新たなフォーマット―

OJICO を展開するチャンネルアッシュでは当初，欧州のブランドの輸入を主に行っていたが，社長の越原氏は「欧州ブランドの卸売だけでは，ジリ貧になる」と危機感を抱いてデザインTシャツの販売に踏み切った。始めてから1年くらいは売り上げがゼロであったとのことだが，大きな転機となったのが，2006年2月に広島三越が期間限定で催したフェアへの出店であった。OJICO として出店し，そこで購入してくれた顧客には，ネットショップを告知するビラを手渡した。フェアが終わってしばらくすると，広島からの受注が急増したという。

この成功を機に，越原社長は全国の百貨店に営業をかけ，催事への出店を増やしていった。この期間限定でのショップ展開は全国各地で展開され，全国放送のTVや複数のメディアに取り上げられたことも手伝って，おしゃれで面白いTシャツのブランドであるという認知が次第に広まっていくこととなった。こうした百貨店催事への期間限定ショップの出店とネットショップの展開が相乗効果となりOJICOの売り上げに結びついていった。こうした実績を重ね，多くの百貨店での限定販売を経た結果，恵比寿ガーデンプレイスにある恵比寿三越に最初の常設店舗を構えることとなった。三越というチャネルを獲得したことは，OJICO というブランドにとって強い武器となった。以降，同社は徐々にOJICO ブランドの常設店舗を増やしながら，限定ショップの展開，ネットビジネスの展開といった3つを連動させながら，このフォーマットの拡充を図っている。

3. 分析：オファーサイトの革新
―ここでしか買えない価値の提供―

OJICO の製品コンセプトは，「新しいTシャツのカタチ，新しいお揃いの

カタチを提案します」というものである。

　OJICOがTシャツの製造及び販売について採用している考え方は，次の3点に集約することができる。1つめは，「国内生産へのこだわり」である。言い換えればこれは品質の保持である。通常，Tシャツは数回着て，何度か洗濯をしている間に，繊維が伸びてしまったり，首周りがよれてしまったり，色が褪せてしまうことが多い。しかしながらOJICOのTシャツは型崩れしづらく，ほつれやヨレが少ないといわれている。それは，国内の紡績会社，繊維・加工会社を説得し，糸からこだわった100％日本製コットンで製造していることに起因する。これは安価な中国製品との価格競争に巻き込まれないためにも重要な要素である。企業規模から考えても，規模の経済を追求するような価格競争は避け，品質で勝負することは理に適っている。

　2つめは「デザイン性の高さ」である。デザインの外部委託は原則禁止で，自社の「channel H Design Works」で行っており，これまでにデザインしてきたTシャツの点数は10,000点を超える。一品モノへのこだわり，価格は多少高くてもそこにしかないデザイン，他にはない組み合わせがOJICOのTシャツの魅力となっている。この他にも，「東京駅限定」や，サンリオと提携したハローキティTシャツなど，○○限定という地域限定のオリジナルTシャツを数多く手掛けているのもOJICOの魅力を形成する要素となっている。

　加えて，OJICOのイメージとして，強い印象を与えているのがストーリー性のあるデザインである。基本的には大人が着るTシャツをメインとしているが，OJICOのTシャツの最も大きな特徴は，御揃いのTシャツである。「つながるデザイン」と名付けられたこの斬新なデザインは多くのメディアに取り上げられ，OJICOの名を一躍有名にした。これは親子御揃いで着ると，繋がって1つの絵のように見えるもので，新幹線やバスなどの乗り物，ミッキーマウスなどのキャラクターもの等，そのデザインは多種多様[20]である。それぞれ単体だとバラバラなデザインであるが，セットになるとストーリーのあるデザインとなっている。また，WEB上ではそれぞれのデザインについてのショートストーリーも読むことが出来るようになっており，これがOJICOの人気を支えている。

3つめは，「店舗戦略と販売戦略」である。OJICOの希少性を維持しつつ，販売を支える仕組みが，創られている。OJICOの常設店舗は現在5店舗であり，常に購入できる店舗は少ない。こうした常設店舗については大都市圏を中心に設置し，それ以外は，全国の百貨店を中心とした期間限定ショップでの販売が基本となっている。これが，「今しか買えない」「ここでしか買えない」という消費者の心理に結び付いている。通信販売でも買えるかもしれないが，商品を見て購入できるチャンスが限られた時間しかない，今買わなければ，次にいつまた出店するかわからない。このやり方がOJICOのTシャツのプレミアム感につながっている。

さらに，この店舗販売では拾いきれない需要を支えているのが，メーカー直営のネット通信販売受注システムである「OJICO.net[21]」である。「OJICO.net」では，OJICOで扱っているほとんどのデザインTシャツを購入することが出来る。

このように期間限定ショップを全国各地で展開し，ブランドの露出度を高め，そこで得た顧客をWEB販売にも引き込んでいく。さらに大都市圏での常設店舗を徐々に増やしながら，OJICOのブランド名を高めていく。この店舗・販売政策の重要なポイントは，常設店舗，期間限定ショップ，WEBでの販売を連動させ，相乗効果を生みだしているという点にある。

4. 今後の展望
　　―希少性と露出度のバランス―

OJICOは，Tシャツというありふれた商品の中で，そのデザイン性の高さと品質へのこだわりで大きな注目を集めた。新しいデザインの提案を行い，それが話題となって同社のファンは着実に増えている。

OJICOの最大の武器となっているのが，希少性（プレミアム感）である。同社が現在，常設店舗を"慎重"に増やしつつ，百貨店を中心に展開している期間限定ショップという形態での出店に注力していることは，それを意識したものであると考えられる。期間限定の出店であることから，「今しか買えない」

という希少性を出し，常設店舗を少なくすることでコストを削減し，さらにネット販売との連動を図っていくというこのフォーマットは，中小アパレル企業がとるべき1つの方向性を示しているといえ，注目に値する。まさに地方のアパレル企業の成功フォーマットといってよい。

今後はその希少性の高さから，しばらくは順調な成長が見込まれるが，留意すべき点は，希少性＝プレミアム感と，露出度のバランスではないだろうか。地方の名物などで，そこでしか買えなかったモノが，思いついたときにいつでも買えるモノとなった結果，一時の流行商品になってしまった商品は少なくない。OJICOのTシャツの価値を理解しているファン＝固定客が，ある一定の飢餓感を持つようにすることが必要である。その意味で，期間限定ショップの展開と常設店舗の立地，それらのバランスをいかに図っていくかが重要なポイントとなる。但し，こうしたOJICOのようなコンセプトやフォーマットを模倣する企業が出てくることは想像に難くない。希少性が高いうちに，確固としたブランドイメージを確立し，当社の固定ファンをどれだけ囲いこめるのかがOJICOの今後の課題といえよう。

第5節：第Ⅳ象限：ZOZOタウンのフォーマットデザイン
―ネットの進化に合わせた価値の提供―

1. 企 業 概 要
―日本最大のアパレルオンラインショッピングサイト―

ZOZOTOWNは，㈱スタートトゥデイ[22]が展開している日本最大のアパレルのオンラインショッピングサイトである。1995（平成7）年にCD，レコードなどの通信販売業者として活動を始め，1998年に有限会社スタートトゥデイとして設立，2000年にアパレル業界にも進出し，2004年12月に「ZOZOTOWN」を開設した。当時は，まだインターネットで洋服を販売する

ことが一般的ではなかったが，ファッション専門の販売サイトをいち早く展開したことが同社発展のきっかけとなった。2015年3月期のIR情報では，売上高約411億円，従業員数は連結で642名[23]となっている。サイトで扱われているショップ数は680以上，ブランド数2,600以上が取り扱われ，常時30万点以上の商品アイテム数と毎日平均1,600点前後の新着商品を掲載されている[24]。

図表6-4　ZOZOTOWNの企業概要

名　称	株式会社スタートトゥデイ
設　立	1998年5月21日
売上高	411億円（2015年3月期）
事業内容	ZOZOTOWN事業，BtoB事業，メディア事業

2. 発展の経緯
――創造と想像が出会う街としてのZOZOTOWN――

アパレル業界に参入したスタートトゥデイは，2000年にアパレルを取り扱う「eproze（イープローズ）」を，2002年にレディースオンラインセレクトショップ「QUNIEE（キュニー）」をオープンするなど，その後，合わせて17のオンラインショップを運営していった。これらのショップは，店舗ごとに個別のURL，ユーザーインターフェース，ドメインを持った個別のサイトとして運営されていた。ショップの増加に伴い，会員数，ブランド数が徐々に増加していったことをきっかけとして，これら17のショップを統合するかたちで，ZOZOTOWNがオープン[25]することとなった。

ZOZOTOWNの名前の由来は，「創造（SOZO）」と「想像（SOZO）」の2つのZOを取った造語であり，この2つが行き交う街という意味が込められている。

その後，2007年には東証マザーズに株式を上場し，わずか5年後の2012年には東証1部に変更されるなど，これまで急速な成長を続けている。

3. 分析：バリューチェーンの革新
　―オンラインショップを使った儲けの仕組みづくり―

　ZOZOTOWNの事業は「受託ショップ」,「買取ショップ」,「ZOZOUSED」といった3つの事業から構成されている。

　1つめの「受託ショップ」はZOZOTOWN内にテナント形式で出店している,各ブランドショップの運営管理を行う事業である。それぞれのブランドの商品を,ZOZOTOWNの物流拠点に受託在庫として預かっておき,注文があればそこから販売するという形態がとられている。ZOZOTOWNはこの事業を通じて,各ブランドショップからの手数料を受け取る。現在,この形式では656店のショップが展開[26]されている。

　2つめの「買取ショップ」とは,複数のブランドからファッション商材を仕入れ,自社在庫を持ちながらZOZOTOWN内で販売する形態を指している。この「買取ショップ」では現在,30店のショップが展開され,顧客からの購入代金がそのまま売上高となっている。

　最後の「ZOZOUSED」は,上記の2つのやり方とはまったく異なり,ユーザーなどから中古のファッション商材を買取り,販売するという二次流通の形態を採っている。これも顧客が購入した商品の代金がそのまま売上高となって

図表6-5　ZOZOTOWNの売上のしくみ

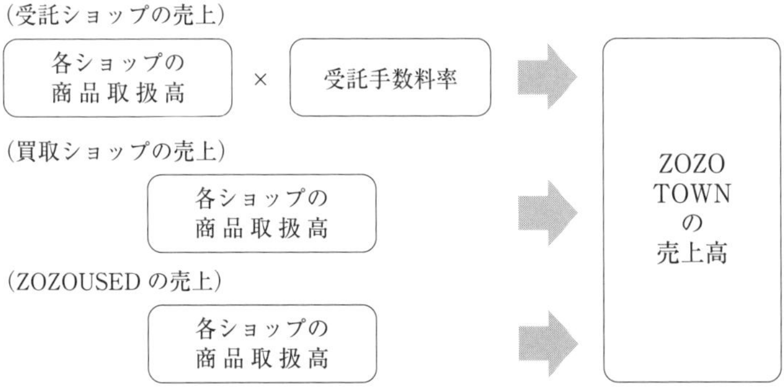

（受託ショップの売上）
各ショップの商品取扱高 × 受託手数料率 ⇒

（買取ショップの売上）
各ショップの商品取扱高 ⇒

（ZOZOUSEDの売上）
各ショップの商品取扱高 ⇒

ZOZOTOWNの売上高

いる。この3つの形式における商品取扱高の割合は，「受託ショップ」が82.2％を占めており，圧倒的に「受託ショップ」の売上構成比が高くなっている。

　この3つの事業がZOZOTOWNの表の顔であるとすれば，このビジネスを支えているバックシステムがZOZOTOWNの持つ物流システムである。ZOZOTOWNでは，各ブランドから預かった商品を全て自社施設で保管し，荷受，採寸，写真撮影，梱包，発送までの物流業務全てを自社システムで運用している。増加していく一方の取扱品目を正確に管理し，品質を保持しながら顧客に届けることはオンラインショッピングにとって中核的な機能と言える。通信販売大手のAmazonを見ても，その重要性は強くうかがい知ることができよう（図表6-5）。

　この重要な物流システムについて，ZOZOTOWNは2013年に，既存拠点の約3倍の広さを持つ新しい大型物流センターを千葉県習志野市[27]で稼働させた。この新センターの稼働によって，3000～4000億円の商品取扱高まで対応できるようになり，当日配送など更なるサービスの拡充が実現した。

　この物流機能の強化を利用し，新たな事業も進められてきている。それはZOZOTOWNの運営ノウハウを活用した，サイト運営の受託事業である。この事業は，自前でのサイト運営が難しいショップの運営を受託するもので，受託したサイトの在庫までZOZOTOWNが一括管理し，欠品と売り逃しを防ぐ機能を果たすというものである。既にセレクトショップ大手のビームスなど約30社が委託しており，今後，更なる拡大が見込まれている。

4. 今後の展望
―試されるEコマース市場拡大への対応―

　日本国内のアパレルEコマース（EC）市場は，2014年に約1.3兆円[28]に達している。これは前年比で10％強の伸びであり，アパレル業界全体の売り上げが横ばい状態にあることを考えると，極めて有望な市場であるといえる。こうした市場環境を受けて，スタートトゥデイも直近の売上高[29]は27％増を記録している。さらに，ファッション市場全体から見ると，Eコマース市場が占

める割合はわずか9％程度に過ぎないことから，まだその成長性には余力があるとみられている。

　しかし，それだけの成長性が見込めるがゆえに，こうした環境変化に次第に対応してくる競合他社も増えてくるし，新規参入業者が登場してくる可能性は少なくない。その意味では，これまで以上にアパレルのEコマースの市場での競争はますます激しくなってくることが予想される。

　さらに，システム自体が日進月歩のアパレルEコマースの市場にあっては，ITサービスの進化に合わせたサービスの革新が不可欠である。例えば，最近ではSNSへの対応がこれに当たる。ZOZOTOWNでは若者に絶大に支持されているLINEに公式アカウント[30]を設けた。これによって，ユーザーはお気に入りの商品の値下げや再入荷などの情報を，いつも使用しているLINEで知ることができる。従来，ZOZOTOWNではこうした情報をメールマガジンやサイト内での告知で行ってきたが，タイムリーな情報を提供することでユーザーの買い逃しを防いでいる。このサービスの提供に対して，開設後わずか1週間で約24万人が登録したことを考えると，相当のニーズがあったことがわかる。

　こうした若年層のターゲットに向けてZOZOTOWNでは，衣料品の着こなし情報を発信するアプリ「WEAR（ウェア）」[31]の提供も始めている。このアプリは，着こなしについての検索が出来る。例えば，「セーター」，「白」などといった情報を打ち込むと，その条件に合致した服装が表示される。さらに，一度お気に入りに登録しておくと，その条件に関係した衣類がアップされるとユーザーに通知してくれる機能を持っている。この「WEAR」のダウンロード数も既に500万件を超えており，ZOZOTOWNというフォーマットの価値をさらに高める原動力となっている。

　今後も，こうした進化するITへのスピーディーな対応はオンラインショップでは不可欠な要素となろう。

第6節　おわりに
―アパレル業界を生き残る処方箋とは―

　以上，3つのアパレルブランドの分析と展望をまとめると，図表6-6のようになる。

　アパレル業界の裾野はとても広いことから，今回3つの企業を選定するのは至難の業であった。様々なデータを当たってみたところ，近年，アパレル業界で伸びているのは，大別するとファストファッション業界（低価格業態を含む），専門店（ブランド店など），そしてEコマース市場であることが分かった。その意味で，今回，対象として取り上げた3つの企業は，それぞれ企業規模も大きく異なる[32]が，こうしたアパレル業界の近年の動きは取り入れるこ

図表6-6　3つのアパレルブランドと今後の展望

革新の軸＼ブランド名	ユニクロ	OJICO	ZOZOTOWN
オファーサイト	・カジュアルベーシックを基軸とした定番商品への集中 ・素材開発に注力し，これまでにはない機能的な商品の提供	・大人も子供も楽しめるTシャツの提案 ・ストーリー性のある商品の提案 ・限定ショップによる希少性の演出	
バリューチェーン	・SPAを最大限に活用した低価格の実現 ・品目数を絞り込むことで，規模の経済を追求		・日本最大のアパレルオンラインショッピングサイトを活用した「総合的」な品揃えの実現 ・物流システムの充実
今後の展望	・国内市場の深掘りと海外市場の積極的な展開 ・LIFE Wearという新しいコンセプトへの展開	・競合及び新規参入への対応 ・希少性の維持と拡大のバランス	・拡大するEコマース市場への対応 ・SNS等，進化するITへの対応 ・サイト運営の受託事業の拡大

とが出来たといえる。これらの企業はバリューチェーンやオファーサイトを革新することで、成熟したアパレル市場の中で1つの独特なドメインを作ってきた企業と言ってよい。

他方、かつてこの市場を牽引してきた大手GMSが大量閉店を計画していることを考えると、アパレル業界にも大きな構造変化が起こっているとみることが出来る。1980年代半ばくらいまで、低〜中価格の衣料品はまさにGMSの主戦場であった。こうした構造変化は今後も十分に起こりうる。アパレル業界で常勝であり続けるのは、極めて困難であると言わざるを得ない。

革新しなければ滅びるのは、どの業界でも同様である。問題は、アパレル業界では、その革新のベクトルがトレンドに合致しているかどうかというところにある。何かオリジナルなものを、効率よく消費者に届ける。さらに、デザインという創造性の追求とITを活用した効率化をいかに連動させるのか、その方法を発見した企業のみがアパレル業界で生きていくことが出来るのかもしれない。

〈注〉
1) ファストファッションとは、流行を採り入れつつ低価格に抑えた衣料品を、大量生産し、短いサイクルで販売するブランドやその業態のことを指す。
2) ZARAは、インディテックス社（スペイン）が展開する売上高世界一のSPA企業である。売上高は2.46兆円（2015）となっている。
3) H&Mは、スウェーデンのアパレルメーカーエイチ・アンド・エム ヘネス・アンド・マウリッツが展開するファッションブランドである。
4) GAP（アメリカ）は、アメリカ最大の衣料小売店でSPAを始めた企業として知られている。売上高は1.9兆円（2015）となっている。
5) ファストファッション業界に含まれるか否かについては明確な規定はないが、ここでは一般にファストファッションとして、複数のメディアに取り上げられることが多いブランドを挙げている。
6) 株式会社ユニクロの設立として登録されているのは、株式会社ユニクロの前身であるサンロード株式会社の設立日であり、1974年9月2日となっている。1949年に創業されたのはメンズショップ小郡商事で、この会社は1991年にファーストリテイリングに社名変更している。
7) ユニクロ袋町店、1981年に閉店。
8) 2014年7月10日時点。海外出店は、中国、香港、台湾、韓国、シンガポール、マレーシア、タイ、フィリピン、インドネシア、オーストラリア、英国、米国、フランス、ロシア、ドイツである。

9) ユニクロの売上高は，2015年8月現在．出典はファーストリテイリングHP「業界でのポジション」から．
10) ユニクロ以外の他の事業の詳細については，下記のHPを参照されたい．
〈http://www.fastretailing.com/jp/about/business/segment.html〉
11) グローバル旗艦店は2015年11月現在，11店舗となっている．
12) ヒートテックは，ユニクロと東レとのコラボレーションから誕生した商品である．2006年には東レとの間に戦略的パートナーシップを締結し，ヒートテック専用の製造ラインを作るなど，機能性インナーの分野では他の追随を許さない強力なヒット商品となっている．
13) Life Wearというコンセプトは，2013年にユニクロが発表したものである．Life Wearの詳細なコンセプトについては，『ファーストリテイリング　アニュアルレポート　2014』13頁を参照されたい．
14) ここでの記述は，月泉[2015]を参照している．
15) コントワー・デ・コトニエ（Comptoir des Cotonniers）は，1995年にフランスで誕生した婦人服のブランドである．ファーストリテイリングは，2005年5月に同社を経営していたネルソンファイナンス社から経営権取得し，2006年に日本1号店を開店した．
16) 例えばZARAでは「ベルシュカ」，GAPは「オールドネイビー」や「バナナリパブリック」を展開している．
17) 中国を中心にしてきたユニクロの生産工場は，現在，中国のみならず，ベトナムやバングラデシュ，インドネシアなど世界各地に広がってきており，上海，ホーチミン，ダッカ，ジャカルタ，イスタンブールには生産事務所も設置されている．
18) OJOCOを運営するチャンネルアッシュでは，この他に「子供服・雑貨H（アッシュ）」，ポップコーン販売の26popcornなどを展開している．
19) 店舗数は2015年現在，出典はOJICOのHPより．
20) OJICOのホームページでは，これらのデザインを閲覧することが出来る．詳しくはHP内の「つながるデザイン一覧」を参照されたい．
21) OJICO.netは，OJICOが開設しているインターネット専用の販売用サイトである．URLは，〈http://www.ojico.net/sp/shopping.php〉となっている．
22) スタートトゥデイは1998年に有限会社として設立，2000年に株式会社化された．スタートトゥデイでは，現在，ZOZOTOWN事業のほか，UNITED ARROWS社やBEAMS社などといったアパレルメーカーの自社サイトを支援する「BtoB事業」の2つの事業をメインに展開している．全体の割合で見ると，ZOZOTOWN事業の取扱高は全体の86.3%，BtoB事業は13.7%という売上構成比になっている．
23) 2015年3月現在．
24) 2015年3月末時点．〈http://www.starttoday.jp/〉（2015.11.10.）
25) ZOZOTOWNのオープンにあたっては，各ショップの個性やブランドの世界観を壊さないように，著名な建築家に店舗デザインを依頼し，CGで再現し，インターネット上に架空の「街」を創り上げたという．
26) ここでの3つの事業の店舗数は，全て2015年3月現在のデータである．
27) 新拠点は，物流施設開発のプロロジスから新たに賃借するもので，延床面積は約10万8,500㎡の5階建てで，スタートトゥデイが全フロアに入居し，商品の入荷，保管，梱包，発送作業のほか，撮影や採寸といったフルフィル業務全般を行う．

28) 富士経済調べ。
29) 2015年㈱スタートトゥデイ『第18期第2四半期報告書』より。
30) LINEの公式アカウントは2015年3月から開設されている。
31) WEARはファーストトゥデイが展開するアプリで，2015年4月に大幅な刷新が行われた。
32) 特に第Ⅱ象限については，様々な専門店のショップを当てはめることが可能であろう。

〈参考文献〉

川嶋幸太郎 [2008]『なぜユニクロだけが売れるのか：世界を制するプロモーション戦略と店舗オペレーション』ぱる出版。
齊藤孝浩 [2014]『ユニクロ対ZARA』日本経済新聞出版社。
月泉 博 [2015]『ユニクロ世界一をつかむ経営』日経ビジネス人文庫。
村井直志 [2012]『強い会社の「儲けの公式」：AKB48，ユニクロから青山フラワーマーケットまで，あのビジネスはなぜ成功しているのか』ダイヤモンド社。
柳井 正 [2006]『一勝九敗』新潮文庫。
柳井 正監修 [2009]『ユニクロ思考術』新潮社。
横田増生 [2011]『ユニクロ帝国の光と影』文芸春秋。

『ファーストリテイリング　アニュアルレポート　2013』
『ファーストリテイリング　アニュアルレポート　2014』
『スタートトゥデイ　有価証券報告書　2014』。
『スタートトゥデイ　第18期第2四半期報告書2015』。

（木村　剛）

第7章

ミュージアム業界のフォーマットデザイン
―感動を生み出すフォーマット―

第1節 はじめに
―定型化された展示形態もいま革新の時―

　GDPの約6割を占める家計消費支出の近年の傾向は,モノの支出からサービスの支出への移行であり（1970年に3割弱だったサービスへの支出は,2013年には4割を超えている）,費目別では,教養娯楽（旅行・月謝等）が4.9%→7.2%,通信が1.2%→4.6%,外食が4.2%→5.3%などと増加している（消費者庁 [2014]）。

　内閣府の「国民生活に関する世論調査」では,「物」と「心」のどちらの豊かさを重視するかという問いに対して,1976年1月調査ではじめて「心」が逆転し,1979年以降は「心の豊かさ」が常に上回っているように（刀川 [2009], 三浦 [2013]）,サービス消費,特に「心」を豊かにする文化的な教養・娯楽への消費は増加傾向にある。

　本章では,その中でも文化や芸術や自然を展示・表現するミュージアム業界に焦点を絞る。ミュージアム（museum；博物館）とは,特定の分野に対して価値のある事物,情報,学術資料,美術品等を収集,保存し,それらについて

専門の職員が研究すると同時に，利用者に展示の形等で開示している施設である（佐々木ほか[2008]）。

　古くは大英博物館やルーブル美術館から，近年話題の旭山動物園（旭川）やジャパン・エキスポ（パリ）まで，内容的にも手法的にも多様な展開を見せている。本章では，古くはエジプトやオリエントにまで遡る歴史をもつミュージアム[1]が，特に戦後の定型化された展示形態を超えて，いかに新たなフォーマットを提案していけるかについて，検討する。

第2節　ミュージアム業界先進フォーマットのポジショニング
―オファーサイトとバリューチェーンによる分類―

　ミュージアム業界の先進フォーマットを考える前提として，まずその対象範囲を明確にする。一般に，ミュージアム（museum；博物館）は，その展示内容によって，a. 人文科学系博物館（美術博物館［美術館］と歴史博物館［歴史資料，考古，民俗博物館など］），b. 自然科学系博物館（自然史博物館［地質・動物・植物］，飼育栽培博物館［動物園，植物園，水族館］，理工学博物館［科学技術館・産業科学館など］，天文博物館），c. 両者を統合した総合博物館，に分けられる（鈴木[1999]）。

　これらミュージアム業界の先進フォーマットを示すと，図表7-1のようになる。

　まず，オファーサイトとバリューチェーンを共に革新した第Ⅰ象限には，ジャパン・エキスポが位置づけられる。2000年にパリで始まったジャパン・エキスポは，日本のアニメやゲームなどのポップカルチャーから武道・茶道から将棋や和食までの伝統文化を融合し，それらをただ展示するだけでなく，アニメキャラのコスプレイベントや武道・和食の実演提供など，来訪者自体が参加できるなど，オファーサイトを大きく革新した。またバリューチェーンについては，従来，ミュージアムは価値物（文化）の集積地であったところ，ジャパン・エキスポでは価値物（文化）の集散地（この概念は後述）という新しいバ

図表 7-1　ミュージアム業界の先進フォーマット

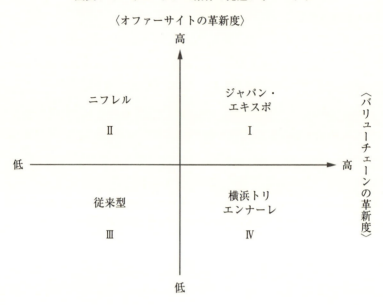

リューの流れも創り出した。

　次に，オファーサイトを革新した第 II 象限には，ニフレルが位置づけられる。ニフレルは，2015 年秋に大阪・万博記念公園内「EXPO CITY」にオープンした，水族館，動物園，美術館を融合・革新した"生きているミュージアム"を主張する施設である。このように博物館のジャンルを超えて多様なものを融合・提供しているだけでなく，「感性にふれる」というコンセプトの下，その展示方法も大きく革新し，オファーサイトの新しい形を提案している。

　そして，バリューチェーンを革新した第 IV 象限には，横浜トリエンナーレが位置づけられる。横浜トリエンナーレは，2001 年を第 1 回に，横浜市で 3 年おきに開催される現代美術の国際展覧会であり，近年の第 4 回（2011 年），第 5 回（2014 年）は，横浜美術館を中心に行われている。日本の美術館は，明治期の制度導入の経緯から，予算や管理を国や地方自治体に委ねる，中央集権的なフランス型の運営が一般的であったが，全体的な予算が削られる中，指定管理者制度など新しい取り組みを用いることによって，アメリカ型の，自ら

資金を集めるファンドレイジング型へバリューチェーンを革新した（宮津[2014]）。

第3節　第Ⅰ象限　ジャパン・エキスポのフォーマットデザイン
―日本（ジャパン）文化を体験・共創―

1. ミュージアム概要
―パリから日本を発信―

ジャパン・エキスポ（Japan Expo）は，JTS Group 主催により 2000 年からフランスのパリで開催されている日本文化の総合博覧会である。日本文化の内容としては，マンガ・アニメやゲームから，音楽やファッションまでのポップカルチャーと，武道や書道・茶道から，将棋・花札から和食までの伝統文化を網羅している。直近の第 16 回ジャパンエキスポは，2015 年 7 月 2 日（木）〜 7 月 5 日（日）の 4 日間，パリ郊外のノールヴィルパント展示会会場にて，来場者 24 万 7,473 人を集めて行われた（『2015 年　第 16 回 Japan Expo 開催報告書』）。

主催者の JTS Group は，代表がジャン＝フランソワ・デュフール（Jean-François Dufour），副代表がトマ・シルデ（Thomas Sirdey）で，ジャパン・エキスポを中心に，日本とフランスをつなぐ多彩な活動を行っている。グループ会社は 6 社で，中核の JTS PARTICIPATIONS を中心に，ジャパン・エキスポの運営会社の SEFA EVENT，ジャパン・エキスポの音楽などのコンテンツプランニングなどを行う SOUND LICIOUS，広報及びマーケティングを行う GOMA communication&marketing，web デザインやチラシ・ポスター制作を行う CLEEK などからなる。

ジャパン・エキスポの概要をまとめると，次ページの図表 7-2 のようになる。

図表 7-2　ジャパン・エキスポの概要

名　称	ジャパン・エキスポ（Japan Expor）
開始年月日	2000 年 6 月（第 1 回）
開催回数	2015 年 7 月まで，ほぼ毎年 1 回，計 16 回開催
運営者	JTS Group
開催地数	5（パリ，オルレアン，ブリュッセル，マルセイユ，米国カリフォルニア州［サンタクララ，サンマテオ］）
事業内容	日本のポップカルチャーと伝統文化を，欧米で発信するフェスティバル

2. 発展の経緯
―オタクの集まりから欧州最大の日本文化イベントへ―

1999 年に，日本文化の情熱的ファンであった，トマ・シルデ，ジャン・フランソワ・デュフールとサンドリーヌ・デュフール（Sandrine Dufour）が Japan Expo を創立し，2000 年の第 1 回では，2,000 人の来場者を集めた。

その後，着実に拡大し，2007 年には，企画・運営会社の SEFA EVENT を創立し，ジャパン・エキスポはヨーロッパ最大の「日本文化とエンターテインメント」のフェスティバルに成長した（2007 年の第 8 回大会で，来場者数 80,727 人）。

ヨーロッパで日本文化を普及した功績が認められ，2009 年に外務大臣賞，2011 年に第 16 回 AMD（Association of Media in Digital）アワード功労賞，2013 年に文化庁長官賞をそれぞれ受賞した（以上，ジャパン・エキスポ HP より）。

直近の 2015 年（第 16 回大会）で，来場者数は 24 万 7,473 人，ゲストは 320 名以上（マンガ・アニメ・音楽・ゲーム等のクリエーター），出展ブース数 728（うち日本からのブース数 119）となり，13 万 5,000㎡の会場では，来場者は展示ブースを訪れ，新商品購入や旬のコンテンツを発見し，また，トークショーやサイン会，さらにステージでのコンサートで熱狂するなど，盛りだくさんのアクティヴィティを満喫した（『2015 年　第 16 回 Japan Expo 開催報告

書』)[2]。

3. 分　析
　　――オファーサイトとバリューチェーンの革新――

(1)　オファーサイトの革新：共創する共時的・通時的コンテクスト

　ジャパン・エキスポのオファーサイトの革新は，a.共時的コンテクスト，b.通時的コンテクスト，c.コンテクストの主体転換，という3つの視点から説明できる（aとbについては，第2章・図表2-3参照）。

　まずa.共時的コンテクストについては，2つの意味（空間的・歴史的）で，魅力ある共時的コンテクストを創造している。ジャパン・エキスポは，マンガ・アニメ・ゲーム・ファッション・音楽などのポップカルチャーと，武道・芸道・芸能・遊び・和食などの伝統文化とが，日本の文化として1つのまとまり（空間的コンテクスト）を形成し，1つの価値を提示している。さらに伝統文化は，現在も剣道・茶道・歌舞伎・将棋・寿司などが空間的に存在しているだけでなく，それぞれがその中に大いなる歴史を持っている（千利休に始まる侘茶や，平安時代の将棋，など）。したがって，いま茶道を楽しむということは，現時点での価値（おいしさや器など）だけでなく，歴史的価値（千利休と豊臣秀吉の朝顔のエピソード，など）も楽しめるのである。ポップカルチャーについても，（伝統文化ほどの長い歴史はないが，）例えば，ワンピースの作者の尾田栄一郎が，ドラゴンボールの作者の鳥山明を尊敬している歴史的流れを知ると，ワンピースを楽しむ際にも，ワンピース自身の価値だけでなく，そこに鳥山明からの影響などの歴史的価値を見出すことは可能である。このようにジャパン・エキスポは，それぞれのコンテンツ（ポップカルチャーも伝統文化も）が空間的コンテクストを形成していると共に，それぞれを構成するコンテンツがその内部に歴史的コンテクストも形成しているわけで，そこが第1の革新である。

　次のb.通時的コンテクストは，ジャパン・エキスポと言う巨大な展示空間

が，時間にして毎日10時間（9時～19時），日数にして4日間それが続くことによって，新たな通時的コンテクストを創り出しているのである。大会場内に，何百というブース，何十というショーやイベントやサイン会が提供され，グッズ販売や食事コーナーも含め，観客は一人一人が多様で多彩な通時的コンテクストを享受している。これが第2の革新である。

最後に，c.コンテクストの主体転換がある。ジャパン・エキスポのコンテクストを創造しているのは，もちろん主催者のJTS Groupであり，観客はコンテクストの享受者というのが基本である。ただ，ジャパン・エキスポでは，本来享受者であるはずの観客もコンテクストの創造者になっている。一番わかりやすいのが，コスプレ・ショーである。各国対抗のコスプレ・ショーでは，フランス，ドイツ，ベルギーなど十数か国のチームが，アニメやマンガやゲームのコスプレを身に纏い，短いショーを演じて競い合う。ここでは，このショーを構成するコンテンツの創造者は，JTSでなく，観客自身なのである。また，会場内においては，特にショーに出演しない観客も，多くの人達が，自分なりのコスプレを身に纏いつつ観覧している。サービス・マーケティングでは，他の客も重要なマーケティング要素と言うが，この場合は，それを1つ越え，単にアニメ好きそうな若者と言うだけでなく，自身がそのアニメの登場人物のコスプレをしているわけであり，ジャパン・エキスポのコンテクスト創造の一翼を担っていると言うことができる。これが第3の革新である。

(2) バリューチェーンの革新：集積地から集散地へ

ジャパン・エキスポのバリューチェーンの革新は，「集散地」というキーワードで表せる。

文化資源による地域活性化を分析した山村[2008]によると，地域活性化の戦略には集積地と集散地がある。文化資源の「集積地」とは，地域がどれだけ文化資源を所有できるかというアプローチで，歴史的な街並み・景観，文化財や芸術作品，また文化情報のアーカイブ化によって，特定の場所に高い質のこれら資源をストックする戦略である。京都や鎌倉など，従来からよく見られるこの戦略であるが，a.文化歴史的な資源をもっている地域（京都など）は簡単に

できるが，そのような歴史的景観・文化財のない地域では難しい，b.博物館や美術館など新たな文化資源集積の施設を作る場合，莫大な費用（建設費も収集費も）がかかる，などの課題を持っていた。

　それに対し，新たに提案される「集散地」とは，ソフトとしての文化資源（情報・技術・知識・知的財産・メディアコンテンツなど）が集まり，人的交流を通して，別の土地へ文化資源が向かうというソフトの「集散地＝（集まって散るという）ハブ」となる戦略である（山村[2008]）。この場合，集まってくる人自身（アニメオタクなど）が情報をもっており，彼ら自身が来訪地で情報を発信するので，地域の側としては，歴史遺産や文化財を集める必要はなく，来訪者たちが交流できる場所（プラットホーム）と機会さえ提供できればよいのである。代表的な例として，1975年に始まるコミケ（コミック・マーケット）があげられる（海外事例では，このジャパン・エキスポが代表的）。

　このように地域活性化・地域ブランドづくりの議論から生まれた「集散地」概念であるが，このようなコンセプトの革新に加え，バリューチェーンも大きく革新している。

　従来型の，例えば，日本浮世絵博物館（松本市）を考えた場合，バリューチェーンは，「事業企画」→「店舗（博物館）設計」→「スタッフ（学芸員など）教育」→「集客」→「サービス（展示）提供」→「料金徴収」，というオーソドックスなパターンをとり（cf.第2章・図表2-5)，そこでバリューチェーンは終了である（一般的な博物館・美術館では，サービス業でよくある「アフターサービス」はそれほど重視されないことも多い）。

　一方，集散地としてのジャパン・エキスポでは，バリューチェーンの，a.構成，b.長さ，が大きく革新されている。a.構成に関しては，2つめの「店舗（場）設計」の重要性が，皆が集うプラットホームと言う意味で，格段に高い。一方，「スタッフ教育」の重要性は低い。学芸員は浮世絵に精通していることが不可欠だが，ジャパン・エキスポではそこまでの必要はなく，来訪者と語り合えればよい。その意味では，似た業態の見本市（東京モーターショーやメゾン・エ・オブジェ，など）とは異なり，スタッフと来訪者のより共創的な関係性のバリューチェーンと言える。ただ，ここまではバリューチェーンの各要素

の重視度の革新に過ぎないが，b. 長さでは，バリューチェーン自身が革新されている。すなわち，ジャパン・エキスポのような来訪者参加型の集散地イベントでは，その場で新たなコンテンツが創造され，バリューチェーンが「サービス（展示）提供」段階ではまだまだ終わらない。ジャパン・エキスポの各国対抗コスプレ・ショーは，その場で創造され，それがまた別のコスプレ・ショーや，翌年のジャパン・エキスポにおけるショーにつながっていくのである。バリューチェーンが1イベントで終わらず，連綿と連鎖していくところが大いなる革新と言える。

4．今後の展望
―自身の価値拡大と横（世界各国）への展開―

　ジャパン・エキスポの今後の展望としては，課題と裏腹だが，2つの点があげられる。

　1つは，パリで行われているジャパン・エキスポ自体の価値の拡大である。2000年から始まったこの催しも2015年で16回目を数え着実に進歩しているが，マンガ・ゲーム・ファッション・音楽などのポップカルチャーが8割を占め（cf. 注2），伝統的日本文化がまだまだ少ない。副代表のトマ・シルデ氏が，我々のインタビューに対し，「マンガ・アニメなどへの興味をきっかけに，和食や伝統文化へも興味をもってもらえればよい」と話されていたように（cf. 注2），いかにメイン・コンテンツの「ジャパン」の価値を上げて行けるかが今後の大きな課題である（実際，2015年の回では，「和食」の特設コーナーなどが加えられていた）。

　いま1つは，パリから横への展開である。JTS Groupによりパリで始まったジャパン・エキスポは，その後，オルレアン，ブリュッセル，マルセイユ，米カリフォルニア州（2013年・サンタクララ，2014年・サンマテオ）などへと横展開で広がって行ったが，例えば，2015年に米国サンマテオで開催されるはずであったジャパン・エキスポは，諸般の事情で，中止となっている。ジャパン・エキスポという1つのミュージアム・フォーマットをいかに，世界各

国へ横展開して行けるか。グローバル・マーケティングには必ずついて回る重要なテーマであるが（標準化と現地化など；三浦 [2014]），今後の大きな課題である。

第4節　第Ⅱ象限　ニフレルのフォーマットデザイン
―感性にふれるミュージアム―

1.　ミュージアム概要
―海遊館が提案する新しい水族館―

　ニフレル（NIFREL）は，2015年11月19日に，大阪・万博記念公園内「EXPO CITY」にオープンした，水族館，動物園，美術館を融合した"生きているミュージアム"を主張する施設である。大阪・天保山にある世界最大級の水族館「海遊館」（㈱海遊館）がプロデュースした施設で，コンセプトは「感性にふれる」。生き物の美しさや不思議さを直感的にアートのように楽しめる，今までにないエンターテインメント施設を目指している。

　展示では，地球が育んだ多様ないのちと個性を，「いろ」（生き物がもつ自然の色），「わざ」（生き物がもつ様々な技），「すがた」（生き物たちの不思議な姿），「WONDER MOMENTS」（自然現象の美しい瞬間），「みずべ」（水辺の大小の生き物たちの暮らし），「うごき」（生き物が自由に動き回る小川・空間），「つながり」（自然・生き物・現代生活の迫力ある立体映像）という7つのテーマの下，造形物，照明，映像，音楽を融合させるインスタレーション（installation；空間芸術・空間展示）手法を用いて展示し，子どもから大人に至る来訪者の感性を刺激している（ニフレルHP）。

　ニフレルの概要は，次ページの図表7-3のようになる。

図表7-3　ニフレルの概要

名　　称	ニフレル（NIFREL）
開場年月日	2015年11月19日
運営者	㈱海遊館
事業内容	水族館，動物園，美術館を融合した"生きているミュージアム"

2. 発展の経緯
―世界最大級から世界初へ―

　㈱海遊館は，大阪・天保山のウォーターフロント再開発プロジェクト「天保山ハーバービレッジ」の中心施設として，1990年7月20日，世界最大級の水族館「海遊館」を開館した。同水族館は，「リング・オブ・ファイア（環太平洋火山帯）」と「リング・オブ・ライフ（環太平洋生命帯）」をコンセプトに，大型のアクリルガラスを使用した巨大水槽で環太平洋の海を再現し，ジンベイザメが遊泳する「太平洋水槽」など，従来の水族館の印象を劇的に変えて成功している（日経大阪PR企画出版部 [1997]）。

　2008年には，開業以来の入館者数が5,000万人に達し，6,317日での達成は国内の水族館では最速である。

　このような成功を受けて，㈱海遊館は，大阪の万博記念公園内の複合商業施設EXPOCITY（同地で閉園となったエキスポランド跡地を三井不動産が再開発）の中心施設の1つとして，ニフレルを，2015年11月19日にオープンした（EXPO CITY自体も同日オープン）。先に見たように，今回は「水族館」という枠を取り払い，魚を中心としながらも，そこに哺乳類・爬虫類・両生類や鳥類など多様な生き物を対象とし，それも単に展示するのではなく，アート（芸術作品）としても耐えうる形で呈示・訴求しており，まさに世界初とも言える挑戦になっている。

3. 分析：オファーサイトの革新
　　―アートとしての水族館＆動物園―

　ニフレルのオファーサイトの革新は，同館が主張する"生きているミュージアム"という言葉に端的に表れている。すなわち，日本語でミュージアムと言った場合，（博物館というより）美術館を連想することが多いが，ただ一般の美術館は，生きていないもの（絵画や彫刻）を展示している。一方，ニフレルは，生きているもの（海や陸の生き物たち）を美術館のように見せているのであり，まさに水族館・動物園がアートになっているのである。

　まず1階の「いろ」ゾーンでは，真っ赤なシラボシアカモエビやオレンジと白のカクレクマノミなど多彩な色をもつ魚たちが円筒形の水槽で泳ぐ中，時間ごとに様々な色の光が当てられて色彩の感性を刺激する。次の「わざ」ゾーンでは，オオテンジクザメにぴたりとくっついて身を守るコバンザメや，ひげで海底の砂をかき分けて餌を探すオジサンという魚など，彼らの多様な技が間近で見れる。続く「すがた」ゾーンでは，光のドットが無限に続く空間に浮かび上がる多くの水槽の中で，大きく膨らむハリセンボンや砂に潜る細長いチンアナゴなど，彼らの不思議な姿形が示される。多くの水槽（前後左右から見れる）が並ぶ様は，陶磁器などをガラスケースに入れて展示する美術館そのものである。そして，1階と2階をぶち抜いた「WONDER MOMENTS」ゾーンは，地球のような大きな球体のスクリーンに水の彫刻や花や宇宙が映し出される光のインスタレーション（アーティスト・松尾高弘作）で，1階床面には光のシャワーが降り注ぎ，子どもたちの感性を刺激する。2階に上がると続く「みずべ」ゾーンで，ホワイトタイガーやミニカバなど水辺に暮らす哺乳類たちの生活も間近で見れる。次の「うごき」ゾーンでは，コツメカワウソの素早い水中遊泳やカピバラののんびりした動き，さらに来訪者の頭上を跳ぶワオキツネザルや空中を飛ぶアナホリフクロウも見れる。檻がなかったり，水槽の上が開いていたりと，来訪者と生き物たちの距離がものすごく近いのである。そして最後の「つながり」ゾーンでは，壁と床の2面のスクリーンで，自然・生

き物・人間の同じところ，違うところなどを，迫力ある，そして感動的な映像で語りかけ，つながりを考えさせる。

このように多様な7つのゾーンからなるニフレルであるが，そのオファーサイトの革新は，a.融合，b.展示，c.感性，とまとめられる。

まずa.融合については，水族館，動物園，美術館を1つのコンテクストでまとめあげたところが，大きな革新である。もちろんこれまで動物園と植物園の融合など，飼育栽培博物館（動物園，植物園，水族館）を複数融合していたものはあったが，ニフレルでは，さらに美術館を融合したのである。「みずべ」ゾーンではホワイトタイガーやミニカバが魚たちと一緒に生活し，「すがた」ゾーンではチンアナゴなどの魚たちがまるで美術品のように展示されている。また「つながり」ゾーンでは，動物や魚や鳥たちがアート作品のように映像化されており，自然科学系博物館の水族館・動物園が，人文科学系博物館の美術館と見事に融合している。

次に，b.展示にも革新が見られる。飼育栽培博物館の展示方法における大きな革新は，旭山動物園（旭川市）の小菅園長による「形態展示」から「行動展示」への転換が最も代表的であるが（小菅[2006]），ニフレルでは，形態展示も行動展示も共に革新している。形態展示については，「すがた」ゾーンで，魚たちの不思議な姿を展示しているが，壁に水槽をはめ込む普通の水族館のような展示ではなく，美術品のように前後左右360度から見れるアーティスティックな水槽で展示されており，これまでの形態展示をはるかに革新している。また行動展示については，「うごき」ゾーンで，水槽内を高速で遊泳するコツメカワウソを水槽越しに間近で見れるだけでなく，ワオキツネザルは来訪者の目の前を走り，跳び，嘴が特徴的なオオハシは来訪者のほんの数cmのところにいたりと，檻やガラスがないという意味で，行動展示もさらに革新している。

最後に全体を統一するのが，c.感性である。人が海や陸の生き物に接した時，何を感じるか。その「いろ」に感激し，その「うごき」や「わざ」に感銘し，不思議な「すがた」に感嘆する。そして共に生きるものとしての「つながり」を深く考える。特に小さな子供たちにとっては，多様な生き物や，多様な

表現にふれて，自らの感性を大いに刺激することができるはずである。感性で括りなおした大いなるコンテクストが，ニフレルのオファーサイトの核心であり，革新と考えられる。

4. 今後の展望

　ニフレルの今後の展望については，まだ開館したばかりで明確に言うことは難しいが，1つ大きく言えることは，ミュージアム業界に新たな一石を投じた点であり，今後の競合施設の対応（同質化や対抗）が注目される。

　それは，自然科学系博物館（水族館・動物園）と人文科学系博物館（美術館）の融合である。これら2種類の博物館は，展示内容（展示物）だけでなく，コンセプトがまずもって大きく異なる。自然科学系博物館は，自然科学と冠しているように，事実の提示，客観性が基本である。一方，人文科学系博物館は，客観性というより主観性，論理性というより創造性が大事である。ニフレルは，展示内容の中心は海の生き物なので自然科学系の水族館に近く，これまでの多くの水族館では事実を客観的・正確に提示するのが基本であった。それに対して，ニフレルでは，海の生き物を生物としてだけでなく，1つのアート・芸術作品として捉え，（理性だけでなく）感性に訴える形で提示したのである。事実をアートで表現する。これは大いなるコンテクストの革新であり，大いなる挑戦である。

　この新たな挑戦（1つのイノベーション）を，市場がどのように受け入れ，また競合施設がどのように対応していくのかは，大きな注目である。先に見た旭山動物園の「形態展示から行動展示へ」というイノベーションは，燎原の火のように，瞬く間に，上野動物園をはじめとする日本の多くの動物園に広がったが，このニフレルのイノベーションがどのように市場で，また競合施設で受け止められていくのか。今後のミュージアム業界を考える上で，目の離せない大きなポイントである。

第5節　第Ⅳ象限　横浜トリエンナーレのフォーマットデザイン
　　　　　　―地域と生きる大規模国際展―

1. ミュージアム概要
　　―3年に一度の現代アートの国際展―

　横浜トリエンナーレは，2001年に始まり，横浜市で3年に一度行われている現代アートの国際展覧会である（トリエンナーレ [triennale] は，3年に一度という意味）。国際的に活躍するアーティストの作品と共に，新進アーティストも広く紹介し，世界最新の現代アートの動向を提示する展覧会となっている。

　直近の第5回展「ヨコハマトリエンナーレ2014」（第4回から名称は，「ヨコハマ」とカタカナ表記）は，「華氏451の芸術：世界の中心には忘却の海がある」というテーマの下，2014年8月1日～11月3日の約3カ月間，横浜美術館と新港ピア（新港ふ頭展示施設）をメイン会場に，横浜市，公益財団法人横浜市芸術文化振興財団，NHK，朝日新聞社，横浜トリエンナーレ組織委員会の主催で行われた（横浜トリエンナーレ組織委員会 [2014]）。

　横浜トリエンナーレが生まれた背景には，近年の美術界の動きがある。宮津 [2014] によると，1970年代以降，アートは視覚的な強さや美しさに加え，哲学的考察や社会批判といった側面を徐々に強めていき，そのような流れの中，表現形態やアート作品の形態も変化，多様化してきた。その結果，「美の殿堂」である美術館の役割にも限界が生じ始め，新しい芸術表現を地域コミュニティの中で展示・訴求していく試みが，世界中でされるようになっていった。さらにアートは作品売買という点からもともと経済動向とも密接に関係しており，大規模国際展が地方自治体にもたらす経済効果も大きく，90年代以降，大規模国際展で文化による地域おこし・都市おこしを目指す動きが強まり（アジア

でも，1995 年に光州ビエンナーレ，96 年に上海ビエンナーレ，98 年には台北ビエンナーレが始まっている），その1つがこの横浜トリエンナーレなのである（このような大規模な国際展は，美術館のホワイトキューブ空間では収まりきらない作品を紹介するという機能もある；難波 [2009]）。

図表 7-4　横浜トリエンナーレの概要

名　称	横浜トリエンナーレ
開始年月日	2001 年 9 月 2 日
開催回数	2014 年 8 ～ 11 月まで，ほぼ 3 年に 1 回，計 5 回開催
運営者	横浜トリエンナーレ組織委員会（横浜市，NHK，朝日新聞社，横浜市芸術文化振興財団）
事業内容	横浜の美術館や施設をメイン会場に，3 年に一度行われる現代アートの国際展覧会

2.　発展の経緯
　―日本の横浜を発信する形で発展―

　日本の周辺国・地域で次々と大規模国際展が立ち上がる中，日本国内でも 21 世紀に向けて世界的芸術イベントの開催が「国際文化交流に関する懇話会」（総理大臣の諮問機関）などで提言される中（宮津 [2014]），1997 年，外務省が国際美術展の定期開催方針を発表し，1999 年に，横浜トリエンナーレ組織委員会が，国際交流基金，横浜市，NHK，朝日新聞社によって設立された（横浜トリエンナーレの HP；以下同様）。

　そして 2001 年 9 月 2 日～11 月 11 日（67 日間開場），第 1 回展「横浜トリエンナーレ 2001」が，「メガ・ウェイブ ―新たな総合に向けて―」というテーマの下，パシフィコ横浜展示ホールと横浜赤レンガ倉庫 1 号館をメイン会場に開催された（総入場者数：約 35 万人）。

　2004 年に，横浜市が創造都市施策を策定し，横浜トリエンナーレをリーディング・プロジェクトに位置づけた後，1 年遅れたが 2005 年 9 月 28 日～12 月 18 日（82 日間開場），第 2 回展「横浜トリエンナーレ 2005」が，「アートサ

ーカス[日常からの跳躍]」というテーマの下,山下ふ頭3・4号上屋をメイン会場に開催された(総入場者数:約19万人)。

続いて,2008年9月13日-11月30日(79日間開場),第3回展「横浜トリエンナーレ2008」が,「TIME CREVASSE —タイムクレヴァス—」というテーマの下,新港ピア(新港ふ頭展示施設),日本郵船海岸通倉庫(BankART Studio NYK),横浜赤レンガ倉庫1号館,三渓園などを会場に開催された(総入場者数:約55万人)。

2010年に,横浜トリエンナーレ組織委員会の主催者が横浜市,NHK,朝日新聞社の3者となり(国際交流基金が外れた[3]),2011年には文化庁の「国際芸術フェスティバル支援事業」となる中,2011年8月6日-11月6日(83日間開場),第4回展「ヨコハマトリエンナーレ2011」が,「OUR MAGIC HOUR —世界はどこまで知ることができるか?—」というテーマの下,横浜美術館と日本郵船海岸通倉庫(BankART Studio NYK)をメイン会場に開催された(総入場者数:約33万人)。

2012年に,横浜トリエンナーレ組織委員会の主催者に(公財)横浜市芸術文化振興財団が加わった後,2014年8月1日-11月3日(89日間開場),第5回展「ヨコハマトリエンナーレ2014」が,「華氏451の芸術:世界の中心には忘却の海がある」というテーマの下,横浜美術館と新港ピア(新港ふ頭展示施設)をメイン会場に開催された(総入場者数:約21万人)。

3. 分析:バリューチェーンの革新
　　―フランス型から米国型へ―

横浜トリエンナーレのバリューチェーンの革新は,フランス的中央集権型から米国式ファンドレイジング型へ,という形でまとめられる(cf.宮津[2014])。

大規模国際展は,一部の例外を除き,入場料収入やカタログ,グッズなどの販売だけでは到底運営は成り立たず,収入の大半を国や地方自治体からの負担金や助成金に頼っているのが現状と言われる中,横浜トリエンナーレは第4回展「ヨコハマトリエンナーレ2011」で,2億円の黒字を達成した(宮津

[2014])。

　その理由として，2つのバリューチェーンの革新が考えられる。まず1つめは，メイン会場を横浜美術館にしたことから生まれた革新である。美術館の特別展を観覧する際，チケット1枚で特別展と共に常設展も見られることが多いが（「利用料金制度」と呼ばれる），横浜トリエンナーレもそれを採用し，さらに，美術館スタッフが，館内のトリエンナーレ関連業務（作品設置や管理）を兼務することで，人的資源の効率化も達成した。まさに美術館（常設展）と大規模国際展（特別展）における利用料金制度の応用・拡大（料金の効率化に加え，人的資源も効率化）と言えるもので（宮津 [2014]），展覧会運営に大いなる革新をもたらした。

　もう1つが，指定管理者制度の活用という革新である[4]。従来，公的施設（博物館など）の外部への管理委託については地方自治法で厳しく規定されていたが，国政における行政改革と時を同じくして地方自治体でも行財政改革が推進され，官から民への規制緩和の一環として，2003年，同法が改正され，営利企業，NPO，学校法人，任意団体などを指定管理者として，公的施設の運営を委託することができるようになった（横山・半田 [2014]）。

　日本の公立美術館は，明治期の制度導入の経緯から，予算や管理を国や地方自治体に委ねる中央集権的なフランス型がほとんどであったが，近年，少子高齢化や景気後退に伴い文化予算が削られる中，多くの自治体が指定管理者制度を利用し，自ら運営資金を集める米国式ファンドレイジング型への脱皮を模索している（宮津 [2014]）。実際，横浜美術館は，（公財）横浜市芸術文化振興財団の中核組織として，指定管理者制度導入によって，8階展望台への企業協賛や有料講座である横浜美術館塾の企画・運営など，自ら収益をあげる試みに取り組んでおり（宮津 [2014]），同財団が横浜トリエンナーレ組織委員会に加わったことで（2012年），今後のトリエンナーレのバリューチェーンのさらなる革新が期待される。

4. 今後の展望
―地域との経済・人の循環―

横浜トリエンナーレの今後の展望としては，a. 経済波及効果，b. 地域との連携，がある。

まず，a. 経済波及効果については，銀行系シンクタンクによる第2回展の報告レポートでは，準備段階における物品・サービスの調達が23億8,000万円，来場者による会場近辺での消費が26億5,300万円と，総額で50億円を超え，予算総額5億5,600万円（市による分担金はその内3億6,000万）をはるかに超えた波及効果をもたらしていた（宮津[2014]）。

このように開催期間以前の準備段階においても地域への経済波及効果が期待される大規模展は，地域活性化や地域ブランドづくりを考える上での大きな基礎を与えてくれるもので，今後の拡大が期待される。

もう1つが，b. 地域との連携である。このような大規模展でよく見られる大型作品やサイトスペシフィック（site-specific；場の特定性のある[5]）なプロジェクトでは，アーティストが現地で滞在制作することが多く（2014年の第5回展では，「創造界隈拠点連携プログラム」として，旧市街地の歴史的建造物や倉庫・空きオフィスなどをアーティストたちの拠点に提供した；横浜トリエンナーレ組織委員会[2014]），ボランティアで制作をサポートする市民らとの交流が図れる。また，第3回展などの会場となった新港ふ頭に隣接する東京藝術大学大学院映像研究科（新港校舎）は，横浜市が映像文化施設を貸与する形で2006年に誘致・開校したものだが，「横浜映像祭2009 CREAM」や，世界的アーティストのミン・ウォンが，2013年に日本をテーマに個展を開催した際も，彼ら芸大の院生たちがボランティアで協力して大きく評価された（宮津[2014]）。

このように一般市民や芸術系の院生などが横浜トリエンナーレに関わることで，地域全体としてのバックアップがさらに高まってくることが期待される。

以上，3つのミュージアムの分析と展望をまとめると図表7-5のようになる。

図表7-5　3つのミュージアムの提供価値と今後の展望

ミュージアム名 革新の軸	ジャパン・エキスポ	ニフレル	横浜トリエンナーレ
オファーサイト	・ポップカルチャーと伝統文化を融合 ・来訪者とコンテクスト共創	・水族館をアート作品に	
バリューチェーン	・集積地から集散地へ		・利用料金制度の拡大 ・指定管理者制度の活用
今後の展望	・自身の価値の拡大 ・海外への横展開	・競合の対応 （同質化か差別化か）	・経済波及効果拡大 ・地域との連携強化

第6節　おわりに
―共創・感性・地域―

　本章では，ミュージアム業界を対象に，ジャパン・エキスポ，ニフレル，横浜トリエンナーレという3つの先端的フォーマットを分析したわけであるが，フォーマットの革新の方向性は，共創，感性，地域という言葉にまとめられる。

　まずは共創である。ミュージアム（博物館）は，もともとは，ありがたいもの（美術品であれ，変わった動物であれ）を展示し，来訪者はそれを受動的に見るだけであった。ただ，近年のweb2.0の時代の中で消費者側がどんどん主体的にアップロードし（青木[2008]），消費者参加型製品開発の事例も増えて行く中（三浦[2011]），ミュージアムも，主催者と来訪者で共に創り上げる視点が大きく出てきた。ジャパン・エキスポの各国対抗コスプレショーや，ニフレルの「うごき」ゾーンでの展示と来訪者の一体化，横浜トリエンナーレの大型作品制作をサポートするボランティアなど，主催者を中心としながらも，そこに来訪者との共創が付加されることによって，当該ミュージアムの価値が大きく拡大しているのである。

続いて感性である。ミュージアムは，理性と感性に働きかけるものであるが，特にこれからのミュージアムは感性が重要である。小学生の時に学校から博物館や美術館に団体で見学に行ったことのある人は多いと思われるが，その場合，基本は勉強であり，理性の涵養が主目的であった。もちろんそれは大事なのだが，巨匠の絵を見たり，変わった動物に接すると，感性が磨かれるのである。ジャパン・エキスポのアニメ・マンガ・ゲームは感性そのものであるし，ニフレルは感性で括り直した生き物たちの展示であり，横浜トリエンナーレは感性を刺激するインスタレーションに満ちており，それがそれらミュージアムの価値をさらに高めているのである。

最後に地域である。現代アートのインスタレーションの基本原理は，「サイト・スペシフィティ（site-specifity；場の特定性）」と言われるように（cf.注5），芸術作品自体，どこの場所（サイト）に置かれるかで，その価値がまったく異なってくる（三浦 [2012]）。それは芸術作品と置かれる場との相互作用のなせる技であるが，ミュージアムの場合は，立地する地域との相互作用は重要であるし，さらに進んで地域の人々との相互作用（相互交流）も非常に重要である。ジャパン・エキスポでは，発信の場が（日本でなく）パリということは非常に重要であるし，ニフレルでは大阪・万博記念公園やEXPO CITYの他の施設群との相互作用が重要であるし，横浜トリエンナーレではまさに横浜市やそこに住む人々との協働作業が大きな意味をもっており，ミュージアムの成功には地域との関係が欠かせないことが理解される。

共創・感性・地域の3つの視点をもって，さらに新たなイノベーションがミュージアム業界で陸続と起こって行くことを期待したい。

〈注〉
1) ミュージアムの歴史については，その種類で異なる。美術館や博物館については，古代エジプトや古代オリエントの時代から戦利品を神殿に並べて公衆に見せる習慣はあったように（アレキサンダー大王［B.C.356-323］が特に有名），中央集権的な帝国が富や財宝の集中を図るのは当然で，ルーブル美術館や大英博物館の膨大なコレクションも，戦時下の強奪と植民地からの略奪の集積と考えられる（西岡・福 [1997]）。動物園の起源については，野生動物を飼育することに始まり（6500年前のイラクでのハト，4500年前のインドでのアジアゾウ，など），その後，動物コレクションが各地にできる

が（BC7世紀のギリシャ，BC4世紀頃の中国の王，フランク王国のカール大帝［742-814］，イギリスのヘンリー1世［1068-1135］など），市民に開かれた近代動物園は，1752年，ウィーンのシェーンブルン宮殿に作られたものに始まり（1765年に市民に公開），その後，19世紀には，ロンドン，アムステルダム，ベルリンなど，世界に50ほどの動物園が開園した（成島［2011］）。植物園については，栽培植物の記録が残っている世界最古のものは漢の武帝（BC156-87）が華南に作ったものと言われるが（「植物園」を美しい花や木を愛でる庭園という意味で使うなら，BC1500年のエジプトに遡る），中世には修道院を中心に薬草園としての植物園が多く生まれ（13世紀には，ローマ法王ニコラス3世が大規模な薬草植物園としてバチカン植物園を創設），植物学研究のための最初の植物園は1545年，イタリアにパドバ植物園が創設され，それに続き，ヨーロッパの伝統的な植物園のほとんどが16世紀～18世紀初に開設された（小山［1997］）。水族館については，魚を飼うという興味や習慣は古代にまで遡るが，巨大水槽やショーの観覧施設がある文化施設としての水族館は，19世紀中ごろ，動物学を基礎に置いた動物園（19世紀に欧州中心に成立）の一角から誕生したと言われ，最初のものは，1830年，フランスのボルドーにできたものと言われる（フランスは精巧なガラス製品を製造する工業力があったことが背景の1つと言われる）（堀［1998］）。

2) 2014年（第15回大会）実績で数字を分析すると，以下の通り。来場者は24万人で（2015年は24万7,473人），出展者（各種機関，企業，デザイナー，小売業者，アーティスト，アマチュアなど）は19カ国から688（2015年は728）であった。出展者の内訳は，マンガ・カルチャー（マンガ，アニメ，玩具，格闘技など）が58％，ポップカルチャー（ゲーム，音楽，ファッション，映画）が27％，伝統文化（文化，ライフスタイル，文学，料理）が10％，現代文化（カー＆バイク，教育，ハイテク，観光）が5％となっており，マンガ・カルチャーとポップカルチャーで8割を超えており，基本的に現代のマンガ・アニメ・ゲームなどのコンテンツを核とした祭典となっている（筆者らが2015年7月4日にトマ・シルデ氏に行ったインタビューでは，「マンガ・アニメなどへの興味をきっかけに，和食や伝統文化へも興味をもってもらえればよい」と話されていた：このインタビュー調査は，科学研究費基盤研究（C）（課題番号：15K01964，代表：川又啓子亜細亜大学教授）「文化資源の集散地の形成・発展メカニズムに関する研究：ジャパンエキスポを事例として」の助成を受けたものである）。

プログラムとしては，約190人（2015年は320人以上）の多彩なゲストが，会場面積125,000㎡（2015年は135,000㎡）の71％のイベントスペース（他はアニメ・ゲーム関連の物販など）で多様な活動を行い，サイン会が85回，プレミア上映が13回，開催ショーやイベントが63回（来場者主体のコスプレショーなども多い）で，全体として開催4日間で625時間を超えるプログラムとなっていた。

来場者は，性別では，男性55％・女性45％，地域別では，パリおよびイル・ド・フランスが46％，その他フランスが48％，海外が6％，年齢別では，15～25歳が76％，26～35歳が11％，15歳未満が9％，35歳以上が4％，などとなっていた。

（以上の2014年実績の数字は，『ジャパン・エキスポ16th IMPACT』より。）

3) 民主党政権時代の事業仕訳けの流れの中で，国際交流基金が横浜トリエンナーレ組織委員会から離脱した（宮津［2014］）。

4) 指定管理者制度については，公立図書館の指定管理者を民間企業にした例が，近年，世間を賑わしている（2012年，佐賀県の武雄市図書館の指定管理者にカルチュア・コンビニエンス・クラブがなった例，など）。現在，指定感謝制度を導入している市町村

の図書館は 426 館で、全体の 13% に上るという（『日本経済新聞』2015 年 11 月 27 日）。
5) 現代アートのインスタレーションの基本原理は、「サイト・スペシフィティ (site-specifity；場の特定性)」と言われる（辰巳 [2007]，松井 [2009]，土屋 [2009]）。

〈参考文献〉

青木茂樹 [2008]「インターネット・マーケティング」，原田保・三浦俊彦編著『マーケティング戦略論』芙蓉書房，281-314 頁。
小菅正夫 [2006]『〈旭山動物園〉革命—夢を実現した復活プロジェクト—』角川書店。
小山鐵夫 [1997]『植物園の話』アボック社。
佐々木亨・亀井修・竹内有理 [2008]『新訂 博物館経営・情報論』放送大学教育振興会。
消費者庁 [2014]『平成 26 年度 消費者白書』勝美印刷。
鈴木眞理編 [1999]『改訂 博物館概論』樹村房。
辰巳晃伸 [2007]「インスタレーションの成立と展開—現代アートと展示—」，太田喬夫・三木順子編『芸術展示の現象学』晃洋書房，73-96 頁。
土屋誠一 [2009]「ランド・アート」，美術手帖編『現代アート辞典—モダンからコンテンポラリーまで…世界と日本の現代美術用語集—』美術出版社，60-63 頁。
刀川 眞 [2009]「「心の豊かさ」を求める時代の科学技術に対する生活者ニーズ把握の検討」『Discussion Paper』(no.51)，文部科学省科学技術政策研究所科学技術動向研究センター。
成島悦雄編著 [2011]『大人のための動物園ガイド』養賢堂。
難波祐子 [2009]「美術館×国際展×パブリック・アート」，美術手帖編『現代アート辞典—モダンからコンテンポラリーまで…世界と日本の現代美術用語集—』美術出版社，pp.134-137。
西岡文彦・福のり子 [1997]『美術館ものがたり—その歴史とドラマ—』淡交社。
日経大阪 PR 企画出版部編 [1997]『超水族館のウラ・おもて—海遊館ものがたり』日経大阪 PR。
堀由紀子 [1998]『水族館のはなし』岩波書店。
松井みどり [2009]「フィギュラティヴ／アブストラクト」，美術手帖編『現代アート辞典—モダンからコンテンポラリーまで…世界と日本の現代美術用語集—』美術出版社，118-121 頁。
三浦俊彦 [2011]「e マーケティング」，高橋宏幸・丹沢安治・花枝英樹・三浦俊彦共著『現代経営入門』有斐閣，290-314 頁。
三浦俊彦 [2012]「コンテクストデザインに至る理論の流れ—言語学・倫理学・芸術・文化人類学・経営・マーケティングなどの先行研究レビュー—」，原田保・三浦俊彦・高井透編著『コンテクストデザイン戦略—価値発現のための理論と実践—』芙蓉書房出版，23-74 頁。
三浦俊彦 [2013]『日本の消費者はなぜタフなのか—日本的・現代的特性とマーケティング対応—』有斐閣。
三浦俊彦 [2014]「グローバル市場研究の諸問題」，堀越比呂志編著『戦略的マーケティングの構図—マーケティング研究における現代的諸問題—』同文舘出版，205-229 頁。
宮津大輔 [2014]『現代アート経済学』光文社。
山村高淑 [2008]「観光情報革命時代のツーリズム（その 3）—文化の集散地の可能性—」『北海道大学 文化資源マネジメント論集』Vol.3，北海道大学大学院国際広報メディ

ア観光学院文化資源マネジメント研究室，1-5 頁．
横浜トリエンナーレ組織委員会監修 [2014]『ヨコハマトリエンナーレ 2014「華氏 451 の芸術：世界の中心には忘却の海がある」』平凡社．
横山勝彦・半田滋男監修 [2014]『改訂版 美術館を知るキーワード』美術出版社．

『2015 年 第 16 回 Japan Expo 開催報告書』
　〈http://nihongo.japan-expo.com/pdf/JE16_Report_JP.pdf〉．
『ジャパン・エキスポ 16th IMPACT』（ジャパン・エキスポ PR 冊子）
　〈http://nihongo.japan-expo.com/pdf/JAPAN%20EXPO%202015%20PR%20Pamphlet.pdf〉．
ジャパン・エキスポ HP 〈http://nihongo.japan-expo.com/art-918-en-presentation.html〉．
ニフレル HP 〈http://www.nifrel.jp/〉．
横浜トリエンナーレ HP 〈http://www.yokohamatriennale.jp/index.html〉．

（三浦俊彦）

第8章

病院業界のフォーマットデザイン
―病院業界の革新に向けて―

第1節　はじめに
―病院業界を取り巻く状況―

　厚生労働省によれば，全国の病院や診療所の経営状況を調べた医療経済実態調査の結果（2015年11月）において，2014年度の一般病院の1施設当たり平均赤字額が1億1,778万円に上るとした[1]。こうした数字に代表されるように，病院業界の状況は総じて厳しいと言えよう。

　従来，病院業界は規制や保護政策が強く，言われた通りのことをしていれば何とかなる業界でもあった[2]。しかしながら，今日の病院業界を取り巻く環境は，国の財政難による診療報酬の引き下げ，高齢者の急増，関連法規制の変化などを背景にして，かつてない変革の様相を呈している。とりわけ，その変革の源は「市場競争」であり，その下で各病院は，価格競争ではなく非価格競争の領域（例えば，高度医療サービスの提供，患者への対応サービスの充実，院内アメニティの整備など）において，患者及び患者関係者に選択されるための努力を従前以上に行うのである。そうした市場競争は，必然的に商品・サービスの多様化やマネジメントの必要性を促すことになろうが，これまで制度によ

って保護されてきた医療が市場競争という厳しい洗礼に晒され,今まさに顧客志向・営利志向への転換のために,活動を活発化させていると言えよう。

本章では,病院業界に変革をもたらしているトヨタ記念病院,青梅慶友病院,武田病院グループを取り上げ,オファーサイト軸とバリューチェーン軸との兼ね合いの中で病院業界先進フォーマットを論じていく。

第2節　病院業界先進フォーマットのポジショニング
―トヨタ記念病院,青梅慶友病院,武田病院グループのポジショニング―

病院業界先進フォーマットのポジショニングは,図表8-1の通りである。

トヨタ記念病院は第Ⅰ象限に位置づけられる。トヨタ記念病院は,第Ⅲ象限の従来型の病院に対して,38にも及ぶ診療科のラインナップを揃えることで医療サービスのフルラインの提供を行い,さらには医療・福祉複合型による医

図表8-1　病院業界先進フォーマットのポジショニングマップ

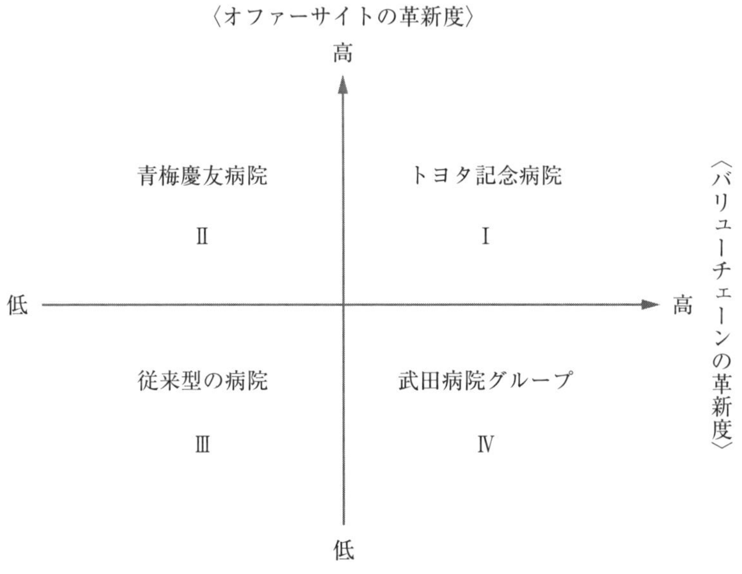

〈オファーサイトの革新度〉

	高	
青梅慶友病院 Ⅱ		トヨタ記念病院 Ⅰ
低 ――――――――	――	――――――― 高 〈バリューチェーンの革新度〉
従来型の病院 Ⅲ		武田病院グループ Ⅳ
	低	

療サービスを提供するなどのオファーサイトの革新を生み出した。また他方で，医薬品卸を利用せず，卸的存在である GLD（グッドライフデザイン：Good Life Design）をトヨタ自動車と三菱商事が共同で設立し，医薬品メーカーや医療資材メーカーと直接取引を行うことで医薬品・医療資材のコストを大幅に下げ，医師と業者との癒着を断ち切るなど，従前にない独自の流通システムというバリューチェーンの革新を生み出した。本院については，第3節で詳しくみていきたい。

青梅慶友病院は第Ⅱ象限に位置づけられる。青梅慶友病院は，トヨタ記念病院のような医療・福祉複合型による医療サービスの提供をさらに洗練させた形において，長期療養にこだわり，顧客に対する究極の高付加価値型の医療サービスの提供というオファーサイトの革新を生み出した。近年では，系列施設の「よみうりランド慶友病院」や「慶友ガーデンハウス」などの老人病院や高齢者施設の展開によるバリューチェーンの革新の一端も垣間見えるが，基本的に首都圏同一地域での展開だけに，今回においてはオファーサイトの革新に注目して考察していきたい。本院については，第4節で詳しくみていきたい。

武田病院グループは第Ⅳ象限に位置づけられる。武田病院グループは，武田病院，武田総合病院，宇治山田病院，十条武田リハビリテーション病院，木津屋橋武田病院，北山武田病院，宮津武田病院，稲荷山武田病院，精華町国民健康保健病院の9つの病院から構成されており，これらの病院以外にも医療・福祉の関連施設を数多く抱えている。武田病院グループの革新は，オファーサイトの革新というよりも，やはり9つの病院を中心に様々な関連施設を含めたグループ全体による京都一円の顧客に対する医療サービスの提供というバリューチェーンである。このバリューチェーンの革新は，いわば地域独占の構築にほかならず，他の競合者の追随を許さないほど圧倒的なものと考えられる。当グループについては，第5節で詳しくみていきたい。

第3節　第Ⅰ象限　トヨタ記念病院のフォーマットデザイン
―オファーサイトの革新とバリューチェーンの革新―

1.　組織概要
―トヨタ記念病院の組織概要―

トヨタ記念病院は，トヨタ自動車の企業立病院であり，愛知県豊田市平和町に1987年9月15日に開設された。同院は，愛知県豊田市を中心に比較的広範囲をその診療圏にもつ，地域密着型の総合病院であり，病床数513床，職員数1,049名（非常勤医師は除く），診療科目38科目，総延床面積約65,000㎡の規模を誇る大規模病院である[3]。

図表 8-2　トヨタ記念病院の概要

名　　称	トヨタ記念病院
設　　立	1987年9月15日 ＊前身の診療所の開設は1938年11月7日
施設数／病床数／職員数	1施設／513床／1,049名（非常勤医師を除く）
事業内容	医療機関として医療サービスの提供

（出所）　トヨタ記念病院 HP 〈http://www.toyota-mh.jp/index.html〉。

2.　発展の経緯
―福利厚生施設から地域中核病院への発展―

トヨタ記念病院のはじまりは，1938年11月7日，トヨタ自動車挙母（ころも）工場内の診療所開設（内科・外科）に遡るが，1942年にトヨタ自動車工場附属トヨタ病院開設，1957年に総合病院承認，そして1987年9月15日に現在の形のトヨタ記念病院として開院するに到った。その後，トヨタ記念病院

は，トヨタ自動車の理念の下，地域から信頼される中核病院として，大きな発展を遂げている。

トヨタ記念病院の設立母体は，トヨタ自動車（メディカルサポート部）である。同院がある豊田市に隣接する愛知県刈谷市の刈谷豊田総合病院とよく比較されるが，刈谷豊田総合病院は，刈谷市とトヨタグループ7社（デンソー，豊田自動織機，アイシン精機，ジェイテクト，トヨタ車体，愛知製鋼，トヨタ紡織）により設立された病院であり，トヨタ自動車本体が関与するのは，このトヨタ記念病院のみである。

トヨタ記念病院の理念は，「安心して受けられる良い医療，主役はお客さま，地域社会への貢献を合言葉に，利用する患者の笑顔を自身の誇りとする」というものである。それを前提に，その目指すべき病院の基本方針として，医療の質の向上，お客さま満足度の向上，地域とのパートナーシップの向上，働きがいのある病院，の4つをあげている。さらには，職員の行動指針として患者さまに選ばれる病院にする，医療の質の向上に努める，医療人・企業人・社会人としての自覚を持ち「オープンでフェアな態度，チームワーク，責任ある行動」を実践する，人材育成を進め職場一丸となって働きがいのある病院づくりに励む，の4つをあげている。

このように，明確な理念の下，病院の基本方針から職員の行動指針に至るまでの考え方をきっちりと掲げている点からして，病院が目指す自らのあり方とその自信が伺える。また，トヨタ記念病院の特徴として，組織，モノ，金，サービスに至る一連のマネジメントがしっかりとしている点もあげられる。事実，全国にある病院の中でも，黒字化を達成している病院には企業立病院（主として企業の福利厚生施設として設立され，成長するに至った病院）が多く，同院はその筆頭格にあげられる。有体に言えば，トヨタ記念病院のマネジメント感覚が他院と比べて格段に優れていると考えられるのだが，それは，同院の事務局において，多くのトヨタ自動車からの派遣組が活躍している点も見逃せない。

3. 分析：オファーサイトの革新とバリューチェーンの革新
―革新的な医療サービスの提供と独自の流通システムの構築―

トヨタ記念病院においては，オファーサイトの革新とバリューチェーンの革新について論じていく。

(1) オファーサイトの革新：医療サービスのフルライン化と医療・福祉複合型による医療サービスの提供

トヨタ記念病院は「医療サービスのフルライン化」と「医療・福祉複合型による医療サービスの提供」によりオファーサイト軸上の水準を向上させてきた。

医療サービスのフルライン化とは，従来型の病院に対して，38 にも及ぶ診療科を揃えることで，同地域の競合病院との差別化を図り，医療サービスを全方位的に提供するものである。実際に，診療科は非常に微に入り細にいる状況で，どのような医療サービスでも提供できる体制が整っており，広範囲の地域住民にとって頼もしい存在になっている。

また，医療・福祉複合型による医療サービスの提供とは，医療サービスはもとより，同地域で医療と関わりの深い福祉サービスの提供を同時に行うことによって，医療・福祉複合型のサービスの展開を目指している。具体的には，トヨタ記念病院を中心にして，近隣にケアマンション，リハビリテーション施設，看護・福祉の専門学校などを配置し，医療・福祉複合型サービスの提供を行うことで他地域・他病院との優位性を獲得している。これは，いわゆるショッピングモールと同様な考え方で設計されており，トヨタ記念病院に行けば，医療・保健・福祉に関わるサービスのほぼ全てがカバーされる状況を創り出すことを狙いとしている。

実際に，トヨタ記念病院は，2001 年からの長期ビジョンとして，「メディカルケアランド構想」を掲げ，同院がある豊田市平和町を中心に，医療・保健・福祉の包括的なサービスの提供を徐々に進めている。メディカルケアランド構

想とは,「医療・保健・福祉の一体的提供」,「街の機能としてヘルスケア全般を提供」,「豊田市平和町モデルが豊田市全域に拡大」などの考えの下,子育てから老後までを安心して暮らせる都市づくりをコンセプトにしたものである。構想図(グランドデザイン)としては,基本的に同院を中心にして,老人保健施設,在宅介護サービス,ケア付住宅などを整備し,地域の小病院,診療所,老健・特養との連携も強めるといったものになる。構想における当院の位置づけとしては,入院主体の高機能急性期病院及び顧客ロイヤルティの獲得を達成すべく,メディカルケアランドの核,あるいは地域の中核病院として,日本のトップレベルの21世紀型病院を目指している。

(2) バリューチェーンの革新:独自の流通システムの構築

トヨタ記念病院は,医薬品卸や医療資材卸をできるだけ通さずに,販社的存在であるGLD(グッドライフデザイン:Good Life Design)をトヨタ自動車と三菱商事の共同出資によって設立し,医薬品メーカーや医療資材メーカーとの直接取引に及ぶことで,従前にない独自の流通システムというバリューチェーンの革新を生み出した。この独自の流通システムの構築は,直接購入・大量購入によって医薬品及び医療資材のコストを大幅に下げ,医師とメーカー業者及び卸業者との癒着を断ち切り,医師らに医療サービスに専念できるようなメリットをもたらした[4]。

その独自の流通システムの構築のキーストーンとなるのが株式会社GLDである。GLDは,2002年にトヨタ自動車51%出資,三菱商事49%出資によって設立された,トヨタ記念病院の敷地内にある,いわゆる同院の医療サービス全般のサポート会社である。主な事業としては,医療事務・IT関連業務,検体検査事業,調剤薬局の運営,医薬品の共同購入,ケアプランの作成,介護用品のレンタル・販売,福祉車両の紹介,住宅改修,シニア住宅の運営などがある。この中でも,とりわけ,トヨタ記念病院における医薬品・医療資材の代行購入,SPD(Supply Processing and Distribution:院内流通)は特筆すべきものがある。このGLDの役割は,他の総合病院でも医薬品・医療資材メーカーとの直接取引に及ぶために当該機関を設ければよいと考えられがちであるが,実

際には他の医療機関が模倣することができていない。この独自の流通システムは，いわゆる，トヨタ自動車のマネジメントマインドを受け継ぐトヨタ記念病院だからこそできるバリューチェーンの革新と言えよう。

4. 今後の展望
―トヨタ記念病院の挑戦―

トヨタ記念病院が常にイノベイティブな発想の中で進展しているのは，トヨタ自動車のマネジメント力との関係が深い。というのも，トヨタ記念病院の経営幹部にはトヨタ自動車からの応援部隊（出向組）がおり，たとえ病院といえども医療サービスの質の向上とともに，効率化を進めた上で利益を確保するのは当然だと考えているからである。そうしたトヨタ記念病院の今後の展望は次の点にまとめられる。

(1) 診療地域の維持・拡大：地域連携の強化と域外地域への進出

トヨタ記念病院がエリアマーケティングによって診療圏の把握を，ポジショニング分析によって診療科の確定と競合病院との差別化のあり方を考察していることは他の論稿でも論究している[5]。そうした活動は，主に患者及び患者家族（潜在顧客を含む）の満足度を高めることによる維持と，今後に向けた患者獲得の拡大を狙うものである。例えば，診療地域の維持については，同地域内の小病院・診療所・クリニックとの地域連携の強化を図ることで推進している。この地域連携はどの大型病院においても極めて重要であることはよく知られているが，トヨタ記念病院は，三九朗病院（一般40床，リハビリ100床）をはじめとする地域の小病院，診療所，クリニックとの連携強化で，豊田市を約60の大都市・中核都市の中で一般病床の平均在院日数が最も低い街の1つに引き上げている。今後もこの地域連携の強化により信頼と改善を重ねていくことが肝要であろう。また診療地域の拡大においては，GLDを活用して，名古屋駅に隣接したルーセントタワー内に医療モール（ルーセントウェルネスセンター）を2007年に開設している。とりわけ，心療内科は，都心で働くサラ

リーマンなどに対する，不眠やうつ病，ストレス性疾患などへのメンタルケアに一役買っている。こうした試みは，診療地域の拡大への布石と言えようが，GLD を活用した動きは今後もますます高まりそうである。

(2) メディカルケアランド構想：メディカルケアランドへの道程

　トヨタ記念病院では，患者及び患者家族（顧客及び潜在顧客）の維持・獲得を目指し，2001 年からの長期ビジョンとして「メディカルケアランド構想」を打ち出している。メディカルケアランド構想とは，基本的に医療・保健・福祉の包括的なサービスを提供できる町を創出していくことを目指すものである。同院は，すでに同院に隣接した形で，老人保健施設，在宅介護サービス，ケア付住宅などを整備し，地域の小病院，診療所，老健・特養との連携も進めるなど，豊田市全体をメディカルケアランドにしていこうという壮大な計画に着手し始めている。長期的なビジョンではあるが，バックグラウンドがトヨタ自動車となれば，達成もそれほど遠いものではないのかもしれない。

　こうしたトヨタ記念病院の今後の展望は，先にあげたオファーサイトの革新とバリューチェーンの革新とあいまって，徐々に進展していくものと考えられる。

第 4 節　第 II 象限　青梅慶友病院のフォーマットデザイン
―オファーサイトの革新―

1.　組織概要
―青梅慶友病院の組織概要―

　青梅慶友病院は，地元農協のバックアップを得て 1980 年 2 月 1 日に東京都郊外の青梅市に開設された長期療養型の大型高齢者専門病院である。敷地総面積 10,646 坪・延床面積 7,951 坪の同院は，2016 年現在，病床数は 736 床（医

療病床291床・介護病床445床），職員数は常勤換算で573名（医師19名，看護職162名，介護職258名，その他134名）であり，診療科目は内科，リハビリテーション科，精神科の3つとなっている。入院待機者が常時500名を超えると言われており，入院するまでに2～3年待ちになるほどの人気を博している。

図表8-3　青梅慶友病院の概要

名　称	青梅慶友病院
設　立	1980年2月1日
施設数／病床数／職員数	1施設／736床（医療病床291床・介護病床445床）／573名（常勤換算）
事業内容	医療機関・福祉施設として医療・福祉サービスの提供

（出所）　青梅慶友病院HP〈http://www.keiyu-hp.or.jp〉。

2.　発展の経緯
―老後の安心と輝きを創造する病院―

　東京都青梅市にある青梅慶友病院は，「老後の安心と輝きを創造する」という経営理念を掲げ，1980年2月1日に大塚宣夫医師によって開院された老人病院である。青梅慶友病院を語る上で，開院当時，院長であった大塚宣夫（現会長）を抜きにして語ることはできないであろう[6]。大塚宣夫は，1942年生まれ，1968年に慶應義塾大学医学部を卒業した。専門は精神科で勤務医となったが，1971年から2年間フランス政府給費留学生として渡仏し精神薬理学を研究した。帰国後，友人に依頼されて初めて老人病院を見た衝撃から，自ら老人病院開設を思い立ち，資金を貯める傍ら，支援者との出会いに恵まれて，1980年2月1日に当院を開設するに至った[7]。

　青梅慶友病院の病床数は開設当初147床であったが，その後，1982年に283床，1985年に558床，1990年に836床と開院後10年間に増床を繰り返し拡大してきたが，2015年現在では病床数は736床（医療病床291床・介護病床445

床）に落ち着いている。患者は7割が女性，平均年齢は85歳を超えているとされる。

近年では，慶成会グループとして，本院以外にも，慶成会新宿一丁目クリニック，慶友ライフケア，慶成会老年学研究所をはじめとして，よみうりランド慶友病院（東京都稲城市），慶友ガーデンハウス（青梅慶友病院隣接）などの老人病院や高齢者施設の開設も行い，首都圏同一地域において同様の医療サービスの展開を進めている。とりわけ，よみうりランド慶友病院（240床）は青梅慶友病院での高齢者介護・医療の経験をもとに2005年に開院した病院で，慶友ガーデンハウスは「自宅での生活には不安があるが，病院に入るにはまだ早い」といった顧客ニーズに応えるべく2006年に開設された高齢者施設である（7～9部屋からなるユニットが計7棟53部屋）。

現在，青梅慶友病院は，患者の豊かな最晩年のために，「高齢者にふさわしい医療」，「看護・介護・医療の一体的提供」，「尊厳が守られる毎日」，「自分の親を安心して預けられる場所」の4つの柱を打ち出し，従前にない老人病院のあり様を日々変革させている。

3. 分析：オファーサイトの革新
―究極の高付加価値型の医療サービスの提供―

大塚宣夫会長が「自分の親を安心して預けられる施設をつくる」を目標に開設した青梅慶友病院は，トヨタ記念病院のような医療・福祉複合型による医療サービスの提供を洗練させた形において，長期療養にこだわった，顧客に対する究極の高付加価値型の医療サービスの提供というオファーサイトの革新を生み出した[8]。

青梅慶友病院が目指す方向は，「患者本位の病院づくり」，「患者の能力の引き出し」，「やすらぎの創造」，「家庭での生活環境の創出」と考えられる。そのための工夫は，院内の随所にみられる。例えば，玄関から一歩踏み入れた際の四季を彩った絵画は圧巻であるし，居心地の良いホテルよろしく，家具や調度品にこだわったり，最高のサービス提供を施したり，病院特有の臭いにも特に

気を遣っている。また，生活のリズムを作り上げるために，個室での生活とゆったりとした共同スペースの中で，患者一人ひとりの状態に合わせて運動や食事への対応をしたり，院内でのイベントを数多く催したり（参加は自由），患者家族の面会が頻繁に行われたり，そしてその生活においておよそ一人の職員が患者の一日の生活全てを世話する仕組みを導入している。

　他方，常に顧客満足を支える組織と行動を念頭においてマネジメント活動がなされている。その活動の根底には，「病棟ごとの競争」，「逆ピラミッド型の組織づくり」，「顧客満足調査の実施」，「他部署研修」といったものがあり，それらによって高い顧客満足の達成がなされている。例えば，病棟ごとの競争とは，幾つかの病棟をそれぞれの婦長が人と予算を管理し，高いサービスを提供し合って競争させようとするものである。逆ピラミッド型の組織づくりとは，基本的な考えとして患者を頂点に，その下にはサービスを提供する第一線に立つ看護師，介護者，リハビリ担当者，続いて管理職，そして最後方にいるのが院長や理事長とするものである。顧客満足調査の実施とは，患者及び患者家族が提供サービスをどのように受けとめ，どのくらい満足しているかについて家族アンケートや意見箱（理事長への直通便）などによって検証していくものである。他部署研修とは，職員らが勤務している部署から離れ，他の部署において研修することにより自分たちの見えなかった部分や良いことを吸収して組織が互いに刺激し合い，病院全体の活性化に繋げていくというものである。さらには，可能な限りのクオリティやコストの数値化，職員全員で行われる各職員の評価（自分以外の全職員をそれぞれ評価）など，ユニークなマネジメント方法によっても，組織の活性化と創造性を高めている。

　その他にも，青梅慶友病院の特徴を客観的にとらえた場合，理事長の高いリーダーシップ，高価格設定による顧客の選別化，従業員の徹底した教育と従業員資質の見極め，病院自体のポジショニングの検討など，青梅慶友病院のユニークなマネジメント手法を垣間見ることができる。

4. 今後の展望
―青梅慶友病院の挑戦―

青梅慶友病院は，長期療養にこだわった，患者（顧客）及び患者家族に対する究極の高付加価値型の医療サービスの提供というオファーサイトの革新を生み出した。そうした青梅慶友病院の今後の展望は次の点にまとめられる。

(1) ユニークな経営手法の見直し：新規，継続，改善，改廃

既に述べたように，青梅慶友病院には，ユニークな経営手法が多く存在している。それぞれの経営手法は時代に合わせてイノベイティブに誕生したものであろうが，今後は時代の趨勢に合わせて「新規」，「継続」，「改善」，「改廃」を行っていくことが肝要である。

(2) 系列施設の充実：バリューチェーンの革新への挑戦

近年では，系列施設の「よみうりランド慶友病院」や「慶友ガーデンハウス」などの老人病院や高齢者施設の展開によるバリューチェーンの革新の展開も見られる。ターゲットは高齢者であったとしても，段階かつ質的な医療・福祉サービスの提供と施設の複数化によってバリューチェーンの革新をもたらすのである。同院においては，オファーサイトの革新については視界良好であろうし，そこにバリューチェーンの革新が加われば，さらなる飛躍をすることは必定であろう。

こうした青梅慶友病院の顧客満足を達成しようとする飽くなき挑戦は，オファーサイトの革新とあいまった形で，さらに確固たる地位を確立していくものと考える。

第5節　第Ⅳ象限　武田病院グループのフォーマットデザイン
―バリューチェーンの革新―

1. 組織概要
―武田病院グループの組織概要―

　武田病院グループは，京都市を中心に，康生会（武田病院，北山武田病院），宮津康生会（宮津武田病院），医仁会（武田総合病院，精華町国民健康保健病院），医道会（十条武田リハビリテーション病院，稲荷山武田病院），個人病院（木津屋橋武田病院，宇治武田病院）の9つの病院から構成されており，これらの病院以外にも医療・福祉の関連施設を数多く抱えているグループ・ネット

図表8-4　武田病院グループの概要

名　称	武田病院グループ（9病院） ＊武田病院，武田総合病院，宇治山田病院，十条武田リハビリテーション病院，木津屋橋武田病院，北山武田病院，宮津武田病院，稲荷山武田病院，精華町国民健康保健病院
設　立	1961年7月（京都府下京区木津屋橋に夜間診療開業）
施設数／病床数／職員数	【武田病院グループ9病院】 武田病院 394床／非公表 武田総合病院 500床／非公表 宇治山田病院 177床／非公表 十条武田リハビリテーション病院 182床／非公表 木津屋橋武田病院 111床／非公表 北山武田病院 60床／非公表 宮津武田病院 65床／非公表 稲荷山武田病院 55床／非公表 精華町国民健康保健病院 50床／非公表
事業内容	医療機関として医療サービスの提供

（出所）　武田病院グループHP〈http://www.takedahp.or.jp〉。

ワーク化戦略方式（グループ化することでネットワークを構築し，相互またはグループ全体のメリットをあげていくこと。いわばグループ化すること自体が戦略となる）の組織である。HP（ホームページ）においても，まずは武田病院グループのHPからそれぞれの病院・その他の関連施設にリンクが張られている仕組みがとられていることからも，武田病院グループ全体としての打ち出しを意識的に行っている。

武田病院グループの概要は，前ページの図表8-4のようになる。

2. 発展の経緯
—京都市一円を医療・保健・福祉全てにおいてカバーする病院—

武田病院グループの起こりは，1961年武田病院夜間診療（後の木津屋橋武田病院）として，京都木津屋橋に開設したところに端を発する[9]。1976年には武田道子医院及び医仁会第二武田病院（後の医仁会武田総合病院）の開業以降，京都各地に診療所や訪問看護ステーションを次々に開設し，1997年にはそれぞれの医療機関を束ねた武田病院グループとしての経営理念・基本方針・環境方針を制定するに至った（1998年武田病院グループ本部を新設）。2000年以降も，京都市各所に診療所・クリニックを開設する傍ら，介護・福祉・リハビリテーション施設の開設も行い，さらには幾つかの病院を診療移管（グループ化）して次々に開設していった（例えば，2002年ユニチカ中央病院を診療移管により宇治武田病院として開設したり，2003年城北病院を武田病院グループ化するなど）。とりわけ，2000年以降の武田病院グループの発展は目覚ましく，京都一円の病院のグループ化を進めるなど，拡大路線の一途を辿り，現在9つの病院と，その他にも診療所・クリニック，介護・福祉サービス施設の経営など，武田病院グループとしての確固たる地位を築いている。

このように武田病院グループは，経営理念の「ほっ。(心がかよう，心が安らぐ，環境づくり)」及び，基本方針の「Bridge The Gaps（橋をかけよう）」「患者さんの権利の尊重」「地球にやさしい環境づくり」の下，京都市及びその郊外一円を医療・保健・福祉のトータルにおいてカバーしていこうとする，グ

ループ・ネットワーク化戦略方式の複合体組織として位置づけられる。したがって，医療サービスの提供の範囲も，地理的及び提供サービス内容双方においてかなり広範囲といえる。

3. 分析：バリューチェーンの革新
―京都一円を包含する医療・保健・福祉サービスの提供と医薬品・医療資材の大量購入によるコストダウンの達成など―

　武田病院グループの革新は，9つの病院を中心に様々な関連施設を含めたグループ全体による京都一円の顧客に対する医療・保健・福祉サービスの提供と，大規模な病院グループの特性を活かした医薬品・医療資材の大量購入によるコストダウンの達成などといったバリューチェーンである。

　9つの病院を中心に様々な関連施設を含めたグループ全体による京都一円の顧客に対する医療・保健・福祉サービスの提供とは，経営戦略的にみれば，京都市（郊外も含む）全体をカバーし，いわば地域独占の構築を行うものであり，今日では他の競合者の追随を許さないほど圧倒的なものになっている。そこでは地域内におけるグループ福祉施設の充実も特筆すべきものがあり，病院との複合体化が進んでいる。

　また，医薬品・医療資材の大量購入によるコストダウンにおいては，販社的な役割を担うSPDセンターが医薬品及び医療資材を集約して購入・小分けして，それをグループ病院全体に提供することで達成している。SPDセンターでは，バーコードやICチップを活用してグループ病院における医薬品及び医療資材の管理（無駄使いや遺失の解消など）を徹底的に行っている。

　さらに，グループ内における様々な管理上のシステム（医師・看護師を含めた従業員管理，医薬品・資材管理，治療実績の改善管理など）を他の病院に対して指南・販売するなど，コンサルティング業務も進めている。そこでは，グループ全体の経営戦略を担う専任戦略部隊の活躍が重要な鍵を握っている。

　その他にも，武田病院グループの特徴は随所にみられ，さらなるバリューチェーンの革新に向けての布石となっている。例えば，理事長の高いリーダーシップ，グループ全体の経営を支援する専任戦略部隊の存在，医師を含めた従業

員の徹底した管理，診療所・クリニックなどとの地域連携の強化，などがあげられる。とりわけ，理事長のリーダーシップの高さと，経営戦略を担う専任戦略部隊の存在は，武田病院グループのマネジメントの要諦となっている。

4. 今後の展望
―武田病院グループの挑戦―

武田病院グループは，9つの病院を中心に様々な関連施設を含めたグループ全体による京都一円の顧客に対する医療サービスの提供というバリューチェーンを生み出した。このバリューチェーンの革新は，いわば地域独占の構築にほかならず，他の競合者の追随を許さないほど圧倒的なものと考えられる。そうした武田病院グループの今後の展望は次の点にまとめられる。

(1) 次世代の経営者の育成：後継者の育成

武田病院グループの最大の課題は，武田隆久理事長の後進を育てていくことに尽きる。武田病院グループとして一枚岩になれているのは，武田病院グループの創設者である武田隆男と武田道子も含め現理事長・武田隆久らのカリスマ的な存在が大きい。しかしながら，裏を返せば，武田隆久理事長後の後継者の育成は，武田病院グループがグループとして存続できるか否かの大きな課題となる。一般民間企業でもカリスマ経営者が後継者問題を後回しにしてきたことで，会社経営に重大な支障を来すケースも多々見られる。したがって，今後の後継者の育成が急務である。

(2) 巨大化した組織運営：内部崩壊・内部亀裂の修復

組織が拡大するのは総じて勢いがあり良いとされがちだが，巨大化した組織の運営にはこれまで以上に細心の注意を払い，しっかりと管理することが肝要である。とかく巨大化した組織は企業ガバナンスがとりにくく，内部からの崩壊や亀裂を招きやすい。そうした点を経営者のリーダーシップと管理体制の維持によって統制していくことが求められよう。

今後の武田病院グループは，こうした課題の克服や包括的なマネジメント活動によって，バリューチェーンの革新とあいまった形で，さらに確固たる地位を確立していくものと考えられる。

以上，3つの病院の分析と展望をまとめると，図表8-5のようになる。

図表8-5　3つの病院の提供価値及び今後の展望

革新の軸＼病院名	トヨタ記念病院	青梅慶友病院	武田病院グループ
オファーサイト	・医療サービスのフルライン化 ・医療・福祉複合型による医療サービスの提供	・患者（顧客）に対する究極の高付加価値型の医療サービスの提供	
バリューチェーン	・独自の流通システムの構築（GLDの活用）		・グループ全体による京都一円への医療サービスの提供 ・医薬品・医療資材の大量購入によるコスト削減の達成
今後の展望	・診療地域の維持・拡大 ・メディカルケアランド構想	・ユニークな経営手法の見直し ・系列施設の充実	・後継者の育成 ・巨大化した組織の内部崩壊の阻止・内部亀裂の修復

第6節　おわりに
―病院業界先進フォーマットの可能性―

本章では，病院業界先進フォーマットの可能性を探るため，とりわけ特筆すべき3つの病院にスポットを当ててきた。

トヨタ記念病院（第3節）は，医療サービスのフルラインの提供（38診療科）及び医療・福祉複合型による医療サービスの提供によるオファーサイトの革新を生み出し，また他方で，医薬品卸的存在であるGLDの設立によって医

薬品メーカーや医療資材メーカーとの直接取引を行うことで医薬品・医療資材のコストを大幅に下げ，医師と業者との癒着を断ち切るなど，従前にない独自の流通システムというバリューチェーンの革新を生み出した。

青梅慶友病院（第4節）は，トヨタ記念病院のような医療・福祉複合型による医療サービスの提供をさらに洗練させた形において，長期療養にこだわった，患者（顧客）に対する究極の高付加価値型の医療サービスの提供というオファーの革新を生み出した。近年では，系列施設の「よみうりランド慶友病院」や「慶友ガーデンハウス」などの老人病院や高齢者施設の展開によるバリューチェーンの革新の展開もみられる。

武田病院グループ（第5節）は，9つの病院を中心に様々な関連施設を含めたグループ全体による京都一円の顧客に対する医療サービスの提供と，医薬品・医療資材の大量購入によるコストダウンの達成などといったバリューチェーンを生み出した。このバリューチェーンの革新は，いわば地域独占の構築にほかならず，他の競合者の追随を許さないほど圧倒的なものと考えられる。

いずれにしても，本章で提示した先進フォーマットを1つのステップとして，病院業界において実践的なマネジメント活動を行っていくことが肝要である。そうした積み重ねの努力は，今後，病院業界全体のマネジメントがより良い方向に進展していくのと同時に，病院業界におけるマネジメント研究が構築されるべく礎を提供するものと考える。

〈注〉
1) 厚生労働省による医療経済実態調査（2014年度）は，2年に1度の診療報酬改定の基礎データを集める眼目で実施され，病院1,365カ所，診療所1,637カ所などから有効回答を得ている。本結果は，2015年11月によるものである。
2) 本来，病院や診療所・クリニックを医療機関と総称して呼ぶが，本章では医療機関の中でも「病院」にスポットを当てているため，以下，医療機関を病院と称している。
3) トヨタ記念病院の概要については，同院のHPに詳しい〈http://www.toyota-mh.jp/〉。
4) トヨタ記念病院の独自の流通システムについては，小木[2006]及び[2012]等に詳しい。
5) トヨタ記念病院については，小木[2006]及び小木[2013]等に詳しい。
6) 青梅慶友病院・大塚宣夫（現会長）については，石田[2004]に詳しい。
7) 中山[1998]によれば，1997年時点で売上は約55億円とされ，他の老人病院の平均に比べ経常利益で約2倍あるとしている。
8) 青梅慶友病院については，中山[1998]に詳しい。

9) 武田病院グループの発展の経緯については，武田病院グループHPの「武田病院グループの歩み」に詳しい〈http://www.takedahp.or.jp/〉．

〈参考文献〉

池尾恭一[2003]「医薬品メーカーの流通チャネル政策」，片岡一郎・嶋口充輝・三村優美子編『医薬品流通論』東京大学出版会．
石井淳蔵[2007]「病院改革に光―ブリコラージュという手法」『PRESIDENT』 2007年1月29日号，プレジデント社，125-127頁．
石田英夫[2004]「ケース：青梅慶友病院と大塚宣夫」(慶應義塾大学ビジネス・スクール)．
小木紀親[2006]「医療機関におけるマーケティングの必要性とその研究の方向性」『商品研究』 第54巻3・4号，日本商品学会，15-31頁．
小木紀親[2007]「医療機関におけるマーケティング活動の展開と消費者利益」『消費者教育』 第27冊，消費者教育学会誌，1-11頁．
小木紀親[2016]『マーケティングEYE [第4版]』中部経済新聞社．
小木紀親[2012]「看護管理者の視座から導出された経営・マーケティング課題と医療マーケティングの方向性」『東京経大学会誌』274号，東京経済大学，227-239頁．
小木紀親[2013]「医療福祉のためのマーケティング」，柳左相編著『医療福祉の経営戦略』中央経済社．
嶋口充輝[1994]『顧客満足型マーケティングの構図』有斐閣．
スピア，S. J. [2006]「トヨタ生産方式で医療ミスは劇的に減らせる」『ハーバードビジネスレビュー』 2006年8月号，ダイヤモンド社，113-128頁．
戸田裕美子[2013]「医療マーケティング研究の学説史研究」『商学集志』第83巻第3号，日本大学，81-106頁．
冨田健司・井上淳子[2002]「医療連携におけるリレーションシップ・マーケティング」『医療と社会』第12巻3号，医療科学研究所，61-83頁．
猶本良夫・水越康介編著[2010]『病院組織のマネジメント』中央経済社．
中島明彦[2007]『ヘルスケア・マネジメント』同友館．
中山 勝[1998]「ケース：青梅慶友病院」(慶應義塾大学ビジネス・スクール)．
ポーター，M. E. [2004]「ヘルスケア市場の競争戦略」『ハーバードビジネスレビュー』 2004年9月号，ダイヤモンド社，129-145頁．
真野俊樹[2003]『医療マーケティング』日本評論社．
真野俊樹[2004]『医療マネジメント』日本評論社．
山内茂樹監修／㈱日本能率協会コンサルティングQIP研究会・刈谷総合病院・武田病院編著[2003]『医療の品質改革』日本能率協会マネジメントセンター．
Kotler, P. [1975], *Marketing for Nonprofit Organizations*, Prentice-Hall.
Kotler, P. and N. C. Roberta [1987], *Marketing for Health Care Organizations*, Prentice-Hall.
トヨタ記念病院HP〈http://www.toyota-mh.jp〉．
青梅慶友病院HP〈http://www.keiyu-hp.or.jp〉．
武田病院グループHP〈http://www.takedahp.or.jp〉．

(小木紀親)

エピローグ

小売&サービス業のフォーマットイノベーション
―新たな革新へ向けて―

第1節　はじめに
―いまこそフォーマット革新の時―

　本書では，小売業とサービス業にとっての提供物であるフォーマット（企業独自の業態）について，その革新の方法論について，基本的考え方を示し（1章），それに基づく戦略枠組みを提示し（2章），6つの業界における18の企業事例でその枠組みの有効性を検討した（3～8章）。

　このエピローグでは，a. 6業界18企業のフォーマットデザイン革新の方法論をまとめ，b. サービス（小売サービスを含む）の特性からの検討を加え，c. さらにイノベーション研究の展開も俯瞰しながら，これからのフォーマット・イノベーションの方向性を探る。

　オファーサイトとバリューチェーンによるフォーマット革新が，いま求められている。

第2節　6つの業界のフォーマット革新の方法論
―オファーサイトとバリューチェーンの革新―

　6つの業界の18企業のフォーマット革新について，2章で示した分析枠組み（オファーサイトについてa. 共時的コンテクスト，b. 通時的コンテクスト；バリューチェーンについてa. 省略，b. 追加，c. 入れ替え（組み換え））から整理すると，図表E-1のようになる。

　オファーサイトについては，すべての企業が共時的コンテクストは創造しているのに対し，通時的コンテクストを創造できている企業は少なかった。スターバックスの「サードプレイス」や11cutの「時間価値」，ニフレルの「多様切り口（いろ・わざ・すがた等，感性を刺激する多様な切り口）の連続」などは，消費者が滞在する時間全体の通時的プロセスに1つのコンテクスト（コンセプトが明確なコンテクスト）を提供できていると考えられる。やはり食品小売業界やアパレル業界などの小売業と異なり，これらカフェ・ヘアサロン・ミュージアムなどのサービス業界は，全体の時間管理には一日の長があるようである（実際，サービスの特性の1つが「生産と消費の同時性」である）。

　バリューチェーンについては，要素を増やしたり減らしたりする省略や追加が比較的容易な一方，全体を入れ替え（組み直し）するのは，大いなるイノベーションであることが理解される。Ashの「暖簾分けFCシステム」やユニクロの「SPA」，ジャパン・エキスポの「集散地戦略」は，バリューチェーン全体を組み替え，もしくは大幅に入れ替えており，新たで独自なバリューチェーンとして大きな競争力を持っている。省略や追加といった日々のイノベーションの基礎の上に，入れ替え（組み直し）というさらに大きなイノベーションが位置づけられるのだと考えられる。

図表 E-1　6業界18企業のフォーマット革新のまとめ

業界	企業名	オファーサイト		フォーマット革新戦略 バリューチェーン		
		共時的コンテクスト	通時的コンテクスト	省略	追加	入れ替え（組み直し）
カフェ	スターバックスコーヒー	共時的コンテクスト	サードプレイス			
	ブルーボトルコーヒー	サードプレイス			世界5焙煎工場で検査	
	丸山珈琲	豆の個性を楽しむ			最高級COE豆の調達	
食品小売	イオンリテール	体験型消費の提供		本社組織スリム化	地域カンパニー調達拡大	
	エース	地域限定の品揃え				
	マークスグループ			PB開発せず	共同仕入機構の活用	
ヘアサロン	11cut	日常使い	時間価値の提供		直営とFC店バランシング	
	uka	羽化という世界観				
	Ash					暖簾分けFCシステム
アパレル	ユニクロ	カジュアル・ベーシック集中		卸・メーカー省略		SPAによる一気通貫
	OJICO	ストーリー性デザイン提供				
	ZOZOTOWN					物流システム基礎EC サイト
ミュージアム	ジャパン・エキスポ	ポップ&現代文化融合	毎日異なるイベント			集散地戦略
	ニフレル	水族館をアート作品に	多様な切り口の連続			
	横浜トリエンナーレ				利用料金制度の拡大	
病院	トヨタ記念病院	医療サービスフルライン化		卸なるべく使わず	GLDなど独自流通システム	
	青梅慶友病院	究極高付加価値サービス				
	武田病院グループ				販社的SPDセンター	

第3節　小売業&サービス業の特徴とフォーマット革新
―サービスの4つの特徴が生み出すイノベーション―

　上で見たように，オファーサイトにおける通時的コンテクストの創造についてサービス業に一日の長があるように，小売業&サービス業のフォーマット革新を考える上で，サービスの4つの特徴は参考になる。物財と異なるサービスの特徴は，一般に，①無形性，②品質の変動性，③消滅性，④生産と消費の同時性，の4つと言われるが（Lovelock and Wright [1999], Fisk, et al. [2004] など），それぞれの特徴に応じてサービス・マーケティングの独自の特徴が生まれる。すなわち，無形性を補うものとして「サービスの可視化」，品質の変動性を補うものとして「サービスの工業化」，消滅性を補うものとして「サービスの需給調整」，生産と消費の同時性を利用するものとして「経験価値マーケティング」，という4つの戦略である（三浦 [2006]）。
　小売業も小売サービスを提供すると言う意味ではサービス業と考えられ（産業分類では，小売業もサービス業も第3次産業），したがって，同様に4つの特徴と4つの戦略が当てはまる。
　サービスの特徴の内，①無形性，③消滅性，④生産と消費の同時性は，オファーサイトの革新に関わる。
　①無形性で消費者に価値が伝わりにくいため，サービス・マーケティングの7Pの1つの物理的実体（Physical Evidence）による「サービスの可視化」が重要になり，例えば，ホテルのサービスの良さを伝えるために，「○○㎡の広い室内」（だから大変リラックスできます），「アメニティグッズが△△製」（だから豊かな時間を過ごせます），「ホテルマンの充実した研修施設」（だから非常に丁寧な対応をお約束します）などといった訴求がなされてきた。この「サービスの可視化」をさらに明確かつ強力にしたのが，本書の「オファーサイトの革新」であり，共時的コンテクストと通時的コンテクストの創造である。無形で見えない部分が多いからこそ（見える部分は，食品小売業の地産地消の品

揃え，ヘアサロンの高品質クリーム，ミュージアムの希少なホワイトタイガー展示，など相対的に簡単にできる），可視化からさらに一歩進めて，それら可視化されたコンテンツを1つのコンテクスト（コンセプトが明確なコンテクスト）にまとめあげるのである．共時的コンテクストを創造することによって，小売サービスや各種サービスの価値が消費者に届くのである．さらに，④生産と消費の同時性から，各種サービス消費・小売サービス消費がプロセス（Process）として行われるので「経験価値マーケティング」が重要になり，その核心が通時的コンテクストの創造になる．サービス消費のプロセス（食品小売で30分，レストランで2時間，ホテルで12時間，など）全体を1つの通時的コンテクストにまとめあげることによって，当該サービスの消費者理解，消費者評価はさらに増すのである．

　③消滅性とは，サービスが提供と同時に消滅してしまうため（ヘアカットサービスでも，航空輸送サービスでも）在庫できないということであり，したがって，「サービスの需給調整」が必要であるが（需要側に調整してもらう季節・時間割引や，供給側が調整するパートや派遣社員の利用など；三浦[2006]），ここにもバリューチェーン革新のヒントがある．在庫できないからこそ，繁忙期にはサービス提供がままならないわけであり，そこから2章でみたQBハウス（多様なものを省略）や，5章で分析した11cut（「時間価値」を訴求）が生まれてきたのである．

　一方，バリューチェーンの革新は，②品質の変動性，という特徴に関わる．品質の変動性というサービスの課題を克服するためには，レビット（Levitt, T.）の言う「サービスの工業化」が必要であり（Levitt [1976]），マクドナルドなどファスト・フード業界では，分業と専門技術のシステム化によって，品質が一定に保たれる．正確な調理機械を用いることによって，品質の安定したハンバーガーをつくりだし（a. 人の機械への置換），店員に対し徹底したマニュアルを作成・実行することによって，品質の安定した対顧客サービスが提供される（b. 人の機械化）．人が品質の変動性を生み出しているので，人を機械に置き換えるか（a.），人を機械・ロボットのようにする（b.）のである（外食のてんやでは，天ぷら粉をまぶした食材をベルトコンベヤで180℃の油を1分半

くぐるオートフライヤーを利用することによって，全くの素人バイトでも天ぷらを適切にあげることができるが，これはまさに人の機械への置換である；三浦 [2013a]）。すなわち，人の要素を機械に置き換えるために，バリューチェーンの革新が生まれてくるのである。

　もちろん，人の機械への置換や人の機械化などのサービスの工業化に対しては，反マクドナルド化（Anti-McDonaldization）を主張する社会学者リッツァ（Ritzer, G.）などの批判も多く（Ritzer [1976]），より人間性を重視したスローフードやスロースタイル，またより人間的なビジネスが主張される（原田・三浦 [2007]）。ただ，これらはビジネスの視点から考えるとオプション（選択肢）であり，バリューチェーンを革新しようとするときに，どこを人間で行うか，どこを機械で行うか，というのは，発想の重要な視点である。最終的なオファーサイトとして，非常に標準的で効率的なオファーを提供するのか，もしくは個々違った非常に人間的なオファーを提供するのかによって，それを背後で支えるバリューチェーンの選択肢（人間か，機械か）は大きく異なってくるのである。

第4節　小売業＆サービス業のイノベーションの未来
―改善型イノベーションから革新型イノベーションへ―

　これまでのメーカーを中心としたイノベーション研究の流れの中では，アバナシー（Abernathy, W. J.）とアッターバック（Utterback, J. M.）の一連の研究（Utterback and Abernathy [1975], Abernathy and Utterback [1978], Abernathy [1978]）で提示された，プロダクト・イノベーション（product innovation），プロセス・イノベーション（process innovation），ドミナント・デザイン（dominant design）の考え方が重要である（秋池 [2012]）。すなわち，画期的なプロダクト・イノベーションが複数出て競合する中，最終的にその中の一つがドミナント・デザインとして市場に評価され，定着し，その後，当該イノベーションの製法などのプロセス・イノベーションにイノベーションの中心が移っ

て行くという考え方である（70 年代からの VHSvs. ベータ，近年のブルーレイ vs.HD DVD などの展開に典型的に見られる）。一般に日本企業は，プロダクト・イノベーションよりプロセス・イノベーションが得意と言われるが（cf. 馬場 [2014][1]），まったく新しいプロダクトを創造するのは非常に難しく（コピー機であれ，PC であれ），一方，プロセスを修正してプロダクトを改善していくのはゴールが見えやすく相対的に楽と考えられる（コピーの速度を早くする，PC 生産の歩留まりを上げる，など）。近年流行したクリステンセン（Christensen, Clayton M.）の用語を用いると（Christensen [1997]），プロダクト・イノベーションが破壊的イノベーション，プロセス・イノベーションが持続的イノベーションに近い。

　このようにメーカーを中心としたイノベーション研究では，革新型のプロダクト・イノベーションと改善型のプロセス・イノベーションが言われてきたが，小売業＆サービス業のフォーマットイノベーションにおいても同様である。まったく新しいフォーマットを創造するか（革新型イノベーション），従来のフォーマットを改善するか（改善型イノベーション）である。

　メーカー同様，日本の小売業・サービス業では，後者の改善型イノベーションが得意であった。例えば，100 円ショップ（1879 年，ウールワースが始めた「ファイブ・アンド・テン・セント・ストア」は，いまでは日本のお家芸になっている），コンビニエンスストア（アメリカで 1950 年代までに確立したと言われる年中無休・長時間営業などのシステムを，セブンイレブンなどは POS による受発注などで大きく改善型イノベーションを行った）があげられるが，このような外国発祥のものを改善するスタイルは，和魂洋才・和魂漢才的イノベーションと言うこともできる（三浦 [2014]）。

　一方，革新型イノベーション（まったく新しいフォーマットの創造）は，日本企業は得意でない上に，難しい。できあがったものをベースに，そこから改善したり，派生したものを作るのは日本企業は得意であるが（ローソングループの「ナチュラルローソン」「ローソンストア 100」「ポスタルローソン」，等々），新しいフォーマットを創造するのは難しい。革新型イノベーションを成功させるためには，メーカーの場合でも，自社の技術だけでなく，顧客のニ

ーズ,外部との提携など,多様なものが考えられているが(一橋大学イノベーション研究センター [2001]),小売業・サービス業にとっては,さらにも増してこれら外部との関係が重要である。メーカーの製品や技術は単体でも存在することもあるが,小売業・サービス業は常に消費者・社会とのインタラクションの中で成立するもので,ある種のエコシステムが当初から想定されている。したがって,小売業・サービス業が新たなフォーマットイノベーションを展開していくためには,消費者・社会の視点が不可欠である[2]。ここでは,その内,カスタマー・コンピタンス戦略を提案したい。

カスタマー・コンピタンス (customer competence) とは,顧客を源泉とした企業の競争力のことであり (Prahalad and Ramaswamy [2000]),その基礎には,プラハラードとハメル (Prahalad, C. K. and G. Hamel) によって,80年代の日本企業の躍進の観察の中から提起された,コア・コンピタンス (core competence;企業の中核的競争力) の考え方がある (Prahalad and Hamel [1990])。企業の競争力の源泉をとこに求めるかについて,最初は自社の技術など(コア・コンピタンス),続いてサプライヤー・流通業者などの質や量(チャネル・コンピタンス[2]),そして顧客の力(カスタマー・コンピタンス)というわけである(三浦 2013b)。実際,今日の顧客・消費者は非常に高関与・高知識の者も多く(PCオタクやワインの薀蓄語りなど),またそれら意見や考えをインターネットで簡単に企業まで伝達・提案することが可能になっている。こうして世界65万人以上のパソコン好きにWindows 2000のβ版(試験版)を配布して彼らのコンピタンスを製品改良に生かしたマイクロソフト (Prahalad and Ramaswamy [2000]) に始まり,日本でも,「あったらいいなと空想したことを無印良品の新製品として提案する」として2007年にエレファントデザイン㈱と無印良品で始まった「空想無印」など,消費者参加型製品開発の動きが各所に見られる。

このカスタマー・コンピタンス戦略は,製品開発と同様,フォーマット開発でも,十分に可能性がある。特に,消費者・顧客の声や意見を集めやすい集合知 (wisdom of crowds / collective intelligence;特定の専門家の個人的知識でなく,一般の人々の普通の知識を集合させて新たな知を生み出すという考え方;木村

[2008]）の時代である今日，この方策は非常に有効な手段と考えられる。

第5節　おわりに
―多様な知が融合する場（組織）の重要性―

　以上，本書では，メーカーの製品開発に当たる，小売業&サービス業のフォーマット開発について，理論研究および事例研究から検討してきた。対象が製品であれ，フォーマットであれ，果ては絵画や映画と言った芸術作品であれ，イノベーションの基本は，オーストリアの経済学者シュンペーター（Schumpeter, Joseph A.）の言うように新結合（new combination）である（Schumpeter [1926]；原著初版は1912年）。いかに多くの事例を集めてくるか。いかに多くの企業で体験してくるか。いかに多くの人の意見を聞くか。それらを組み合わせ，結合し，融合することが，イノベーションの基礎となる。その意味で，本書の考え方や分析枠組み，また6業界18企業の事例が，読者にとって新結合の種となることを大いに期待したい。

　20世紀初頭のシュールレアリスム（超現実主義）の芸術運動の理論的支柱にもなったと言われる，アンドレ・ブルトン（André Breton）著『シュールレアリスム宣言』の中で，ロートレアモンの詩を引用して，「（シュールレアリスムの芸術は）手術台の上のミシンとこうもり傘の出会いのように美しい」と述べたように（Breton [1924]），エルンストやミロ，ダリといったシュールレアリスム絵画の作品群は，まさに普通の世界ではありえない組み合わせがキャンバス上に実現されることによって，普段見ることの出来ない，まさに超現実的な美しさやショックを鑑賞者に与えている。このような芸術であろうと，ビジネス分野における新製品・新フォーマットであろうと，新しいものを創造する原理は共通している。まさに異質なものの融合であり，「手術台の上のミシンとこうもり傘」なのである。

　現在のグローバルでICTの時代には，ミシンとこうもり傘でなく，スマホとフェアトレードのシャツかもしれないし，水族館と美術館かもしれない。ま

た，IoT（Internet of Things）と天気かもしれないし，可能性は無限である。そのような異質なものが出会う手術台（場・組織・プラットホーム）をいかに創るかも，今後のイノベーションの成否に決定的な重要性を与えると考えられる。

〈注〉

1) アメリカ国務省が，1990年代に，重要な38品目（光ファイバー，医薬品，自動車，マイクロプロセッサー，ロボット，AV機器など）の技術・製品に関して，その発明・新製品・商品化の割合を調べたところ，米国が発明29・新製品30に対して商品化17，欧州が発明11・新製品6に対して商品化3，一方，日本は発明0・新製品2に対して商品化24であった。欧米がプロダクト・イノベーションが得意な一方，日本はプロセス・イノベーションが得意なことを数値が示している（馬場[2014]）。
2) アバナシー（Abernathy, W. J.）らは，技術（既存／新規）と市場（既存／新規）をかけあわせた2×2の4象限のイノベーション・モデルを提案しているが（Abernathy and Clark [1985]），メーカーのイノベーションにおいても，このように，自社の技術だけでなく，市場との関係も重要なことが理解される。
3) Prahalad and Ramaswamy [2000] は，「チャネル・コンピタンス」という用語づかいはしていないが，コア・コンピタンスとカスタマー・コンピタンスの間の段階に，サプライヤーや流通業者などのチャネル・メンバーに基づくコンピタンスを呈示している。

〈参考文献〉

秋池篤 [2012]「A-Uモデルの誕生と変遷」『赤門マネジメント・レビュー』11巻10号，pp.665-679。

木村忠正 [2008]「解説　ウィキペディアと日本社会」Gourdain他著・佐々木勉訳『ウィキペディア革命』岩波書店，pp.118-158。

馬場政孝 [2014]「「巧み」の構造（4）」『企業研究』第26号，pp.95-111。

原田保・三浦俊彦編著 [2007]『スロースタイル―生活デザインとポストマスマーケティング―』新評論。

一橋大学イノベーション研究センター編 [2001]『イノベーション・マネジメント入門』日本経済新聞社。

三浦俊彦 [2006]「現代マーケティングの潮流とサービス・マーケティングの概念」，住谷宏編著『地域金融機関のサービス・マーケティング』近代セールス社，pp.261-297。

三浦俊彦 [2013a]「サービスの工業化」『日経産業新聞』2013年3月27日。

三浦俊彦 [2013b]『日本の消費者はなぜタフなのか―日本的・現代的特性とマーケティング対応―』有斐閣。

三浦俊彦 [2014]「「クールジャパン」の理論的分析―COO（原産国）効果・国家ブランドと快楽的消費―」『商学論纂』第56巻，第3・4合併号，pp.123-167。

Abernathy, W. J. [1978] *The Productivity Dilemma*. Baltimore: Johns Hopkins University Press.

Abernathy, W. J. and J. M. Utterback [1978], "Patterns of industrial innovation,"

Technology Review, 80(7), pp.40-47.
Abernathy, W. J. and K. B. Clark [1985], "Innovation: Mapping the Winds of Creative Destruction," *Research Policy*, no.14, Elsevier Science Publishers, pp.3-12.
Breton, André [1924], *Manifeste du surréalisme*, Éditions du Sagittaire.(加藤直訳 [1985]『シュールレアリスム宣言』而立書房。)
Christensen, Clayton M. [1997], *The Innovator's Dilemma: When New Technologies Cause Great Firms to Fail*, Harvard Business School Press.(伊豆原弓訳 [2001]『イノベーションのジレンマ─技術革新が巨大企業を滅ぼすとき─』翔泳社。)
Fisk, R. P., S. J. Grove and J. John [2004], *Interactive Services Marketing* (2nd ed.), Houghton Mifflin Company.(小川孔輔・戸谷圭子監訳 [2005]『サービス・マーケティング入門』法政大学出版局。)
Levitt, T. [1976], "The Industrialization of Service," *Harvard Business Review*, September-October.
Lovelock, C. and L. Wright [1999], *Principles of Service Marketing and Management*, Prentice-Hall.(小宮路雅博監訳 [2002]『サービス・マーケティング原理』, 白桃書房。)
Prahalad, C. K. and Gary Hamel [1990], "The Core Competence of the Corporation," *Harvard Business Review*, May-June, pp.79-91.
Prahalad, C. K. and Venkatram Ramaswamy [2000], "Co-opting Customer Competence," *Harvard Business Review*, January-February, pp.79-87.(中島由利訳 [2000]「カスタマー・コンピタンス経営」『DIAMOND ハーバード・ビジネス・レビュー』11月号, ダイヤモンド社。)
Ritzer, George [1996], *The McDonaldization of Society*, Pine Forge Press.(正岡寛司監訳 [1999]『マクドナルド化する社会』早稲田大学出版部。)
Schumpeter, Joseph A. [1926], *Theorie der wirtschaftlichen Entwicklung :Eine Untersuchung über Unternehmergewinn, Kapital, Kredit, Zins und den Konjunkturtzyklus* (2nd revised ed.), Leipzig: Duncker & Humblot.(塩野谷祐一・中山伊知郎・東畑精一訳 [1977]『経済発展の理論 ─企業者利潤・資本・信用・利子および景気の回転に関する一研究─』岩波書店。)
Utterback, J. M. and W. J. Abernathy [1975] "A Dynamic Model of Process and Product Innovation," *Omega*, Vol.3, No.6, pp.639-656.

(三浦俊彦)

執筆者紹介（章編成順，平成28年3月1日現在，◎は編者）
　　　　　　［　］内は担当章

◎原田　保（ソーシャルデザイナー，地域プロデューサー）
　　　　　［プロローグ，第2章］
　1947年生まれ。早稲田大学政治経済学部卒業。（株）西武百貨店渋谷店販売計画担当から，米国シアーズ・ローバック社出向，営業企画担当を経て取締役企画室長に，その後は，関東地区担当，国際業務担当なども務める。退職後，香川大学経済学部教授，多摩大学大学院教授などで主に経営戦略やマーケティング関連科目を担当。現在は，（一社）地域デザイン学会理事長，（一社）ソーシャルデザイン研究機構代表理事，（一社）日本スロースタイル協会代表，（一社）日本ペンクラブ会員。主著としては，『デジタル流通戦略』（単著，同友館），『場と関係の経営学』（単著，白桃書房），『ソシオビジネス革命』（単著，同友館），『eマーケティングの戦略原理』（共編著，有斐閣），『スロースタイル』（共編著，新評論），『コンテクストデザイン戦略』（共編著，芙蓉書房出版），『世界遺産の地機価値創造戦略』（共編著，芙蓉書房出版），『旅行革新戦略』（共編著，白桃書房），『食文化のスタイルデザイン』（共編著，大学教育出版）がある。

石川和男（専修大学商学部教授）［第1章，第4章］
　1968年生まれ。中央大学商学部卒業。東北大学大学院経済学研究科博士課程後期修了。博士（経営学）。相模女子大学専任講師，助教授，専修大学商学部専任講師，助（准）教授を経て，2009年より現職。2012年度カリフォルニア大学バークレー校客員研究員。著書として，『自動車のマーケティングチャネル戦略史』（単著，芙蓉書房出版），『わが国自動車流通のダイナミクス』（単著，専修大学出版部），『商業と流通（第3版）』（単著，中央経済社），『地域マーケティングの核心』（共編著，同友館）等。

◎三浦俊彦（中央大学商学部教授）［第2章，第7章，エピローグ］

1958年生まれ。慶應義塾大学商学部卒業，慶應義塾大学大学院商学研究科博士課程中退。博士（商学）（慶應義塾大学）。中央大学商学部助手，専任講師，助教授を経て，1999年より現職，企業研究所所長。その間，コロンビア大学ビジネススクール客員研究員，ESCP（パリ高等商科大学）客員教授，イリノイ州立大学客員教授を歴任。著書として，『日本の消費者はなぜタフなのか』（単著，有斐閣），『地域ブランドのコンテクストデザイン』（共編著，同文舘出版），『グローバル・マーケティング入門』（共著，日本経済新聞出版社），『スロースタイル』（共編著，新評論），『コンテクストデザイン戦略』（共編著，芙蓉書房出版），『eマーケティングの戦略原理』（共編著，有斐閣）等。

丸谷雄一郎（東京経済大学経営学部教授）［第3章］

1970年生まれ。中央大学商学部卒業，中央大学大学院商学研究科博士後期課程単位取得満期退学。愛知大学専任講師，助教授，東京経済大学准教授を経て，2009年より現職。著書として，『変貌するメキシコ小売産業—経済開放政策とウォルマートの進出—』（単著，白桃書房），『グローバル・マーケティング』（単著，創成社），『マーケティング戦略論—レビュー・体系・ケース—』（共著，芙蓉書房出版），『ラテンアメリカ経済成長と広がる貧困格差』（単著，創成社），『現代メキシコを知るための60章』（共著，明石書店），『ウォルマートのグローバル・マーケティング戦略』（単著，創成社）等。

今井利絵（ハリウッド大学院大学教授，ネットパイロティング株式会社取締役）［第5章］

1972年生まれ。早稲田大学商学部卒業，早稲田大学商学研究科博士課程修了。博士（商学）早稲田大学。1997年早稲田大学商学部助手，2004年関東学園大学専任講師，2007年同准教授を経て，2011年より現職。2000年に小売業等サービス業に対するITソリューションを提供するネットパイロティング株式会社（資本金8億円）を共同創業者として設立。著書として『グロ

ーバルリテーラー―カルフールの日本撤退に学ぶ小売システムの国際移転―』（単著，中央経済社）等。

木村　剛（産業能率大学経営学部准教授）［第6章］
1968年生まれ。明治学院大学経済学部卒業，明治学院大学経営学研究科博士前期課程修了，博士後期課程単位取得退学。嘉悦大学専任講師を経て，2006年より現職。著書として，『実務入門・よくわかる経営のしくみ』（共著，日本能率協会マネジメントセンター），『ブランド経営』（共著，同友館），『eマーケティングの戦略原理』（共著，有斐閣），『マーケティング・イノベーション～コンテキスト創造へのパラダイム革命』（共著，千倉書房）等。

小木紀親（東京経済大学経営学部教授）［第8章］
1968年名古屋市生まれ。東京経済大学経営学部卒業。慶應義塾大学大学院商学研究科修士課程修了，同博士課程単位取得。1997年松山大学経営学部専任講師，1999年同助教授。2000年日本福祉大学経済学部助教授，2006年同教授。2008年より現職。著書として，『マーケティング・ストラテジー』（単著，中央経済社），『マーケティングEYE［第4版］』（単著，中部経済新聞社），『マーケティング戦略論』（共著，芙蓉書房出版），『医療福祉の経営戦略』（共著，中央経済社），『戦略的マーケティングの構図』（共著，同文舘出版）等。

《検印省略》
平成28年4月15日　初版発行　略称:小売フォーマット

小売&サービス業のフォーマットデザイン

編著者　ⓒ　原　田　　　保
　　　　　　三　浦　俊　彦

発行者　　　中　島　治　久

発行所　同文舘出版株式会社
東京都千代田区神田神保町1-41　〒101-0051
電話　営業03(3294)1801　振替00100-8-42935
　　　編集03(3294)1803　http://www.dobunkan.co.jp

Printed in Japan　2016　　　印刷:萩原印刷
　　　　　　　　　　　　　　製本:萩原印刷

ISBN 978-4-495-64811-4

JCOPY　〈出版者著作権管理機構委託出版物〉
本書の無断複製は著作権法上での例外を除き禁じられています。複製される場合は,そのつど事前に,出版者著作権管理機構（電話 03-3513-6969, FAX 03-3513-6979, e-mail: info@jcopy.or.jp）の許諾を得てください。